安徽师范大学中国古代文学国家级教学团队成果之一

追求知音的
教学境界

ZHUIQIUZHIYIN DE
JIAOXUE JINGJIE

胡传志 ● 主编

安徽师范大学出版社

责任编辑：潘　安
装帧设计：丁奕奕

图书在版编目（CIP）数据

追求知音的教学境界/胡传志主编 . —芜湖：安徽师范大学出版社，2012.7(2025.1 重印)
ISBN 978-7-81141-814-9

Ⅰ.①追…　Ⅱ.①胡…　Ⅲ.①教育工作—文集　Ⅳ.①G4-53

中国版本图书馆 CIP 数据核字（2012）第 151174 号

追求知音的教学境界

胡传志　主编

出版发行：安徽师范大学出版社
　　　　　芜湖市九华南路 189 号安徽师范大学花津校区　　邮政编码：241002

网　　址：http：//www. ahnupress. com/
发 行 部：0553-3883578　5910327　5910310（传真）　E-mail：asdcbsfxb@ 126. com
经　　销：全国新华书店
印　　刷：阳谷毕升印务有限公司
版　　次：2012 年 9 月第 1 版
印　　次：2025 年 1 月第 2 次印刷
规　　格：700×1000　1/16
印　　张：16. 75
字　　数：285 千
书　　号：ISBN 978-7-81141-814-9
定　　价：69.00 元

序

胡传志

安徽师范大学中国古代文学学科具有与学校一样悠久的历史，早在 1926 年筹建省立安徽大学时，桐城文人姚永朴即被任命为校长。1928 年，省立安徽大学正式成立之时，主持具体校务的是国学大家刘文典先生。此后历经国立安徽大学、安徽学院、安徽大学、安徽师范学院、皖南大学、合肥师范学院、安徽工农大学，直到安徽师范大学，其间中国古代文学学科薪火相传，从未中断。苏雪林、潘重规、宛敏灏、卫仲璠、祖保泉、刘学锴等一批著名学者先后执教于此，形成了优良的传统。过去虽然没有"教学团队"之名，却具有"教学团队"之实。进入新时期以来，我校中国古代文学学科立足当代，弘扬传统，始终坚持以传承、发扬中华民族文化为崇高使命，将科学阐释古代文学优秀遗产、服务社会文化思想建设、培养古代文学教学与研究的传人作为根本任务，以教学为主导，以学术为基础，以创新为动力，不断推动古代文学学科的发展。中国古代文学学科一直是我校的优势学科，2008 年，本学科通过教育部的评审，成为高等学校本科教学质量与教学改革工程国家级教学团队。

相对于综合性大学而言，师范院校的古代文学教学团队规模普遍较大。我校中国古代文学教学团队成员近些年来稳定在 20 人左右，目前的负责人是首届国家教学名师余恕诚先生。余先生德艺双馨，广受学生深切爱戴，先后获全国优秀教育工作者、曾宪梓教育基金会教师奖、安徽省师德先进个人等荣誉称号。余先生在教学中注重阐释中国文化精神与核心价值，将古代文学教学与人文思想道德教育结合起来，并致力于团队建设，具有很强的凝聚力和号召力。成员中，有全国优秀教师潘啸龙教授，有安徽省教学名师陈文忠、刘运好教授，有皖江学者丁放、胡传志教授，还有众多中青年才俊。在余恕诚、潘啸龙等先生的带领下，本学科逐步形成了一支老中青结合、富有活力、后劲充足的教学科研队伍，并坚持教学与科研相结合、以科研促教学的建设思路。许多重要的科研成果都化为教学资源，如众所周知的李商隐研究成果已写进袁行霈先生主编的《中国古代文学史》教材并设为专章，其他许多成果都及时渗透到本科基础课和选修课的教学中。

近几年来，我们除了继续坚持科学研究之外，还特意从两个方面加强教学团队的建设。一是加强教学研究。团队成员在日常教学中不断进行教学探讨和教学改革，有的成员将一些思考和实践写成论文，更多的思考是贯穿于教学实践之中。教学改革的成果于2010年荣获安徽省教学研究成果一等奖。二是注重将教学研究、科学研究落实在本科教学之中，注重培养本科生古代文学学习和研究的兴趣，引导本科生撰写论文，让他们掌握基本的论文写作方法、学术规范。通过大家的共同努力，我们在这两方面已经取得了较突出的成绩。

这次结集出版的三本书，是本团队建设的阶段性成果。第一本《追求知音的教学境界》，以余恕诚先生的一篇教学论文题目为名，收录两部分内容：一是教学团队成员所写的教学论文和教学心得，多数已经公开发表；二是有关余恕诚先生师德师风、教学艺术的文章，包括媒体上刊发的报导，以及一些学生回忆、总结余恕诚先生教学等方面的文章，这些学生本科时代都听过余先生的课，可以说是余恕诚先生教学的知音。这是首次相对集中地总结余先生高尚的师德、高超的教学艺术，相信这些文章会有裨于他人。第二本《志在创新的学术探索》，是团队成员的科研论文集，收录2008年以来所发表的学术论文。科学研究是我们的优势，2008年以来，我们共发表200余篇论文，其中有许多高层次的论文，在《文学评论》、《文学遗产》两个刊物即发表18篇论文，因考虑到与另两本成果集篇幅不至于过于悬殊之故，每人仅收入一篇论文。此前，我们曾编辑出版《古典文学与文献论集》（余恕诚、潘啸龙主编，安徽人民出版社2000年出版）、《九华集》（胡传志主编，上海古籍出版社2008年出版）两本论文集，可以视该书为这两本书的续集。第三本《充满生机的沃土新芽》，收录近年来本科生所写的论文，有的已经发表。本科生发表的论文和作品，应该还有一些，我们难以搜罗完备。有些同学的作业和小论文，亦常有可圈可点之处，我们另外汇集成册。本科生的文章尽管有些稚嫩，甚或有些错误，但每篇论文都或多或少有些新意，体现了青年学生非常可贵的创新能力，所以愿意奉献给广大读者。

我多年追随在余恕诚先生左右，耳濡目染，受益良多。承余恕诚先生厚爱和信任，我较多地参与组织教学团队的建设活动，这次与中国古代文学教研室主任俞晓红教授一起策划、编纂教学团队成果集，得到余先生的亲切指导和其他同仁的大力支持。编成之后，又得到安徽师范大学出版基金的资助，得到安徽师范大学出版社的关心和帮助，在此一并致以真挚的感谢。

目　录

序/胡传志 ··· 1

上　编

热爱教育　精心教学/余恕诚 ······························· 1

追求"知音"的教学境界/余恕诚 ························· 3

对高师中文系古代文学课几个方面关系的认识/余恕诚 ··· 7

珍惜时间　辛勤劳动/余恕诚 ····························· 11

多媒体技术滥用于语文教学中的弊端/余恕诚　黄皓峰 ··· 18

中国古代文学史教学中应注意的若干问题/俞晓红 ······· 22

文本·美育·文化/杨柏岭 ······························· 34

个性与共性：20世纪以来高校古代文史教学的反思/武道房 ··· 43

论中国古代文学教学中的价值判断问题/武道房 ········· 52

略论中国古代诗歌教学的当代性问题/鲁华峰 ··········· 61

穿越现代　走近经典/胡传志　邹春秀 ··················· 66

于古文教学中挖掘当代意义/郭自虎 ····················· 70

《诗经》：经典诗歌的当代阐释/俞晓红 ················· 75

当代视阈下的高师院校古代戏曲教学策略探讨/王海洋 ··· 82

谈古代文学教学中的"趣"、"古"、"文"/王昊 ········· 88

高校回归德育之本原的最美平台/袁茹 ··················· 95

试论高校教师的师道内涵/吴振华 ······················· 107

浅论古代文学的教育功能/潘务正 ······················· 114

古代文学教学与当代大学生健全人格的培育/汪亚君 ····· 120

不可无功利　不可唯功利/袁茹 ························· 127

文学教育：中学与大学该怎样递进/吴　微 …………………… 133

中国古典散文教学与中学语文教学接轨研究/叶文举 ……… 136

本科生的教学与研究生的培养/胡传志　叶帮义 …………… 144

古典文学教学中的文献运用/叶帮义 ………………………… 152

古代文学教学随想/江增华 …………………………………… 156

指导一篇毕业论文的全程记录/吴振华 ……………………… 161

下　编

一切从实际出发/姚国荣 ……………………………………… 175

一语惊天/刘人云 ……………………………………………… 178

严谨治学　谦虚为人/张智华 ………………………………… 180

人品高尚　才学精深/袁晓薇 ………………………………… 187

板凳甘坐十年冷/韦秀芳 ……………………………………… 191

余恕诚老师/白　夜 …………………………………………… 193

"名师"余恕诚/张大鹏　吴尚华 …………………………… 195

我的导师余恕诚/陈　宏 ……………………………………… 202

老师的老师余恕诚/彤　丹 …………………………………… 204

余恕诚：诗词作伴的淡定人生/王　莉 …………………… 206

师之范/马　梅 ………………………………………………… 211

落花无言　人淡似菊/钱建状 ………………………………… 217

毫发无遗憾　波澜独老成/鲁华峰 …………………………… 220

余　师/鲍鹏山 ………………………………………………… 224

感知唐诗的体温/朱鸿召 ……………………………………… 228

如坐春风里　犹存浩气间/方锡球 …………………………… 232

欲撷秋色报春风/吴怀东 ……………………………………… 241

我的梦寐追求/郭自虎 ………………………………………… 244

师恩似海/徐礼节 ……………………………………………… 247

卓越的学科带头人/胡传志 …………………………………… 252

上　编

热爱教育　精心教学

余恕诚

名师心得

《庄子·养生主》讲了一个《庖丁解牛》的寓言故事，庖丁解牛时，"手之所触，肩之所倚，足之所履，膝之所踦，砉然响然，奏刀騞然，莫不中音，合于《桑林》之舞，乃中《经首》之会"。手、肩、足、膝并用，动作潇洒和谐，像跳一场优美的舞蹈。他自己也从中感受到一种成功的喜悦，解牛结束时，"提刀而立，为之四顾，为之踌躇满志"。庖丁为什么能达到这样的境界，获得这样的成功呢？当然需要有基本技能，但庖丁之绝，是他所强调的对于牛的把握和认识："始臣解牛之时，所见无非牛者；三年之后，未尝见全牛也。"他解牛之所以能够得心应手，游刃有余，是由于他对其所"解"的对象了然于胸，由本来只看到一个浑然的全牛，到目无全牛，也就是牛内在的结构、骨骼、筋节，对他来讲全部一清二楚，因而知道该从什么地方下刀，刀应该怎样自由运行。总之，彻底了解对象（"目无全牛"）是他成功操作的前提。庖丁强调对于施手对象牛的认识和把握，对于我们从事教学或许会有所启发。教学的对象是学生，对你所教的对象，感觉上是茫然一体，仅仅知道有那么一个教室、那么一个班级呢，还是对其各个方面，包括业务水平、知识结构、长处与短处、兴趣与爱好，等等，都有清楚的了解呢？这方面知与不知，以及所知的程度，会深刻地影响教学。有些高校教师往往只顾按课程内容讲授，不管学生如何。

殊不知这样教学在深浅难易以及内容的详略与取舍方面，带有很大的盲目性，往往与学生脱节，造成学生时间上的浪费、接受上的困难乃至兴趣上的低落，等等。我们备课应包含两个方面：一是专业知识本身，二是教学对象。对教学对象的了解，如能像庖丁知于牛，自然就会有最好的切入口，就会选择最有效的方法，讲授学生最需要的知识，略其所应略，详其所应详，得心应手，进入合目的与合规律相统一的状态。

我长期从事中国古代文学教学，觉得应该处理好几个方面的关系：包括文学史与作品的关系；基础知识与理论分析、艺术鉴赏之间的关系；利用以往研究成果与吸收科研新成果的关系。关键是要以作品为中心，讲清文学史发展线索和主要作家风格。通过精读原著，切实提高学生的分析鉴赏能力。

名师寄语

对于高校教师来讲，必须要有一定的科研做基础，教学才能有深厚的底蕴，才能把学生带到学术前沿，科研水平的高低与教学的好坏有直接关系。科研与教学又是一对矛盾，教学任务过重，会在时间上、精力上影响科研，必须处理好二者关系。我的认识是：（1）教学相长，从事教学会对科研起到多方面的促进作用；（2）身为教师，要以学生为重，既要调整好二者在精力支付上所占的比重，又要在二者一时不易摆平时，适当地往教学一边倾斜。

名师名言

浮躁与虚荣是做学问的大害。浮躁者一心追求速成，但速成往往脆而不坚，难成良材。虚荣追求表面的华鲜，华而不实。孟子说："五谷者，种之者美也；苟为不熟，不如荑稗。"如果条件不具备，宁为荑稗，不可为徒有五谷虚名的空瘪之物。

（本文为全国第一届高等学校教学名师获奖教师集锦《名师风采》征文，该书由教育部高等教育司组编，地质出版社 2006 年 2 月出版）

追求"知音"的教学境界

——我从事中国古代文学教学的体会

余恕诚

提高高等学校教学质量，是一项要从多方面着手的艰巨任务。近年启动的精品课程建设，是已经收到一定成效的措施之一，但不等于说某门课程由某校某专业点做成"精品"后，其他学校的相同专业就可以仿照、复制，也成为类"精品"、准"精品"，这是不应该也是不可能的。这样做只能导致生搬硬套，导致教学改革与课程建设中创新意识的减退。课堂教学是由教师组织实施的师生共同活动，因时因人（包括师生双方）而异，处于不断变化之中。一个负责任的、有能力的教师，即使是教两个平行班的课程，也不会使用完全相同的语言，组织完全相同的活动。教师总是要根据不同的情况，选择特有的方式、语言、活动，形成每一堂课特有的气氛、场面和内容。课堂教学的主导者是教师，因此教学活动中教师追求一种什么样的教学境界，对教学质量的高低起着关键作用。

教师追求的教学境界，因学科不同会有不同的特征。理工科师生教学活动的最佳状态是什么境界？笔者因无实际体验，不好妄议。而在长期从事中国古代文学教学过程中，我感觉自己似乎是在痴迷着追求"知音"的教学境界。所谓追求"知音"的境界，就我从事的中国古代文学而言，是指师生围绕优秀文学作品所达到的一种心灵的沟通、审美的愉悦，分享对所学专业进行探索所可能有的困惑、焦虑与喜悦，交流对宇宙、人生、事业等重大问题的认识与思考，等等。《论语》中所记载的孔子与其弟子一起切磋讨论的情景，如"子路、曾皙、冉有、公孙华侍坐章"那种师生交流与研讨，可算是达到"知音"境界的一种典范。教学上的"知音"境界，内容和形式可以有多种变化，但那种师生间的真正相互沟通，共同探索，互相激励，在今天的教学特别是人文学科的教学中，仍然需要，而且亟待加强。

追求和实现教学中高标准的"知音"境界，需要师生在知识层面有互相对话、交流的基础。而这方面就我从事的中国古代文学专业而言，面临着教师与学生之间客观存在的学养上的巨大差距。要缩短这种差距，使学生的学养得到迅速提高，必须把博大精深的中国古代文学和相关的高层次研究成果转化为多数学生易于和乐于接受的雅俗共赏的"高山流水"和"阳春白雪"。为了做到这一点，必须在课前从学生的实际情况出发，对教学内容、方法及各个教学环节加以精心设计，才有可能使授课富有吸引力和易于为学生接受，使学生由原先跟课文和教师处于比较疏远隔膜的状态，化为彼此接近乃至互相沟通的知音。我校一位85级学生参加北京大学研究生复试，当被问到他在大学里哪位老师的课给他印象最深时，他居然把我深入浅出地讲授孟浩然诗的细节再现了出来，当场即有人风趣地说："看来余先生找到了知音。"除这种力求把深奥的问题讲得易懂易记而不失深度，把枯燥的问题讲得饶有学术兴味，把错综复杂的问题讲得清晰明了外，中国古代文学的丰富内容与有限教学时间也存在很突出的矛盾。如何在有限的教学时间内，让学生最大量地接受知识，尽快地提高素养，也必须付出努力。其中对传统的教学套路进行改革是很重要的一环。我的做法是：以作品为中心，以基础知识为立足点，通过精读原著，让学生切实掌握一定数量的古代经典性作品，了解文学史发展线索和主要作家风格，并具备较好的分析鉴赏能力。如讲中国古代诗歌发展和杜甫在诗史上的集大成地位，凭空讲述，既费时间，又很难让学生得到切实印象。而分体裁、分类型精讲精读杜甫一些代表性作品，研究杜甫在各体上的继往开来之功，则对杜甫的集大成自然有深入的认识。又如，把握从盛唐到中唐的诗歌演变，通过对李白、杜甫、韩愈、白居易代表性作品的认识比较，也自然比凭空讲述、侈谈规律要切实可靠得多。总之，改进教学方法和内容，加快学生专业知识和素养的提高，对构筑师生间交流对话的平台非常重要。

师生之间形成知音，要有共同的思想基础，有了正确的共同思想基础，才能形成一种向心力，形成共同探索真理的热情与氛围。在青年学生中绝不能让懒懒散散、百无聊赖或者追求享受与刺激的情绪蔓延。否则，不仅荒废学业，而且会毁掉一个班级甚至一代人。把学生往正确的思想境界引导，一些人开始时未必能理解，但熏陶既久，当其有所感悟时，会从心底感激教师的正确指引。我从事古代文学教学，注意挖掘教材中的德育因素，如唐朝时期，中华民族处在封建社会上升阶段，热爱祖国、奋发向上、开拓进取，是这一阶段民族精神的主流。这种精神，在唐诗中体现得最为生动、深刻、饱满。我在教学中，借助唐诗名篇的强大艺术力量，把学生引向对于民族优秀精神文化的认识和吸收。如讲李白、王维笔下的祖国山河，讲李白渴望建功立业的自豪感、自信心，讲杜甫在困难中深沉的忧患情怀和由此上升的崇高政治责任感，都使学生极受感染。这种感染，不仅加深了学生对唐诗、对中国灿烂文化与优良传统的理解，而且大大增强了学生学习古代文学与传统文化的兴趣。

追求师生之间形成"知音"的境界，课堂上应多采取富有启发性、研讨性的学习方式。我讲唐代山水诗，为了让学生认识王维诗中有画，以及一般诗歌与王维富有画意的诗歌的区别，便尽量减少教师理念性的阐述，引导学生自己进行探索、总结。如让学生研究比较孟浩然的《春晓》与王维的《田园乐》（"桃红复含宿雨，柳绿更带春烟。花落家僮未扫，莺啼山客犹眠。"）两诗，都是写人在春眠中的感受，都写了风雨、落花、鸟鸣，但呈现的形象与境界迥然不同。比起孟浩然来，王诗不仅更接近画，而且在以画家的眼光营造诗境上达到某种自觉的程度。孟诗重在写意，虽然也提到花鸟风雨但不具体描绘，它的境界是读者从语意中间领悟到的。王诗不但有一层层的构图，而且有具体描绘。孟诗追求属于纯诗歌艺术的那种时间流动和活泼的动态意趣，而王诗追求画面效果的静态意趣。通过对两首诗的分析、研究和讨论，学生对诗与画的不同特征，以及王维的诗中有画，获得深刻的认识，同时因得到审美能力的提升，产生了一种与教师更加接近、更加多一层"知音"的感觉。

教师组织讨论，可以多结合日常生活和现实社会中某些问题展开。如20世纪80年代中期至90年代初，流行歌曲风靡一时，在大学校园中也颇有影响，我教唐宋诗词，便不止一次组织学生以"唐宋诗词与流行歌曲"、"唐五代词、流行歌曲与商品经济"为题，组织讨论，出墙报专刊，因为与现实生活贴近，学生参与的积极性很高，在古与今的对照比较中，学生对词的起源和特质，加深了了解，对流行歌曲的性质、长处和弱点，有了较为理性的认识；在看到学生思想与学业提高、彼此有了沟通的同时，教师也有一种获得"知音"的感觉。

　　开展创造性、探究性学习，最能激发学生的学习兴趣。师生在探究中相互支持、激励，在取得成果时，共同分享成功的喜悦。教学相长，正是通过由共同追求到成为"知音"的历程。1982年，我给中文系学生讲授唐代诗人王之涣的《登鹳雀楼》。关于该诗首句为什么是"白日依山尽"，而不用更常见的"红日"二字，前辈学者曾有说法，认为"白日"比"红日"还要亮，因而作者选用了"白日"。对此，我提出疑问，认为不一定可信，建议予以探究。一些同学遂分工合作，对唐以前文学典籍进行了一次普查。（当时没有电脑，全靠一本本翻阅。）结果发现"白日"一词资格很老，而"红日"到初盛唐时才有两三个用例，这就从词语的演变发展上，回答了王之涣为什么用"白日"而不用"红日"的问题。这项研究由学生署名写成短文，发表在语言学的权威刊物《中国语文》1994年第4期上。这个班的同学毕业20周年返校团聚时，还深情地回忆当时集体"查书"的情景，认为那一场锻炼使他们大为开窍，知道了学问是怎么做的。我讲授白居易《长恨歌》，曾先介绍有代表性的不同观点与资料线索，然后由同学撰写《〈长恨歌〉主题的我见》一类论文，从中选取10篇左右质量较高的文章在班级交流，最后由教师进行总结。师生在这种探究性学习中使观点和认识得到了充分交流。学生不仅锻炼了分析作品的能力，而且在理论上，甚至在如何对待人生、事业和情爱等问题的认识上，都得到了提升。师生在探究研讨过程中，愉快地交换意见，寻求共识，改变了单纯由教师讲授的沉闷局面。

　　追求"知音"的教学境界，对教师永远是一种鞭策。教师必须了解学生，了解他们的学业水平、思想状况、兴趣爱好，结合实际制订教学方案；必须不断提高业务能力，关心学术前沿动态，把自己和学术界的最新研究成果不断补充到教学内容中去，使自己的教学跟上时代，富有新鲜的魅力。教师还必须不断根据变化的情况，调整教学手段，把学生吸引到自己周围，一起探求知识。这样做，当然比一年年重复老讲稿的做法，要花出更多的精力，但学生大为受益，师生在教学相长、成为"知音"的过程中，所感受到的乐趣是无穷的，而且这种乐趣又必将转化为下一轮积极从事教学和学习的动力。

（原载《中国高等教育》2004年第19期）

对高师中文系古代文学课
几个方面关系的认识

余恕诚

中国古代文学课是高等师范院校中文系的一门重要的基础课。课程内容丰富，作品的语言文字及其所反映的生活与当代距离较远，因而在教学上难度较大。我们通过长期实践的体会，认为这门课在高师应该从古代文学自身的特性和师范性出发，处理好以下几方面的关系：

史与作品的关系　中国古代文学在五六十年代，一般分设为中国古代文学史和中国古代文学作品选两门课。后来，有些院校特别是师范院校，常常将两门课合并为一门：中国古代文学课。无论是分是合，都有一个史与作品的配合问题。综合性大学为了培养研究人才，似有必要在史的探讨上多用一些力量。师范院校培养中学语文教师，让学生精读、多读一些优秀的古代文学作品，更有实际意义。史的方面，师范生应着重掌握一些基本线索，至于那些学术界尚待深入展开和论证的问题，则可不去涉及或留给选修课。史与作品，具体内容和性质有别，但应有机结合，互相渗透，使其相得益彰。结合和渗透是双向展开的：一是作品应以史为线索，前后贯串，相互配合。离开了史的贯串勾连，作品就显得分散。二是史除基本线索需抽一些专门的时间讲授外，其余更为具体的内容，多半可以放在作品的介绍和分析中进行。如李白对中国古代诗歌浪漫主义的发展，凭空讲述，无疑显得抽象，结合《蜀道难》、《梦游天姥吟留别》等诗去认识，则要深刻具体得多，杜甫在中国古典诗歌创作中的集大成地位，一般性介绍亦难以令人信服，而分体裁、分类型阅读杜甫一些代表性作品，研究杜甫在各体上所做出的开拓，则对杜甫的集大成自然有切实的感受。总之，有作品做基础，文学史才不致空泛；得文学史从中穿插联系，作品亦才能免于平面罗列，获得相互沟通连接的整体感。

　　点与面的关系　　高师古代文学课教时有限，面对极其丰富的内容，不可能逐一介绍，面面俱到，只能突出重点，以点带面。为展开"面"，可以在每一大的文学阶段开头，通过文学史讲述，概括地予以介绍，并指导学生自己阅读文学史，获得总体印象。而作品讲授，则在这一背景上突出重点。首先，一代有一代之文学，唐诗、宋词、元曲、明清小说与戏曲，应分别为各时期的重点，其他文体的教时，则应适当予以缩减。其次，在各个时代突出代表性作家作品。代表性作家作品，在一代文学中是制高点。借助他们的成就，能收到登高望远、大面积鸟瞰的效果。建安文学有了曹操、曹植的诗歌，就可以对建安诗"梗概多气"的整体面貌有实际体会。盛唐诗，通过王维、岑参、李白、杜甫的作品，就可以知道是怎样一种精神面貌和达到怎样的高度。

　　考据与一般阅读的关系　　这里所谓考据，指对古代作家生平、交游以及作品本事等多方面考证索隐工作；所谓一般阅读，指在阅读过程中，依据通常的文本，把阅读的重点，放在对作品语言文字、思想内容及艺术的把握上。应该说，有些重要的考据成果，在教学中加以引进是必要的。如李白《蜀道难》，通过考据可以确定其写作时间的下限，从而推翻旧时一些关于此诗主题的臆说。但考据之学非一般本科生所能掌握，高师中文系学生，更应把主要力量放在从作品语言文字到思想艺术的常规阅读上。考据成果的引进，在教学中只能视需要和可能适当安排。

　　基础知识与理论分析、艺术鉴赏之间的关系　　古代文学教学，容易出现偏重文学欣赏的倾向。作为重点讲授的古代文学作品，都是些艺术性很强的篇什。教师再加以研讨和发掘，易于在课堂上取得效果。中文系学生对于文学作品，无疑应具有理论分析能力和鉴赏能力，但这方面能力的发展，与对于作品阅读能力的提高应该是同步的，而且后者应处于基础地位。近年来空疏的学风有蔓延之势，课堂上套用传统的鉴赏分析模式或各种西方理论而与作品本身并不真正贴切的现象经常可以看到。目前中文系学生阅读古代文学作品的能力下降，文言关难过，对重要作品不能背诵或熟读。有关文学作品的基本知识（如版本、目录、文体等）非常欠缺。试卷中列举张若虚的《春江花月夜》、孟浩然的《过故人庄》、李白的《下江陵》、杜甫的《自京赴奉先县咏怀五百字》、白居易《长恨歌》等名篇，要求答出各篇在五、七言古体和律绝分类系统中属哪一体，能够全部答对的，不超过60%。面对这种基础知识普遍薄弱的情况，在课堂教学中过分偏重鉴赏分析，显然不够合适。北师大启功先生曾对教课者仅仅是"博得听课者说是'一堂好课'"表示异议。说："问题是学生求学，是求'好课'的艺术享受，还是求鉴古知今，闻一知十，获得政治思想上、科学知识上的真凭实证呢?"(《我教唐宋段文学的失败》)启功先生提出的问题发人深省。我们觉得即使是理论分析、艺术鉴赏，也应力求精通扼要，并力求具备理论的深度和鉴赏的高品位。要结合各种不同类型的有代表性的作品，从不同侧面加以分析鉴赏，举一反三，示人以方法和途径，而不是让学生逐篇背诵教师所讲的写作特色和艺术成就之类。

利用以往研究成果与吸收科研新成果的关系　对于中国古代文学的研究，历代都留有丰富的成果。"五四"新文化运动以来，特别是新中国成立以来，将历史唯物主义观点引入古代文学研究领域，所取得的成绩也是很大的。60年代由游国恩等主编的《中国文学史》、朱东润主编的《中国古代文学作品选》，至今尚被许多文科院校采用为教材或主要阅读参考书。近期内高校中文系的古代文学教学内容，仍将在很大程度上受这两部教科书制约。古代文学的有关知识，与自然科学特别是某些应用科学不同，它的更新周期要长得多，可以充分利用以往研究成果，是古代文学教学上的特点之一。但不论任何学科，总是随着历史的发展而发展的，当代人读古代文学作品，要有当代人的理解。新时期古代文学研究遵循实事求是的原则，思想解放，视野开阔，取得的成就远远超过五六十年代，因此在教学中吸收新的研究成果，对传统的教学内容进行修正和补充，是非常重要而迫切的。当然，吸收新成果要注意内容的科学性。

总结文学史规律与贯彻正确的文艺思想教育　中国古代文学教学，必然要涉及文学史上一些带有规律性的现象和某些经验教训。结合具体的文化背景和具体的作家作品探讨规律性现象，能把学生的古代文学学习进一步引向深入。文学史上大量事实反复证明，中国历代伟大作家、作品的出现，与作家的人格修养，特别是与作家对祖国、对人民的感情以及创作时的使命感，总是联系在一起的。教师只要稍加引导，对学生树立爱国主义思想和正确文艺观能起到良好的作用。

中国古代文学教学是一个需要在总结多年实践经验基础上深入加

以研讨的重要课题。本文就上述六个方面的关系，对高师古代文学教学发表一些浮浅看法，希望得到专家的指正。

（原载《淮北煤炭师范学院学报》1996 年第 1 期）

珍惜时间　辛勤劳动

余恕诚

每当跟诸位聚到一起，看大家济济一堂，年轻、健康。我个人跟大家差距那么大，常常不由得想起我从前背熟的语录：

世界是你们的，也是我们的，但是归根结底是你们的，你们青年人朝气蓬勃，正在兴旺时期，好像早晨八九点钟的太阳，希望寄托在你们身上。

当年，我背这条语录的时候，我是太阳；现在我在诸位面前背这条语录的时候，角色转换了，诸位是太阳。

那么面对着诸位，我首先感到什么呢？羡慕。羡慕什么呢？羡慕诸位的年龄。

"前不见古人，后不见来者……"看不见来者，陈子昂是孤独的，而如果能看到年轻有为的来者，一定是羡慕的、高兴的。

面对你们这么多来者，风华正茂，我是羡慕的。我不仅羡慕你们的年龄，想想陈子昂当年，想想我自己这一辈子，还羡慕你们的时代，你们不是生不逢时，而是生逢盛世。

1984 年，我去兰州开会，跟霍松林先生闲聊。霍先生讲："我羡慕你年轻。"他说："我们这辈子是在兵荒马乱当中，在政治运动当中过的。国家真正太平、能做学问，是你们现在这时候。"霍先生对我讲这话，可能还早了一点。我现在跟诸位讲，可能正是时候。现在跟 20 年前，又不一样了。我也不敢讲今后就没有战争、没有动荡，但无论如何目前是好时候。诸位的才华可以充分发挥，有一分劳动会有一分收获。

面对在座的有时间，有未来，又有很好的岗位，有用武之地的朋友，我用什么来勉励呢？八个字：珍惜时间，辛勤劳动。

时间的价值、生命的价值就体现在、凝聚在通过劳动、学习、创造所取得的成绩上面。有时间才能有劳动，人死了，没有时间也就不能去劳动。通过劳动才能把时间的价值转换为存在，两者相辅相成。时间既然这么宝贵，那么我先讲：珍惜时间。

一、珍惜时间

我们这个民族时间意识很强，这从我们民族编写那么多历史，从三皇五帝到如今，都有史，从我们每个家庭尊老爱幼，重视一代代延续就看出来了。时间是一条线，所以有人讲中国艺术是线性艺术；又讲，中国人是生活在时间维度里面。把生命的价值归结为立德立功立言，这不就是时间意识吗？

陈子昂讲："前不见古人，后不见来者。念天地之悠悠，独怆然而涕下。"这不就是时间意识吗？孔子讲："逝者如斯夫，不舍昼夜。"《古诗十九首》讲："生年不满百，常怀千岁忧。"《长歌行》讲："百川东到海，何时复西归。少壮不努力，老大徒伤悲。"屈原讲："汩余若将不及兮，恐年岁之不吾与。"这不都是强烈的时间意识吗？就连可能有点颓废的"夕阳无限好，只是近黄昏"、"无可奈何花落去，似曾相识燕归来"，里面也包含这种意识。而在表现这种强烈的时间意识的时候，同时出现的相关的强烈意识就是要努力，不要浪费生命。

其实外国人也有强烈的时间意识。古希腊赫拉克里特讲："人不能两次踏进同一条河流。"跟孔子的话不是可以相通吗？

关于要珍惜时间，我不知在座诸位受过怎样的熏陶。我们小时候，受的熏陶是很强的，许多格言，直到现在还经常在脑子里出现：

年轻人，时间正翻着书页：请你着笔。（冰心）

人生最宝贵的是生命，生命对于我们只有一次而已。人的一生是应当这样度过的：当他回首往事的时候，不因虚度年华而悔恨，也不因碌碌无为而羞耻……（奥斯特洛夫斯基）

我想诸位对这些格言也肯定是很熟的，就不知道在每个人的心里到底占有多重分量。

大前年的夏天，79 级同学毕业 20 周年回校，在铁山宾馆聚会，很隆重，把很多老师都请去了。在这种场合下，每个人的时间意识都激发起来了。有位同学还背诵我讲过的黄庭坚诗："春风桃李一杯酒，江湖夜雨十年灯。"一位老师很带感情地讲：如果再给我一生的话，我知道会怎么度过。这话背后是什么？是不是觉得这辈子有点虚度？但是人哪有第二生呢？过了今天就没有今天了，别说是一生。

但我想我们只要超前一点有这位老师的这种认识，我们就会爱惜生命、珍惜时间。只要珍惜时间，把逛商店、打牌、泡茶馆、看电视、上网的时间，该挤的挤出来，我们就会成为好的教师、好的研究人员。鲁迅讲："哪里有什么天才，我不过是把别人喝咖啡的工夫用到工作上罢了。"鲁迅 50 来岁就去世了，他能有那么大的成就，跟他爱惜时间分不开。

这是前辈人。

我看到有些年轻人，或者跟诸位年龄相距不太大的学者也极其用功。我们唐宋文学方向早些时候有两位从四川来的研究生，生活那么苦，就吃点咸菜、酱油干子；冬天冷得不得了，也不回家过年，非常用功。周啸天一学期读书笔记，成文的三大本，近 20 万字。《唐诗鉴赏辞典》有四分之一是他写的，都出自读研期间写的读书笔记，后来做了一些加工。有人告诉我，邓小军去食堂打饭都端着饭碗、夹着书跑。他们遭遇过"文革"，知道时间宝贵。

二、辛勤劳动（爱岗敬业）

珍惜时间的人，一般来讲就会勤奋，就会热爱劳动。胡锦涛总书记提出的"八荣八耻"的社会主义荣辱观，里面就有辛勤劳动，另外服务人民、艰苦奋斗里面，也含有辛勤劳动。辛勤劳动是中华民族传统的美德，辛勤劳动利国利民利己。辛勤劳动、热爱劳动，对我们来讲就是爱岗敬业，就是要把时间和精力用在教学、进修、科研上。

那我现在就讲讲要重视课堂教学。

课堂教学特别是大学课堂教学，要有学术内涵，还要有可接受性，并不是轻而易举就能搞好的，我们要高度重视它。

80年代中期，袁行霈先生还在北大上课，我多次听他讲，他每次上课头天晚上都不轻松，有些字要查查字典，别在上课时念错了、写错了。袁先生上课当时在北大有过测试，是上得最好的。凭他那样的水平，那种表达能力，还这样重视。

王蒙先生到我们这里做过三次报告，每次报告前，他都叫我们留点时间给他准备。要是中午的话，他就叫上午留点时间，午饭简单点、不要喝酒、吃快点。另外每次作报告前他都要问一些字，别搞错了。上一次讲《语言的功能和陷阱》，临上讲台前，还问潘啸龙老师《楚辞》里面一个字。去年是第三次，讲《门外谈中国传统诗词》，上午叫秘书开一张条子，叫我们查几个字，比如聂绀弩的"弩"字，唐代诗人的名字，"冷烛无烟绿蜡干"的作者钱翊的"翊"字跟"翙"字差别，等等。可见王蒙那样的大家，那样的智慧，也不敢掉以轻心。

朱自清有一则日记，讲他在梦中，好像在课堂上，有问题答不出来，非常难受，急醒了。

鲁迅的一篇文章，讲到他在极度疲乏的时候想到人生一些很壮烈的拼搏场面，我特别注意他讲到："战士在战场上，大学教授在课堂上。"

诸位看看，他们多重视上课。即使是这些大家，也从来不愿掉以轻心。

我们每个人都有知识缺陷，即使长期教一门课，也不能讲这门课都熟了、都懂了。因此认真备好每一堂课，有备而上，对于我们每个人都是必要的，包括我自己在内，有些常用字可能一直是念错的，甚至一辈子都是错的。小时候是由于自己的原因，或是由于家长、老师的原因，把一个字念错了，以后没人帮你纠正，可能到老都还是错。所以不能掉以轻心，没根据的还是要查一查。

现在学生年轻，央视的"新闻联播"也时而有错字，大家对教师读错字可能比较宽容了，但是在50年代、60年代，在"文革"后招进来的老三届，一个教中文的老师要写错字、读错字，学生是看不起的。系主任听课要是看到了，回来直摇头，甚至要调动工作。有些人终生落下话柄。

当然这还是从消极方面讲，别丢人。而从积极方面讲，是对学生负责，不能误人子弟，这就不再多展开了。

再讲讲如何备课讲课。

（1）从根本上讲，备课讲课要与进修、科研结合起来。进修、科研是教学的支柱。大学的课程，要是教师对这门学科没有比较透彻的把握，没有一点研究是教不好的。有科研，课不一定都能教得很好；但要是没有点研究，绝对教不好。以其昏昏，不能使人昭昭，必须通过进修研究，把你这门课真正搞清楚，才能讲清楚。

讲清楚固然是好，但这在大学还只能是及格线，真正高一点的档次，还需要能让学生得到启发，这就需要有自己的研究和心得了。要对你的学科有全局性的把握，要看到前沿和发展趋向。

我上大学时，有不少教师是从中学调来的。这些老师在中学是尖子，表达是没问题的，但他们多数比不过一直在大学的教师，比不过像刘学锴老师那样从北大来的青年教师。听他们的课总觉得比较平、比较一般，能给你去咀嚼的、去思考的东西相对较少。为什么呢？就是他们毕竟没有足够的研究，较少有自己的心得，所以讲出来浅浅的、平平的，甚至干巴巴的。即使不干巴巴的，把那一点东西（平庸的东西）搞得很花哨也不好。

那别人的研究我能不能借、能不能够移植呢？比如，因为初上堂或时间来不及，借别的老师讲稿去讲好不好呢？吸收别人是可以的，但搬用别人的从根本上讲是不可取的。用别人的，首先要自己有那个基础，否则驾驭不住。只有自己研究过的东西，才能用最清楚生动的语言讲出来。另外，讲稿是有个性的，包括课堂语言都是有个性的，某人的讲稿是某人的语言，某人来讲最适合。譬如，合肥话某个词念出来很难听，合肥人上课怕避免不了，就要改个词。某些话是普通话，普通话没过关的人讲起来不自然，就要给他换个说法，所以不能照搬别人的讲稿。同样的讲稿，换个老师去讲，效果并不理想，这里面的原因值得我们去思考。

以上是讲教学要以自己进修和研究为后盾、为基础。

（2）表达能力。口头表达能力对于教师是重要的，但一般的口头表达能力，跟课堂讲授能力还是有差别的。平时口头表达能力差一些的，不等于讲不好课。课讲得好不好，主要还是看内容，看有没有学术内涵。一堂课，要尽量有一点自己的心得、自己的见解。只要有一点自己的见解，你的课就不一样，绝对不会很差。相反，有的人相信自己口才，上课时天南海北地扯，插科打诨，或者一上课就讲新闻，发牢骚，学生可能是暂时被你吸引过去了，但最终很难得到好评。这个请大家注意，不能有一种错误的自我感觉，不要把实际上并不成功的教学当成是成功的，来误导自己。

（3）课堂艺术。这个千变万化、因人而异，我们大家慢慢琢磨吧。

关键还是要重视、要有研究。有专业基础，又重视，你自然慢慢就会有艺术，有经验的升华。

我希望能像鲁迅讲的，教授在课堂上，就像战士在战场上，全力以赴。全力以赴，就会出灵感，出智慧。

有句格言："狮子搏兔，亦用全力。"我们在课堂上要用全力，要集中精力。我下课一般是不到教师休息室去的，教师休息室尤其是原来老校区的教师休息室，人挤得满满的，到那里话都来了。你一言，我一语，思想都分散了。铃声响了，马上去上课，我觉得很难进入角色。所以我是不去，不愿分散上课的精力。

为了把课上好，可以去听听别的老师的课，揣摩揣摩对方好在哪里，不足在哪里，哪些地方你可以吸收。我是研究过一些老师课的，我在中师念书时，研究过中师老师的课。我的语文老师课上得相当好。在大学给徐炎文老师当过助教，徐老师的课，课堂上有一种气氛，又讲得像行云流水，非常能吸引人。我又研究过现代文学李顿老师的课，李老师的语言起伏顿挫，能把重点突出来，我也体会过、吸收过。希望大家注意揣摩，注意吸收，也可以利用录音机、录像机把教学录下来，自己再慢慢修改。

现在设备、仪器都更新了，有课件了，这能给教学很大帮助，能使课堂教学更出彩。但我也觉得要一分为二地看。有利必有弊，有的教师过分依赖课件。上课时就在那放课件，自己无所作为，这样的课是不会好的，教师被课件异化了，课件有时是用死的东西、公式化的东西来代替人，用视觉图片来代替深刻生动的语言和表情，希望大家在课堂上特别是在讲文学作品时有节制地使用。

好，就到这里吧。还是回到我们的开头：

　　世界是你们的，时间是宝贵的，生命对于我们只有一次。

希望大家珍惜时间、辛勤劳动、创造业绩，做受学生尊重和热爱的优秀的人民教师。

谢谢。

（本文为作者 2006 年 4 月 9 日在安徽师范大学文学院教学活动周上的发言）

多媒体技术滥用于
语文教学中的弊端

余恕诚　　黄皓峰[*1]

随着多媒体技术的发展，其在教育领域中使用的广度也在不断扩张，并且还有被一再强化的趋势。笔者从事语文教学工作多年，对于其他学科的情况不敢妄议，而就中学语文课或大学文学课教学看，多媒体技术的超量运用是否真的有利于教学活动的开展？这一问题值得讨论。

一、阻碍师生间的交流对话

现代多媒体技术的运用，为传统的教学模式带来了某种意义上的"解放"。教师只要将事先准备好的多媒体课件在课堂上呈现出来，轻点鼠标，便可完成传统教学中较为繁杂的板书书写、定理阐释等过程，可以说是"省时省力"。但这种方便，有时却是以有碍于师生间的交流为代价的。

一方面，作为一种重要的人文教育方式，语文教育不仅仅是单向向学生传递教学内容、传输中国语言文化的过程，语文课堂也是教师展现人格魅力，学生培养阅读、写作、欣赏甚至逻辑判断等能力的重要舞台。教师在讲授过程中体态语的运用、声调的变换等，不仅可以起到渲染、调节课堂气氛的作用，而且可以使学生更好地理解所学内容。就学生而言，优秀语文教师的授课过程，应当是一种欣赏的过程：既有对优美文章的欣赏，又有对教师优秀教学艺术的欣赏。而这种教学艺术，应当是包含有恰如其分的体态动作、充满感情的语言表述等内容的。这些都可以在潜移默化中培养学生对中国文学及文化的喜爱。

＊　黄皓峰，安徽师范大学文学院博士研究生。

但多媒体设备的使用往往会将教师局限在一狭小的区域内。为了操作上的方便，教师的大部分课堂教学时间都需要在电脑边度过，甚至是手不离鼠标键盘、眼不离显示器。这就使教师的肢体语言显得僵硬呆板，教师的情感不能很好地表达出来，也有碍于学生情绪的调动，势必会影响到教学效果。

另一方面，多媒体教学具有"既定性"。课件一般都是教师在课前制作完成，其中涉及课堂教学中所出现的问题，也都是靠教师的经验和想象预先设置的，课堂上课件也很难灵活变动。但是，课堂教学活动具有一定的不确定性。教师全身心地投入讲解，往往会激发灵感，对授课内容会有新的更为精彩的阐释。而学生就某一问题所进行的探讨质疑，也并非完全可以在教师的预先设定之中，这就需要教师灵活掌控、随机应变。在这些情况下，如果教师善于处理，就会使这些不确定因素转化成为课堂上的"亮点"。在师生的共同探究中，也可以互相增进了解，互相提高，师生间甚至可以达到一种"知音"的教学境界。然而多媒体教学的"既定性"使教师需要完全按照事先设定的教学流程来开展教学活动，任何事先未经设定的打断都有可能造成整个教学活动的断线。因而有些教师为了保持课堂教学的连贯性，便亦步亦趋地紧随课件，不敢越雷池一步，放弃了自己于灵心妙语中所得到的新的教学感受，对学生的突然提问也视而不见。这样一来，原本双向的沟通交流活动，就成了单调的单向灌输过程。

二、学生难以真正领略语文的美

语文教育，尤其是高等学校的文学课程，并不等同于"扫盲"教育，不是学生学会了字词、掌握了语法就达到了目的。任何阶段的语文教育，都应该承担起人格培养、文化传承、美感教育的重担。而这些重担的挑起，很大程度上还是需要依赖于教师的讲解与学生的领悟相结合。这往往是多媒体课件所不能完成的。

比如，中国的古典诗词是讲究"意象"的。而这种"意象"，并不完全等同于诗词中所呈现出来的"景象"，"意象"的背后往往还隐含着作者的种种情感体验。这才是诗歌中最重要的部分。"枯藤老树昏鸦，小桥流水人家，古道西风瘦马，夕阳西下"的景象，虽然可以用课件化为古人的写意画展示出来，但诗与画毕竟是两种不同的艺术。诗更多是用语言手段调动人的想象，如果忽略从语言乃至音韵节奏的角度去引导学生通过领会和欣赏进入其情境之中，而只单纯地以图片去置换诗歌，只怕会削弱了原作的美。更何况学生又如何从中去感受"断肠人在天涯"的凄苦哀愁呢？温总理的诗《仰望星空》，单靠"星空"、"仰望"等图片的课件是解决不了问题的，温总理阐释诗外之意是："一个民族有一些关注天空的人，他们才有希望；一个民族只是关心脚下的事情，那是没有未来的。"只有将这层意思通过教师富有情感的生动的表述，才能为学生所领会，并起到巨大的激励作用。

对于任何一部文学作品，不同的读者会有不同的感受。正所谓"一千个读者眼中有一千个哈姆雷特"。语文教育需要所学者结合自己的经验、情感来对作品进行自我理解、自我转化，这样才能真正与所学内容形成共鸣，也才能真正地进入文学世界。课件演示是相当固定化的。本身抽象、可供阅读者展开无限想象的世界被课件制作者通过文字、图画、视频等方式具象化，明明白白地展示在学生面前，从而剥夺了学生构建属于自己的、想象中的文学图景的权利。再加上课件的展示往往有速度快、容量大等特点，在仓促的内容变换过程中，学生很容易失去思考的机会，成为被动的接受者。这样一来，文学的美便被破坏、被消解，而不能很好地体现出它的魅力。

三、喧宾夺主，不利于教师能力的提高

多媒体课件教学，应当是教学的一种辅助手段。但在有些学校，多媒体教学已经成为教学活动的主流，甚至出现了每节课都必用多媒体的泛滥之势。

诚然，有些教师的多媒体课件制作精良，文字、动画、视频、音频等都能够在课件中很好地结合运用。学生在这样的课件面前，很容易被吸引，课堂气氛也会很活跃。但需要注意的是，引起学生注意的，究竟是课件的内容，还是课件的形式？只怕后者起了重要作用。学生真正感兴趣的，有时只是课件中好玩的动画、好看的视频与好听的音乐。他们由于感到新鲜而变得异常兴奋活跃，至于课件承载的内容，即知识点，究竟是什么，往往不是学生所关心的。在众多事物的刺激

下，学生虽然可以保持长久的兴奋状态，但其注意力却是分散的；而教师也退居到了次要地位，其主导性被机器所代替，教师所要做的，只是保证课件可以顺畅地展示。这种喧宾夺主的行为，看似精彩热闹，但并不利于学生对教学内容的吸收。学生感受最多的，也许只是"好玩"而已。

另外，网络功能的日益强大，使课件的制作变得日益简单。只需要在网络上进行相关的搜索，便可以轻松下载自己所需要的课件，这使某些教师养成了疏于备课的慵懒习惯。只需要上网操作一番，以往可能需要两三个小时才能备好的课，在十几分钟内就可以完成，第二天在课堂上只要进行简单的课件操作就行了。备课过程应当是一种再学习的过程。在认真备课的同时，教师可能会有新的发现、新的疑惑，从而可以去想办法解决问题、去完善自己的教学内容，这也就促进了教师的自我学习与进步。但上述简便的备课方式无疑降低了教师对自己的要求：教师不愿再去踏踏实实地读书、查资料，只要"复制"、"粘贴"或"下载"即可。这样，不利于教师自身能力的提高，甚至会出现退步的情况。

课堂教学活动归根结底是人的活动。只有不断提高教师的授课水平、提升学生的学习能力，才能使教学活动走向新的成功。多媒体技术作为一种教学辅助手段，可以使用，但必须结合教师自身的课堂教学情况。有些教师过分依赖课件，有些学校过分强调和推行课件，甚至有"唯课件论"倾向，其利弊得失，是值得认真研究的。

（原载《学语文》2008 年第 6 期）

中国古代文学史教学中
应注意的若干问题

俞晓红*1

"中国古代文学史"是高校汉语言文学专业本科阶段必修的一门基础课、主干课。在教学实践中，有重历史描述而轻文本解析者，有重作品阐发而轻史学勾勒者，更有以回归文学本位之名而行过度阐释作品之实者。鉴于此，笔者就相关问题提出自己的看法，以就教于方家。

一、课程的学科性质与功能定位

袁行霈主编《中国文学史》明确指出："文学史是人类文化成果之一的文学的历史。"① 如果将中间的定语省去，该表述就成了"文学史是文学的历史"，中心词"历史"便是对这门课程的学科定位。文学史著作有国别的，如《中国文学史》；有断代的，如《魏晋南北朝文学史》；有分类的，如《中国小说史略》。"凡研究和阐明人类社会发展过程的纵向学科，不管它是整体的、断代的，或者是分类的，都应归属于历史学科。"② "中国古代文学史"是在文学和文化层面上对"人类社会发展"作"纵向"的考察，着眼于"过程"的研究，因此它自然属于历史学科的范畴。中国古代不乏文学家和史学家一身兼任的现象，史学和文学所拥有的相同文化基因，沟通了文学和历史，这为历史学视阈下的文学研究准备了先天的优势条件。但文学史毕竟是"文学发

* 俞晓红（1962— ），安徽歙县人，安徽师范大学文学院教授，博士，现为安徽师范大学皖江学院副院长。
① 袁行霈：《中国文学史》（第1卷），高等教育出版社2005年版，第4页。
② 张静如：《张静如文集》（第2卷），海天出版社2006年版，第448页。

展"的历史，因此，文学史既属于历史学科，又具备文学学科的性质。这一双重品格决定了文学史的研究与教学，必须具备史学的眼光和历史的维度，同时必须立足于文学本体，考察并试图阐明文学史发生发展的过程和规律。由此，"中国古代文学史"研究与教学所关注的内容，应包含以下五个层面。

一是中国古代文学史自先秦至晚清发生发展的全部过程及其演进的规律。这需要讲授者运用宏观的历史思维和科学的文学史观，对古代文学史的整体风貌作出准确而概括的描述。在授课伊始，即对中国古代文学的总体演进与古代文学史的历史分期作出纵向的整体描述，这是非常必要的。在授课中期及后期，对古代文学史的前期风貌作一回顾，对文学史的演进与变迁作出深度诠释，更是一种必要。中国古代文学发展到元代，由于多元文化的影响，出现了很多异质，表现出与元前完全不同的历史风貌。创作主体从诸多为正史接纳的、有较高社会地位的人物，转换为多半排斥在正史之外、不为官方所认可、社会地位较低甚至没留下真实姓名的人物。接受主体从读者和作者同属于特定的文化阶层，转为读者疏离于创作群体，作者与读者不再局限于同一文化圈。创作过程从出口成章、七步成诗，或"两句三年得，一吟双泪流"，改换成世代累积型的集体创作。创作目的由"藏之名山，传之后世"，变成或为勾栏瓦舍提供演出脚本，或是直接当作文化商品提供给市场，以换得谋生资本。文学主张从"诗言志"、"文以载道"，变迁为在"言志"与"载道"之外，更多了些"娱乐"、"消遣"的功能。表现方式从以抒情为主，转向以叙事为主。表现主体从作者主观形象，迁移至一大批源于社会生活并富有永恒的艺术生命力的客体形象。流播方式从以口头流传为主，转为借助刻坊和印刷机，作为文化消费品进入市场运作，书面阅读功能得到加强。元代可谓是一个古代文学的多维结构发生历史性变迁的特殊时代。高校汉语言文学专业的古代文学史教程，一般会分为先秦魏晋、唐宋、元明清三段来进行。术业之专攻，分工之细密，往往导致各段有各段的专任教师和教学大纲。如果不注意瞻前顾后、关注整体，则可能造成文学史教学的裂层，无法对古代文学史的整体风貌作一圆览。

二是某一时代或时期文学观念、文学现象、代表作家、风格流派、经典作品所赖以生成的社会历史文化条件，包括特定时期的政治制度、官方政策法规、经济状况、文化思潮、社会人心、民风民俗、文人社团活动等。这需要拓展讲授者的文化学视野，借助相关史料对文学的现象与流派、作品的创作与流播作出多向度的描述。明代文学流派之多，纷争之烈，理论之自觉，主张之明确，超过以往任何一个朝代，是中国古代文学史上的一个突出现象。这与明代文人结社之风大盛密切相关。结社本是中国文人的习好，而于明代尤烈，三百年内有名目可考的文人社团有八九百个之多，大多集中在江浙皖闽等地区。明中叶以后，长江中下游沿江城市商品经济迅速发展，城市文化生活观念随之有了很大的改变，文化社团活动也随之增多。史家曾言，一个时代有一个时代的文学，任何时代的文学都印着彼此不同的历史环境、社会生活、政治文化、意识形态所铸就的文化内涵。对时代文化内涵的认识和解读，有助于理解和把握各种文学史现象的特殊性；有较明晰的时间主线和较细密的文化坐标，文学史的讲述才会呈现历史的现场感和流动感。否则，文学史将会异化成若干个内在关联被人为切割而致中断的个别现象的线性排列与堆积。

三是某一文体产生、演进、变异的历史过程。中国古代文体学比较发达，从《典论·论文》到后来的各类诗话词话，体系完备而细密，达到一定的理论高度，对文体辨析和文体融合问题的认识尤其深入。以史学眼光来审视各类文体，则要关注某一文体的形成受到了文学内部或文学外部的哪些因素的影响，这种文体的产生发展与社会历史事实之间有哪些互动的因素存在，它在自身的发展过程中与其他文体的关系如何等。就语体特征来看，唐代文言小说明显承续了唐前史传文学、杂传、志怪笔记等的叙事传统，而宋元话本则呈现出一种完全不同的文体风貌，不少文学史教材都将宋元话本与唐代文言小说直接衔接，然而其间艺术轨迹的错位是显而易见的。事实上，敦煌藏卷中的一部分叙事性文学作品已经具备了白话小说的基本条件和美学特征，它的韵散结合的体式和口语化的语言对宋元话本有直接的影响，其间血缘关系较为明显，应该视作中国古代白话小说的滥觞。这种体式未见于唐前汉语文献，却为唐前汉译佛典所特有。中国早期白话小说的出现与佛教文化的传译流播有极为密切的联系①。考察具体文体形成的

---

① 俞晓红：《佛教与唐五代白话小说研究》，人民出版社 2006 年版。

历史过程，需要融合研究者的文化素养、知识结构、生活经验、价值判断等，以构成全面系统的文学史观，这样才有利于揭示某一文体的形成过程、形成的内因与外因。

四是作家作品的创作史，包括作家的人生轨迹与心路历程、创作动机，作品的成书过程、题材流变、版本变迁等内容。先贤曾曰："颂其诗，读其书，不知其人，可乎？"① 今世之人阅读理解古代文学作品，是在借助这些文本实现与古人的对话，从而获取种种超越时空拘囿的精神力量。而对话的方式，或先知其人，通过对作家人生经历的解读，进而颂其诗、读其书；或先阅读古代诗书，进而激发了解作家生命轨迹的愿望。知其人，论其世，颂其诗，读其书，这就表现出解读古代文学经典的一种历史维度。"知人"有时会作适当的历史延伸。讲述《红楼梦》作者的创作历程，往往会追溯曹雪芹的家世渊源。这是因为有关曹雪芹的史料实在是太少了，讲述者无法清晰地描绘他的写作史。而借助对曹氏家族历史变迁的描述，却可以说明曹氏百年望族谱系和家族文化氛围对一个天才作家心灵成长历程和丰厚文化积淀的深远影响。《莺莺传》之"始乱终弃"的情节结构，"善补过"的时人之评，经由秦观、毛滂的歌舞曲《调笑转踏》和赵令畤的《商调·蝶恋花》鼓子词的改编，已表现出谴责张生薄情的意向；至金代董解元《西厢记诸宫调》对其故事进行再创作，改变了结局，因此带来戏剧冲突、形象特质的改变，进而赋予了作品以反封建的主题；再至王实甫杂剧《西厢记》，又作了进一步的改造，将崔莺莺写成置爱情幸福于功名利禄之上的千古佳人。作品题材的流变，反映出不同作家文学观念的变异，要说明这种变异的时代文化原因，就必然要探寻不同作家所处文化环境的历史性变迁。"知人论世"是文学批评的一条重要原则，离开了这一历史维度，文学批评便会走向单纯的审美观照，甚至偏废于理论的空乏。

五是作品面世后经由历代读者的审美解读所形成的接受史，包括历代读者对文本的审美反应、审美观念和价值取向的发展变化及其原因。诸多文学经典有其"本文的召唤结构"②，为后世的解读提供了无

---

① 杨伯峻：《孟子译注》，中华书局 1960 年版，第 251 页。
② 伊泽尔：《阅读活动：审美响应理论》，中国人民大学出版社 1988 年版。

限延伸的意义空间。受不同时代文化浸染的不同身份的读者，对作品的理解与阐释又有自己的个性空间。《红楼梦》问世后，在行为方式、情趣心态、理想信念方面或多或少会引起读者不同的情感反应。乾隆时商人女会因沉湎于贾宝玉之多情而伤感致病，终至气噎夭亡；今日之女大学生却会鄙夷怡红公子的脂粉气，赞赏柳湘莲的阳刚气。嘉道时读者涂瀛认为林黛玉绝尘埃而信天命，不妨"仙之"；王希廉却认为黛玉一味痴情，心地褊窄，德固不美；光绪时许伯谦尊薛抑林，好友邹弢与之争论，一言不合，几挥老拳。钗黛优劣之争，从来就没有停止过喧哗，而蕴藏其后的阅读接受心理，却有其在在而殊的历史文化因素。所谓"一千个读者就有一千个哈姆雷特"，历代读者、批评家、改编者的无数微观接受，构成了经典作家作品绵延数百年的辉煌接受史。教学中如能擎起接受史珠链中数颗闪亮的明珠，则更能衬托经典作品文本的璀璨炫目。

课程与学科紧密相关。广义的课程是所有教学科目的总和，狭义的课程则是指一门学科或一类活动①。既然课程就是学科，那么它应该也是该门学科知识的总和。在这个意义上，两者的性质是一致的。课程的功能与此不同，它主要是指课程在人才培养中的作用。"中国古代文学史"既然具备历史学科的性质，则历史学"咨政育人"的重要功能也当成为该门课程的主要功能之一。通过对中国古代文学史发生发展规律及嬗变的探寻、描述和归结，可以提升今之大学生的思想认识和理论水平；借助对文学现象、文学思潮、重要作家的成长与创作历程、经典作品的诞生与流播轨迹等历史要素的考察、分析和理解，可以培养大学生的道德情操，使大学生变成历史意义上、文化意义上、情感意义上、道德意义上的人，实现精神成人的目的；在解读基本文学史事实、描绘文学的历史性框架的基础上，辨析文学现象、经典作品所赖以产生的各种条件，可以培养大学生基本的学术理念和规范意识。不认识到这一点，文学史教学会变成史实的机械罗列，造成对这门课程性质和功能认识上的误差。这种误差不仅影响学科建设和发展，而且必然影响课程教学的目标定位和内容选择，进而影响课程的教学

---

① 中国大百科全书出版社编辑部：《中国大百科全书·教育》，中国大百科全书出版社 1985 年版，第 207 页。

效果和教学目标的实现。

不久前在汉语言文学专业本科生中进行的一次问卷调查表明，很多本科生对该门课程的目标定位不准。一是很少有人能够将古代文学的课程目标写得很全面客观，多只涉及其中一两个层面，呈现出零散性、片面化的特点。二是对课程目标的认识绝大多数停留在文学史和作品本身的学习、了解与鉴赏上，对古代文学课程所承载的诸如传统文化的传承、独立个性的塑造、精神成人的渠道、学术素质的培养、专业基本功的训练等重要功能，则较少涉及或未加涉及①。这提示我们，应在该门课程讲授伊始，就将课程的性质、功能和目标定位明确地传达给学生，并在讲授过程中不断强化这些理念。"中国古代文学史"课程兼具文学与历史学的双重品格，认识不到这一点，将会模糊这门课程与"中国古代文学作品选"及其他相关课程的差别，这势必影响该门课程的建设和育人功能的发挥。

二、"中国古代文学史"课与相关课程的关系

20 世纪末，高校中文本科专业将一向融文学史和文学作品为一体的"中国古代文学"课程，分化为"中国古代文学史"和"中国古代文学作品选"两门课程。有关部门要求按两门课程安排教学计划、撰写教学大纲，并按两门课程分开命题、考试。与此同时，原本三学年的古代文学课压缩在一年半内完成，减少总学时，适当增加周学时。课程分设已历十载。在具体讲授中，两门课程往往存在不区分或彼此交叉的现象，给学生的认识和理解带来一定的困惑。从课程性质看，"文学史"和"作品选"从一门课程中分立出来，在扩大了课程容量的同时，也使它们具有了学科独立的意味。既是两门课程，则应各有其学科知识结构，各有其讲授的重点和特点；但这两门课程又是互为联系的一个整体，其内在关联无法割裂。

从其关联性而言，"中国古代文学作品选"是"中国古代文学史"

---

① 《安徽师范大学"中国古代文学"课程问卷分析报告》，见安徽师范大学中国古代文学国家级教学团队博客（http：//blog. zlgc. org/index. php？uid – 271 – action – viewspace – itemid – 3617）。

的基础。古代文学史的主要构件是一个个具体的文学作品，没有作品，也就没有文学的历程。读者正是通过对文学作品的感知、欣赏和理解，把握某种文体的产生与发展、某个作家的观念与创作、某种文学现象的诞生与演变等的过程，并进而把握整个古代文学史的脉络与趋势。解读作品，是从微观角度考察古代文学史之所以形成的基础；了解文学史，是从宏观的视角认识文学作品之所以产生的客观条件及其在古代文学史上的地位与价值。没有文学史坐标的作品，将成为一个个彼此疏离、缺乏因果联系的点状文本；缺少作品支撑的文学史，将会是内容空乏、毫无生命迹象的线形框架。讲述文学史，势必要以具体作品为例印证文学史现象，训练学生的史学思维，培养其科学合理的文学史观；解析文学作品，亦当借助文学史背景揭示作品内涵，延伸学生的审美思考，拓展其理解的维度。"文学史"和"作品选"先天具备的关联性和不可分割性，决定了讲授者不能将它们判然分开。

"中国古代文学史"和"中国古代文学作品选"的区别也是十分明显的。前者属于史学范畴，以"史"的描述为主，侧重于文学现象的历史形态和其间因果联系的揭示；后者属于纯文学范畴，以文本阐释为主，侧重于经典文本的自身结构和精神主题的解析。就其课程结构而言，一个侧重于文学思潮与文学现象、文学作品的时代政治经济文化背景、作家创作历程、作品本事与题材流变、作品的流播与文学史定位；一个侧重于具体作品的文体、主旨、形象、表现方式、精神追求与美学价值。就其解读方式而言，一个是历史大叙事，有其自然时间的顺序；一个是文学审美观照，有其不断生成的意义空间。就其思维特征而言，一个是史学思维，体现理性精神；一个是审美思维，较多感悟性质。由此而带来的讲授方式与目标也体现出一定的差异：一个是启动宏观视阈，向学生展示文学史的整体形态和具体构成，教学生从源头上认识文学现象，拓展学生的史学视野和学术理性，培养其文学传统的自豪感和文化传承的使命感；一个是进行微观透析，引导学生关注文本内在的生命精神，教学生从微观的生命世界里认识人生，激发学生对作品的解读兴趣，提高其审美阐释能力，并进而通过对文本意义的价值判断和多维阐发，提升学生的道德情操内涵，促进他们理想人格的自我完善。

问卷表明，讲授者对"文学史"和"作品选"之间关系的处理，并没有完全达到理想的境界。有的教师偏重文学史，忽略对作品做深入细致的解析，学生对此颇为不满，希望有讲授者独特的个性和深入的研究。有的教师偏重作品选讲，文学史简单带过，学生却对文学史的概貌和线索很感兴趣，希望呈现清晰详细的文学史观。但过分注重文学史甚至疏离作品而专门讲述历史故事的做法，则又不能获得学生的认同。作品选讲有时会出现与中学语文篇目重复的现象，以致学生感觉了无新意，失去解读的兴趣。这就提醒讲授者需要加强对作品文本的深层研究，以其文学史的宽度、美学的深度和作家研究的新成果取胜，尽量避免与中学语文教学知识内涵的重复。"中国古代文学史"课程的文学与史学兼而有之的性质，决定了讲授者不能离开文学本体的内容去讲述历史，也不能超脱历史的坐标单纯关注文学本身。忽略文学性的历史细节和原生故事，可能导致文学史现象的生命力的缺失。若是只强调文学的本体性，单方面侧重于文学作品的审美特征与规律，则有可能以牺牲文学的历史性为代价。

古人认为文史哲不分家，人文学科应该是一个综合性的整体。近代学术的不断进步，使人文学科的分化越来越细，人文学科之间的精神联系也逐渐被忽略而造成断裂。即便在汉语言文学的学科内部，研究者也往往是对某一术业有精深的专攻，很难兼顾旁近学科。如何认识"中国古代文学史"课与诸多相关课程的关系，决定了讲授者的教学视野是否开阔、教学内涵是否厚重、教学效果是否优异。这需要讲授者先对汉语言文学专业的课程结构了若指掌，对课程之间的相关性与差异性有清晰的认识，具备较为完备的知识结构。课程设置上，古代汉语作为基础课的基础，开设在前比较合适。在学生掌握了一定的上古文字、词汇、语法的知识之后，再讲授先秦作品文本的文学内涵、美学价值和文学史意义，就可以突出展现古代文学课程的特点，最大限度地发挥古代文学课的功能；而古代汉语课程的知识内涵也可借此得到巩固，其深广度也可进一步得到拓展，形成古代汉语和古代文学课程的互补共构。文学理论系列的课程也是古代文学课程必不可少的支撑，它所具备的哲学、美学、文学批评学的理论高度，在一定程度上对解读古代文学史和古代文学作品起到了理论引领的作用；缺乏文学理论的光照，文学作品和文学史现象将会蜕化成单个文本的罗列和史料的堆积，就很难产生举一反三、由此及彼的讲授效果。讲授者还需要掌握一定的文化学知识、比较文学视野和文学的当代性意识，了解中国现当代文学现象和世界文学经典作品，站在一个文化史的制高点，将古代文学置于古今中外世界文学的大格局中作影响的或平行的研究，并引导学生以当代人的文学史观、当代人的价值判断和当代人的审美观念，去探寻、解读、剖析中国古代的文学现象和经典作品，促成它在当下文化建设中的有效价值判断与美学建构，期望通过这样的关切过程，参与人类文明的共同体。

文学学科分化之细，带来研究领域与教学风格的个性差异：长于史学思维短于义理思维者，多鄙夷理论之疏落空乏；长于理论阐发短于史料铺陈者，则多指斥考证之饾饤琐屑。体现在教学风格上，擅长平实描述者轻视意义阐释的美学张力；擅长理论思辨者则排斥文本结构的深层解剖，对其久远的历史向度更是不屑一顾。习相轻而不尚相重，多因以自己所长为衡量标准，将自我的文学体验、学术特长和教学个性推定为普遍有效的教学研究范型，实有假学术公器之名、行回护己短之私的嫌疑。有学者曾言："站在人类文化的立场，没有任何理由可以排斥对历史中某一门学问的研究工作。我也发现不出今日中国知识分子在学术上的成就，具备了排斥某一门学问的资格。"① 斯言极是。

三、"中国古代文学史"课与多媒体技术的关系

电子资讯的发达，令一些人感叹读图时代的到来。而我们在享受多媒体技术带来的视觉愉悦的同时，似乎忘了"读图"本来就是中国古代最悠久的阅读传统之一。所谓左图右史，先秦典籍多有图文并置者，如《周易》即文辞与图像并存②；《诗经·大雅》中的一些篇章如《大明》、《皇矣》、《生民》、《公刘》等，原为西周宗庙祭典中赞述壁画的诗章③。屈原放逐，见楚有先王之庙及公卿祠堂，图画天地山川神

---

① 徐复观：《中国人性论史·先秦篇》，三联书店2001年版，第7页。
② 高亨：《周易古经今注》，中华书局1984年版，第51页。
③ 李山：《诗大雅若干诗篇图赞说及由此发现的雅颂间部分对应》，《文学遗产》2000年第4期。

灵，琦玮谲诡，及古圣贤怪物行事，"周流罢倦，休息其下，仰见图画，因书其壁，呵而问之"，于是有了《楚辞·天问》的问世①。《山海经》原以图画为主，文字乃是对图画的解说②，所以晋陶渊明《读山海经》诗云"泛览周王传，流观山海图"，"览传"是读文字，"观图"是读图像，两者恰成互补共构态势。宋代学者郑樵曾在《通志·图谱略》中批评时人"见书不见图"，只关注文字而不重视图像；他认为古之学者为学之要，是"置图于左，置书于右；索象于图，索理于书"③。图之有像，有如书之有理；图像与文字互相印证，可以使史书更接近生活实际，以更好地发挥鉴古知今的作用。所以郑樵说："图谱之学不传，则实学尽化为虚有。"④ 图文并重是中国文学发展史的特征之一。今天高校课堂中国古代文学教学中多媒体课件的广泛运用，得益于电子技术的发展与推动。但从图史并重的阅读方式来看，显然与史家的思考方式与人类的认知本能一脉相承，蕴藏着深厚的传统文化价值。元代是中国历史上疆土最为广阔的时代，如仅止于文字讲述，学生印象不会太深；而在多媒体课件中插入元代地图，以与秦汉唐宋版图作比较，将单纯的听觉接受置换成听觉与视觉双重感官接受，则会在直观展示中获得意外的效果。南宋杂剧人物画、偃师宋墓杂剧与宋杂剧艺人丁都赛雕砖拓本，元明戏曲刻本的绣像插页影印件，以及一些由原始书页、文字资料的影印件转换成的图像资料，可以直观地印证相关文学史生成过程中的特定场景或生动的历史细节。作为一种有意味的形式，它不仅激发读者的想象，而且还与讲述者的口述文字共构了特殊的文化语境，助成对生成文学史的社会文化生活原生态样貌的揭示。在讲述《红楼梦》的版本系统时，要向阅读条件有限的地方高校大学生讲清脂批本与程高本的本质不同，脂批本上眉批、侧批、双行夹批、回前诗、回后总批的区别，一些错行夹批及其导致出错的原因，独一无二的甲戌本凡例是何面貌、又如何错入正文等，只要在课件中展示那些珍稀版本的影印页面，这些看似抽象而枯燥的问题，一下子

① 王逸：《楚辞补注》（卷三），中华书局1983年版，第85页。
② 袁珂：《袁珂神话论集》，巴蜀书社1988年版，第15页。
③ 郑樵：《通志二十略（下）》，王树民点校，中华书局1955年版，第1825页。
④ 郑樵：《通志二十略（下）》，王树民点校，中华书局1955年版，第1825页。

就变得非常清晰，因而也十分生动有趣起来。当那些文学史内容改换成图像形式呈现在课堂上的时候，获得的教学效果是单纯的口述所难以企及的。

除图像外，多媒体技术还可以将一些音频、视频文件链接到古代文学史的课堂教学中。有人认为，古代文学课堂教学的构件是文字、语言，而不是声音与活动图景。显然我们忘了，从《诗经》、《离骚》、《九歌》、《九章》，到唐诗、宋词、元明清戏曲，中国古代文学史的发展历程从没缺少过音声的伴随。诗词歌赋的文本往往渗透着音乐的元素，而元明杂剧、明清传奇的曲牌、宫调与音乐的关系，更是超过了它与文本内容的关系。借助音频文件来辅助说明相关文学史概念，这是古代文学史的讲述者应增强的教学意识。这样的意识在古代戏曲史的教学中显得尤为重要。很多时候人们将戏曲当作纯文本的对象来阅读、来教学。但从戏曲本身的发生、发展和衰微的历史看，如果作家将它当作案头阅读的文本来创作，读者也仅将它当作文学脚本来阅读，那么它的生命力是非常有限的。文学史上诸多"案头化"剧本的创作并不具备经典的特质和魅力，已足能证明这一点。明代杂剧的案头化倾向、清初传奇的案头化创作，都大大限制并影响了那些戏曲作品的艺术成就和世间流传。戏剧作品能否在舞台演出、其曲词是否适合演员演唱、其声腔是否与该剧内容相配合，这是古代戏曲作品的特质，由其文体的规定性所决定，也是我们讲授戏曲文学史时应该阐述清楚的内容。明代戏曲有"四大声腔"，其中昆山腔在经过激烈的竞争后胜出，成为独擅剧坛200余年、为封建正统文化所唯一认同的雅部声腔，与明嘉靖年间魏良辅对昆腔的改造有关，也与《浣纱记》使用昆腔演唱有很大关系。如果我们不通过音频文件展示四大声腔的特点与风格，如何能让学生具体感受昆山新腔的纡徐宛转、流丽悠远呢？我们如何才能让学生具体可感地理解和领受，所谓的"沈汤之争"，不仅仅是戏曲创作理念上的争执，其间也有不同声腔的使用所导致的效果上的差异呢？努力还原文本生成的历史文化情境，在多元文化视野中借助有价值的多媒体技术，展示一个个立体化的文本空间，发掘中国古代文学史中蕴藏的丰富的文化底蕴和人文精神，培养智商与情商俱高的学生，这更能体现"以人为本"的当代人文意识。

当然，过分强调教学方法、技术手段，并不一定可取，有一些潜在的理念和思想可能因此被遮蔽。古代文学史的课程性质和目标决定了它并非仅靠授课技术就能实现。这个问题学者已多有论及，此不赘述。

（原载《中国大学教学》2010 年第 6 期）

文本·美育·文化

——高校古典文学研究与教学中需要思考的几个问题

杨柏岭[*1]

人的创造性的发挥会受到各方面的制约，其中深层次的往往是自己所熟知的某种观念。当今在各种评价体系下生活的高校教师们，有一部分人过的是一种沉湎惯性、缺乏反思的日子。科研精力多用于在高级别杂志发表文章上，教学精力多用于关心学生对自己的测评分数上。整日忙于写文章，而不思考"为何写作"的问题；忙忙碌碌地完成教学任务，而不思考"如何教学"才有质量的问题。《庄子·齐物论》曾感慨过这种人生的无奈和可悲："终身役役而不见其成功，苶然疲役而不知其所归，可不哀邪！"《荀子·解蔽》又云："闲居静思则通。"或许当今的人缺乏"闲居"的时间与空间，但确实不能丢掉"静思"的意识与品性。所以有上述感慨，是因为尽管制约当今教学质量的因素很多，但教师本身缺乏对教学理念、教学方法的反思意识与探索精神则是一个重要方面。此处，便结合自己讲授唐宋词的经历，略陈对此问题的点滴想法，不足之处，请大家批评。

一、史学模式与文学文本

中国古代较长时间内皆按照"经、史、子、集"来分类文献。自近代以来，这种传统文献分类法受到西方学科分类的影响，在梁启超等一批批创立"新学"的学者们的努力下，人文社科领域逐渐形成了诸如哲学、历史、文学、经济、道德之类的分类方式。学科分类的标准变化了，也带来了学科定位、课程内容等方面的变化。如朱偰谈到

* 杨柏岭（1968—　　），安徽定远人，安徽师范大学文学院教授，博士，曾任安徽师范大学文学院副院长，现为《安徽师范大学学报》编辑部副主任。

五四运动前后的北京大学史学系时便说：

> 史学系也是北大有名的学系之一，1919 年成立时，在国内各
> 大学中首创现代历史学系的课程和规模。过去讲授历史，往往与
> 文学不分，所谓"文史"往往相提并论；现代的史学，是以社会
> 科学为其基础，所以它和经济、政治、法律三系的联系最为密切。
> 在北大 18 系中，史学是和这三种学科并列为一组的。①

尽管如此，文史哲等社会科学集结式的研究与教学仍然是人们所
称道的求通理念。不过，此处我们所要反思的不是这种求通理念，而
是百余年来文学研究与教学中的文学边缘化现象。导致文学边缘化的
原因很多，诸如政治、道德等皆可能使文学文本演变为政治文本、道
德文本等，而这里重点说的则是人们时有反思却依然存在的史学模式
问题。其中，重文学史而轻文学作品的传授又是最为突出的现象。

在中国新史学学科建立上，梁启超创立的新史学具有革命性的意
义，然亦似乎影响了人们研究包括文学在内的诸多社会学科的思路。
因为他一度把历史学的内涵拓展到近似当今人文科学的概念上，诸如
文学等学科的历史皆可纳入其中。这虽然强化各学科的"学术"意义，
然同时强化了从史学知识的角度研究或讲授文学的知识与历史观念。
这种以文学专门史的研究与传授来定位文学学科的观念，在受到西方
教育理念的直接影响下的中国现代大学办学思路中得到了进一步的发
展，致使我们长期以来无论在教材编写上还是在课程内容设置上，都
把古典文学作为一门专门史的知识来传授。如游国恩等在《中国文学
史》的出版说明中就说：

> 本书……在内容上，希望能给予同学以比较全面系统的文学
> 史知识和正确的历史观念。②

---

① 朱偰：《五四运动前后的北京大学》，见全国政协文史资料研究委员会编《文化史料丛刊》
（第 5 辑），文史资料出版社 1983 年版，第 173 页。
② 游国恩：《中国文学史》，人民文学出版社 2002 年版，第 1 页。

在这种观念下，尽管人们并没有完全丢弃文学作品的研究与讲授，但事实上文学作品失去了它应有的基础性功能，而处在一种知识传授的辅助地位，所起的往往只是如同历史材料一样的"证明"作用。这直接反映在我们所熟悉的先介绍社会背景、次简介作者生平、最后补充作品分析的文学史教材编写与教学模式上。于是，那些并没有阅读多少作品的研究者们，却大胆地撰写各类文学史著作，或在课堂上勇敢地揭示文学发展的规律。因为很简单，只要他们记忆了文学史的知识，掌握了一些历史规律的术语与思想，拿数篇文学作品来"印证"即可。这种视文本为证明材料的做法同时也反映在历史学研究与教学领域内。牟宗三先生曾经就历史研究问题分析道：

> 现在念历史的人，他研究的不是这个历史本身，而是历史材料，文献的材料或是地下挖出来的材料。人们说：他们是专家，他们懂得历史，你不懂历史。其实我是懂历史的，只是不记得历史。他们才是不懂历史，只记得历史。①

正如牟宗三分析的，长时间以来中国文学课所采用的三点式"文学史模式"教学，所传达的已不是中国文学历史本身，其目的也仅仅是让学生去记得文学史材料而已。当然，从某种意义上说，文学史属于史学的范畴，这是无可辩驳的，需要进一步思考的是撰写文学史应当遵循什么样的史学思维方式。近些年学界对此有了较为深入的思考，且出版了不少新的教材。如袁行霈先生在他主编的《中国文学史》"总绪论"中说"文学史著作既然是'史'"，"就要突破过去那种按照时代顺序将一个个作家作品论简单地排列在一起的模式"，"而不满足于事实的罗列"，如此才能真正注意"史"的脉络，寻绎"史"的规律，清晰地描述出承传流变的过程。②

然而，要想实现这个目标，文学史著作必须以文学作品为本位，以研究者和教学者的文本阅读为前提。否则，就不仅仅是袁行霈先生所说的"纯客观地描述文学史几乎是不可能的，总会多少带有一些主

---

① 牟宗三：《中国哲学十九讲》，上海古籍出版社 1997 年版，第 11 页。
② 袁行霈：《中国文学史》，高等教育出版社 1999 年版，第 4—5 页。

观性"① 的问题了。文学史写作与教学如此，就中国古典文学的教学而言，文学作品的比重显然要大于文学史才合乎人们的认识规律。同时，文学作品的讲授也绝对不能成为某种文学史观念的证明材料，而应该成为学生塑造心中文学史的基础。古典文学的研究与教学应当有浓厚的文本意识，这样才能改变重在知识传授的狭隘性，从而立足于文学本位，充分挖掘古典文学的生命力，发掘古典文学的当代意义，向更为宽广的空间拓展。

二、知识传授与美育阐释

多年来，人们一直在谈论如何在教学互动中激发学生主动性的话题。其中，所针对的主要就是"以教师为中心"的教学模式。不过，数年过去了，高校课堂教学仍然如此，中国古典文学课因所要讲授的内容太多就更为突出。当然，也有不少老师试图改革教师一言堂的教学方式，但有些改革的效果并不明显。究其原因，从学生方面说，自读书以来的应试教育使他们养成了学习是为了考试的意识，记忆知识便是他们学习的重要内容；从教师方面说，不少老师只是在提问、座谈、讨论等形式层面追求"互动"效果，而知识灌输的观念依旧深深地藏在自己的脑海里。

由此，笔者认为界定课堂教学是不是灌输式结构，其标准虽然在于师生是否互动、学生主动性是否被调动等方面，但不能仅从活动方式、教学方法等形式多样性，或表面的课堂气氛活跃上去把握。对此，庄子"庖丁解牛"的寓言故事所揭示的道理或许能解释这个问题：庖丁经过多年解牛的磨炼，所以能"技近于道"，乃是他始终按照"道"的要求的结果；否则，只能是"终身役役而不见其成功"了。也就是说，当教师的教学理念、学生的学习观念没有更新，那种师生互动启发的课堂结构就很难实现，那些丰富多样的教学方法改革也只能隔靴搔痒。譬如，"课前预习—课堂讲授—课后练习"是古典文学课程普遍采用的教学模式。应该说，这种模式无可厚非。可是，在当今的高校学风中，这个模式中的前后两个环节已经难以实现，教学活动只能落

---

① 袁行霈：《中国文学史》，高等教育出版社1999年版，第5页。

在中间环节，原本系统化的教学模式变成了单一的课程传授结构。此时，部分老师再采用课堂提问式检查学生预习或练习情况，作用就不明显，甚至引起学生的紧张与不满。

当然，我们仍然希望老师们能强化学生课前预习与课后练习等环节的教学活动，同时也要深层次地认识到课堂讲授环节的重要性。然而，这里有几个观念需要澄清：一则"一言堂"的教学是否就是"满堂灌"？二则"以教师为中心"是否就未遵循师生互动教学规律？或者说，追求师生互动是否就是要彻底改变"以教师为中心"的课堂结构？其实，这两个问题都涉及课堂教学中的教师主体问题。我们不能简单地根据时间比例分割来解释课堂教学的互动性，并以此指责"一言堂"或"教师中心"等现象。诚如前文已说的，个中关键在于教师按照怎样的教学观念或遵循怎样的教学模式来组织课堂结构。像前文已分析过的文学史教学模式，只倾向于归纳概念、传授观念、记忆知识，教学方式再丰富多样，也只能是一种灌输式教学。

除了"人灌输"现象，目前还要注意的便是"机灌输"的问题。多媒体教学原本是作为教学的辅助手段而一度得到强调，可惜的是在当前的课堂教学中出现了一些"异化"现象，以致部分老师把课件使用当作减少备课量的取巧办法。此处，需要思考的另一个问题是，课堂教学追求的师生互动应该是一个充满创造性的过程，然而事先设计好的课件显然束缚了教师的发挥，必然影响教师临时性的取舍。倘若教师备课不认真，抑或借用现成的或所谓统一性的课件，那么多媒体课件不仅没有起到辅助教学的作用，而且进一步加大了知识灌输的力度。因此，多媒体的使用、课件内容的设计，遵循的应当是有利于在师生互动中促进学生主动性的规律，否则，就会导致当今同学所说的"我们已经成为课件的奴隶"的结果。

至此，要想较深层次地改变灌输式课堂结构，古典文学研究与教学就要走出偏重"知识传授"的困境，而多采用立足文本，遵循作品解析规律，强化美育阐释与人格培育的教学模式。《论语·泰伯》曰："子曰：'兴于《诗》，立于礼，成于乐。'"尽管孔子关于诗的作用的认识明显带有儒家诗教色彩，但"言修身当先学诗"[①]的意见仍是尊重

---

① 何晏：《论语集解》，《十三经注疏》（下册），阮元校刻，中华书局1980年版，第2487页。

文本的反映，启示我们在古典文学教学中要使美的因素成为学生掌握知识的一种有效方式。学生获取知识不仅要以审美为先导，要在美感中求取真知，而且要在美的体验中培育人格。以文学史知识为主，我们所传授的可能只是已经设定好的内容，然以文学作品为主，才有可能激发学生去构建自己心中的文学史。《庄子·秋水》篇曾云："可以言传者，物之粗也；可以意致者，物之精也。"言语确实具有局限性，但是作为教师，用语言表达出似乎只能意会的内容才是教学的至高境界。

而这种能力尤其表现在文本的分析能力上。长时间以来，我们的文学作品分析也只是三点式的：先是生僻字的解释，次是揭示中心思想，最后提出几点艺术手法。此番授课思路完全是知识传授模式的体现，已经背离了文学作品的形象性，无法让学生领略作品的美感，更谈不上通过文学作品进行美育了。美国天普大学宗教学研究所教授傅伟勋先生曾谈到过文本诠释的"创造的诠释学模型"，他说：作为一般方法论模型的创造的诠释学，分成五个辩证的层次："实谓"、"意谓"、"蕴谓"、"当谓"与"创谓"。这是我讲授唐宋词时经常采用的一种方法，且予以简化处理：一是文学语言层面的文本，在校勘基础上探问"原作者（或原典）实际上说了什么"；二是原作者层面的文本，结合作者传记、时代心理等，询问"原作者想要表达什么，他的真正意思是什么"；三是历史层面的文本，结合文学或文学思想史，进一步问"原作者可能想说什么？仍可能蕴涵哪些意思意义"；四是读者层面的文本，联系当代，探询"由此文本我们能继承什么"，又"如何'救活'原典或原有思想"？①

教育家蔡元培先生指出："凡是学校所有的课程，都没有与美育无关的。"② 在数年的唐宋词教学实践中，笔者始终遵循这个理念。或许这与笔者从审美文化层面阐释唐宋词的角度有关，但笔者想改变只重视知识传授的意识是明确的。因为在笔者看来，经典的文学作品不仅是作者抒情言志的语言艺术，而且是作者的审美经验、人格魅力的载

---

① 傅伟勋：《从德法之争谈到儒学现代诠释学课题》，《二十一世纪》1993 年第 4 期。
② 蔡元培：《美育实施的办法》，《蔡元培全集》（第四卷），浙江教育出版社 1997 年版，第 670 页。

体。唯有如此，才能真正把握"经典"的内涵。

三、能力培养与文化修养

当前古典文学教学还遇到了学习古典文学有无用的难题。这是个老问题，但又是一个新话题。在大学毕业不再包分配，就业压力越来越大的背景下，职业能力与实用能力成为很多人把握毕业生"能力"的重要标准。部分院校压缩古典文学等课程的比重，增加一些职业培训课程就是典型的表现。与此同时，部分老师也开始从狭义的能力培养角度强化古典文学教学的实用性问题。在这种教学观念的作用下，有一些改革虽然得到了部分同学的"喜欢"，却是一种令人担忧的尝试。

譬如，对学生写作能力的强调，其用意是好的，但是否就一定要求学生训练古文或旧诗词的写作，则是需要反思的。当下，有不少人热衷于旧体文学样式的写作，但作为个人的兴趣或社会文化现象之一种是可以的，若想使旧体文学样式重新流行开来，则是不可能的。又如，作为师范院校的古典文学教学，培养语文教师自然是该课程的任务之一，但部分老师为了训练学生就业的应试能力，在选讲古典文学作品时基本上以中学语文课本中的篇目为主。其目的在培养学生的从教能力与求职竞争力，但这种重复性的教学其实只起到了"强化训练"的效果，自然也是"实用性"教学的一种表现。

那种以狭隘的实用性为目的的只是把被教育者视为"机器"，那种缺乏人文精神的教育又把被教育者看作"动物"，正如朱自清先生早已说过："在中等以上的教育里，经典训练应该是一个必要的项目。经典训练的价值不在实用，而在文化。"[1] 亦如陈寅恪先生在《我国学术之现状及清华之职责》中说的："吾民族所承受文化之内容，为一种人文主义之教育。"[2] 两位学者皆针对现代大学文学教育的某些狭隘肤浅观念发表了看法。当然如何理解大师之言，尚需进一步说明：

一则指出古典文学教学反对狭隘的"实用性"，并非意味着能力培

---

① 朱自清：《经典常谈》，生活·读书·新知三联书店1980年版。
② 陈寅恪：《金明馆丛稿二编》，上海古籍出版社1980年版，第317页。

养的不重要。撇开孔子教《诗》所要达到的具体实用能力，究其突出"有用"的教学理念而言，还是值得我们借鉴的。子曰："小子何莫学夫诗？诗可以兴，可以观，可以群，可以怨。迩之事父，远之事君，多识于鸟兽草木之名。"（《论语·阳货》）子曰："诵《诗》三百，授之以政，不达，使于四方，不能专对。虽多，亦奚以为？"（《论语·子路》）从这个意义上说，当前部分老师关于古典文学"实用性"的思考与探索，也是有积极性的一面。至少可以在一定程度上改变那种重知识传授轻能力培养的教学观念，可以在教学内容上强化与社会需求相联系的程度。当然，对古典文学这类传统文化课程来说，狭隘的职业化的"实用能力"的培养，绝非古典文学课程所能承担的，但那种只重在培养研究型学者，也不是当今高校古典文学教学的最终目的。

二则强调古典文学教学为一种人文主义教育并不是一句空泛的口号，在一定意义上体现了"无用之用"的价值观。孔子"兴于《诗》，立于礼，成于乐"的君子教育观念，从本质上说正是一种人文教育。其实"修养"亦是一种"能力"。结合前文提出的"创造的诠释学模型"，古典文学教学尤其要重视培养学生的人文修养：一是由知识积累进而训练学生对经典文本的阅读能力，希望学生能重视经典的引导作用，逐步"感悟文学"；二是由文学阅读进而训练学生对经典文本的赏鉴能力，希望学生重视思维能力的培育，逐步"走进文学"；三是由语言文学修养进而拓展到理想人格的启示，希望学生重视人文素质的培植，逐步"走向社会"。这些看似无用的专业素养，其实正是人文素质教育的一种"大用"，它会渗透在每一次的实用之中而抬高"用"的品位。如果古典文学教学缺少这种"无用之用"的教育观，那么就会陷入一种无法解脱的"自虐"困境中。因为这就是古典文学在人文素质教育中所具有的得天独厚的专业优势。

四、余　论

在学术研究与高校课程教学中，人们多倾向探讨研究或教学的方法与技巧，但因为忽视了更深层的理念与规律的思考，从而造成了庄子所说的"终身役役而不见其成功"的结果。在一次小型教学讨论会上，有人提出："教无定法是教学的至高境界，老师采用什么样的方法去授课，这是老师的自由，没有对与错的问题。"此话当时给我的触动很大。因为从某种意义上说，这是从撇开了"教有定规"这个前提出发来讨论教师主动性的观点。教学中的情况确实多种多样，不同的问题需要用不同的方法来解决，但每一种方法实则都蕴涵着一种教学理念，其中便存在是否遵循科学的研究规律与先进的教学规律的问题。

（原载《中国大学教学》2010 年第 10 期）

个性与共性：20 世纪以来高校
古代文史教学的反思

武道房*[1]

20 世纪以来，我国高校古代文史的教学，在方法上，我以为有个性与共性的差别。总结民国时期与新中国成立后高校古代文史的教学方式，或许对当前的教学改革不无启发。

一、民国时期高校古代文史教学的个性化

在民国时期的北京大学，教授上课"没有严格的课本，没有讲课深浅之规定，也没有课时进度之约束，一切都由教师们根据情况而定。在这样的课堂上，教授们的智慧得到了充分的施展，教授们的学风得到了充分的表现，教授们的个性得到了充分的张扬"[1]。教师上课完全是性灵式的，心得式的；学生跟着老师上课，在学知识的同时，也走进了先生们的人格世界。

民国时期许多大师的教姿教态以及教学语言，如果以今天的标准衡量，恐怕大半要被下课。1917 年蔡元培校长延聘刘师培至北大，教授经史。刘氏为人不修边幅，蓬首垢面、衣履不整，看上去像个疯子，他上课既不带书，又不发讲义，台上一站，随便说起，且声音微弱，只讲不写。但北大学生钦佩其学问，听他的课当然收获多多。又如疑古派名家顾颉刚先生，学问渊博，擅写文章，但口才不佳，讲课时常常词不达意，吃吃一会儿，情急之下，索性拿起粉笔在黑板上疾书，写的速度倒很快也很清楚。据学生们回忆明清史专家孟森先生："他永远穿着一件旧棉布长衫，面部沉闷，毫无表情。他讲课有讲义，学生

---

* 武道房（1967— ），山东泰安人，安徽师范大学文学院教授，博士。

① 肖东发，李云，沈泓：《风骨：从京师大学堂到老北大》，北京图书馆出版社 2003 年版。

人手一册。每次上课必是拇指插在讲义中间，走上讲台，从来不向讲台下看，照本宣读。下课时，讲义合上，拇指依然插于讲义中间，转身走去，依然不向讲台下看。"① 有些教授不会讲官话，讲方言学生又听不懂，只好以写代讲。如陈介石先生，他在哲学系也是深受同学们尊重的老师。他讲课以笔代口，先把讲稿发给大家，上课时一言不发，就用粉笔在黑板上写，下课铃一响，粉笔一扔就走了。最难得的是他虽不讲话，但却是诚心诚意地备课，课堂所写与讲稿亦各成一套。据说就是因其一口难懂的温州土话，促成了他的风格。又如梁漱溟先生讲印度哲学概论、大乘唯实论、东西文化及哲学等课，有甚多的见解，很受学生们的欢迎，但却不善于言辞，可惜的是说话也欠流畅，每当讲到某个道理时常不能即兴说明，便急得用手触壁或用手敲头深思。讲文学的周作人先生，"大概是将满腹学问都注入笔端了，而讲起课来却很不善言辞，走上讲台时常常手足无措，许久才站定，然后把两手分别插入棉袍的兜儿里才慢慢讲下去，吞吞吐吐，且说且噎"②。朱自清先生上课，大概也属于不太成功的那种。据其学生魏金枝回忆："他那时是矮矮胖胖的身体，方方正正的脸，配上一件青布大褂，一个平顶头，完全像个乡下土佬。讲的是扬州官话，听来不甚好懂，但从上讲台起，便总不断地讲到下课为止。好像他在未上讲台前，早已将一大堆话，背诵过多少次。又生怕把一分一秒的时间荒废，所以总是结结巴巴地讲。然而由于他的略微口吃，那些预备好了的话，便不免在喉咙里挤住。于是他更加着急，每每弄得满头大汗……一到学生发问，他就不免慌张起来，一面红脸，一面急巴巴地作答，直到问题完全解决，才得平舒下来。" 又据吴组缃先生回忆朱自清在清华大学国文系上课时的情景："我现在想到朱先生讲书，就看见他一手拿着讲稿，一手拿着块叠起的白手帕，一面讲，一面看讲稿，一面用手帕擦鼻子上的汗珠。他的神色总是不很镇定，面上总是泛着红。他讲的大多援引别人的意见，或是详细地叙述一个新作家的思想与风格。他极少说他自己的意见；偶尔说及，也是嗫嗫嚅嚅的，显得要再三斟酌词句，唯恐说溜了一个字，但说不上几句，他就好像觉得自己已经越出了范围，

---

① 肖东发，李云，沈泓：《风骨：从京师大学堂到老北大》，北京图书馆出版社 2003 年版。

② 肖东发，李云，沈泓：《风骨：从京师大学堂到老北大》，北京图书馆出版社 2003 年版。

极不妥当，赶快打住。于是连连用他那叠起的白手帕抹汗珠。"

在教学风格上，不少知名学者个性鲜明，有的甚至古怪荒诞，离奇滑稽。如北大著名的学者辜鸿铭先生，虽然精通西学，能讲英、德、拉丁等多种语言，但却是个坚定的守旧派。他常年身着枣红马褂，拖着一条前清时代的长辫子，坚持复辟保皇。他上英国文学课时，常带一个童仆为他装烟倒茶，坐在椅子上，慢吞吞地讲课，一会儿吸水烟，一会儿喝茶，一个学期竟只教了学生六首英诗。黄侃先生讲课的奇闻更是让人哭笑不得。田炯锦《北大六年琐记》这样写道："有一天下午，我们正在上课时，听得隔壁教室门窗有响动，人声鼎沸。下课时看见该教室窗上许多玻璃破碎，寂静无人。旋闻该班一熟识同学说：'黄先生讲课时，作比喻说好像房子要塌了。方毕，拿起书包，向外奔跑，同学们莫名究竟，遂跟着向外跑。拥挤得不能出门，乃向各窗口冲去，致将许多玻璃挤碎。'"教授中也有人喜欢标新立异，甚至胡说者。林损先生便是代表之一。据说他长于记诵，许多古书都能背诵，诗写得也很好。但上课经常发牢骚、讲题外话，有时随口胡说。他讲杜甫《赠卫八处士》时，竟说："卫八处士不够朋友，用黄米饭炒韭菜招待杜甫，杜公当然不满意，所以诗中说'明日隔山岳，世事两茫茫'，意思是你走你的路，我走我的路。"刘文典先生上课也非常具有个性。在西南联大讲《文选》课，不拘常规，别开生面。上课前，先由校役带一壶茶，外带一根两尺来长的竹制旱烟袋。讲到得意处，便一边吸旱烟，一边解说文章精义，下课铃响也不理会。有一次，刘文典上了半小时的课便结束了上一讲的内容。学生以为他要开讲新课。这时，他忽然宣布说："今天提前下课，改在下星期三晚饭后七时半继续上课。"原来，下个星期三是阴历五月十五，他要在月光下讲《月赋》。届时，校园里摆下一圈座位，刘文典坐在中间，当着一轮皓月大讲其《月赋》，生动形象，见解精辟，让听者沉醉其中，不知往返①。又有人回忆：刘文典上课征引繁富，经常一堂课只讲一句话，故而讲《文选》，一个学期只能讲半篇《海赋》。后因吸食鸦片，有时上课中间瘾发便狂抽香烟，由于发音多通过鼻腔，故而发音含混不清，讲《文选》时，只能听到嗫嚅而言："这文章好！这文章妙！"（傅来苏《是真

---

① 宋廷琛：《忆刘文典师二三事》，《传记文学》1984 年第 4 期，第 55 页。

名士自风流》）据汪曾祺回忆，闻一多先生在西南联大讲唐诗，进教室先不讲课，而是掏出烟斗来问学生说："哪位吸?"学生们自然不敢受用。于是，闻一多自己点上一支，长长舒出一口烟雾后，朗声念道："痛饮酒，熟读《离骚》，方得为真名士。"（汪曾祺《闻一多先生上课》）清华大学外文系主任王文显是剧作家，教的也是戏剧。王文显讲课的方法，是照他编的讲义在课堂上去读，年年照本宣科，从不增删，不动感情，给人的印象"仿佛是长老会的牧师在主持葬礼"，下课钟声一响，他马上离开。叶公超先生讲授英国文学，据学生回忆："他上课从不讲解，只让坐在前排的学生，由左到右，依次朗读，到了一定的段落，他大喊一声'stop'，问大家有问题没有，没人回答，就让学生一直朗读下去。有人偶尔提一个问题，他断喝一声'查字典去'，这声狮子吼大有威力，从此天下太平，相安无事。""张申府的逻辑课，却很少讲逻辑学，而是骂蒋介石，简直成了热门论坛，听课的人很多，拥护的来听，反对的也来听，课堂挤满了人，窗口也站着人。"（傅国涌《民国年间那人那事》）

名教授们在讲课的内容上也是千奇百怪。有的教授有讲义，有的没讲义，侧重点也不相同。有的教授以阐述自己观点为主，有的教授则专挑前人的错误。如有的学生回忆陈垣先生的讲课："在他眼里，前人的错误不知怎么那么多，就像他是一架显微镜，没有一点纤尘逃得过他的眼睛……他的嘴相当厉害，对于学者的错误批评得一点也不留情。"胡适讲课从不发讲义，自己也没有讲稿，讲课内容也很有特点。如讲中国文学史宋元明清部分时，先从文学评论的角度，介绍王若虚的《滹南遗老集》；讲《红楼梦》作者曹雪芹时，给学生们介绍了曹寅写给康熙皇帝的奏折。柳存仁先生在其《记北京大学的教授》文中写道："胡先生在大庭广众间讲演之好，不在其讲演纲要的清楚，而在他能够尽量地发挥演说家的神态、姿势，和能够以安徽绩溪话的国语尽量地抑扬顿挫。并因为他是具有纯正的学者气息的一个人，他说话时的语气总是十分地热挚真恳，带有一股自然的俊气，所以特别能够感动人。"钱穆先生上课亦很有特点：朱海涛在《北大与北大人》中写道："向例他总带着几本有关的书，走到讲桌旁，将书打开，身子半倚半伏在桌上，俯着头，对那满堂的学生一眼也不看，自顾自地用一只手翻书。翻，翻，翻，足翻到一分钟以上，这时全堂的学生都坐定了，聚精会神地等着他，他不翻书了，抬起头来滔滔不绝地开始讲下去。对于一个问题每每反复申论，引经据典，使大家惊异于其渊博，更惊异于其记忆力之强……"陈寅恪先生的授课内容更是奇特，他讲授隋唐史，第一堂课特作说明："前人讲过的，我不讲；近人讲过的，我不讲；外国人讲过的，我不讲；我自己过去讲过的，也不讲。现在只讲未曾有人讲过的。"陈寅恪的治学风格由此可见一斑，同时也从中看到学术自由、讲课自由在当时受到相当推崇。

民国时期的文史专业的学生考试，也非常具有个性，方法多种多样。有的采取小论文的方式，交篇文章即算考试；有的随堂提问也算考试。还有名士如钱玄同先生拒绝阅学生的考试卷。钱玄同在燕京大学兼课时，校方说，如不判考卷，将扣发薪金云云。钱氏作复云："薪金全数奉还，判卷恕不能从命。"（张中行《负暄琐话》）最后还是学校妥协了事（按：那个时代的教授之所以架子大、有个性，是因为那个时代体制宽松，教师流动性强，这个学校不满意，就换个学校干干。鲁迅就挪过好多地方。我们安徽师大也来过不少名人如郁达夫、陈望道、周予同、刘文典、苏雪林等，但都在这儿教书的时间不长，就又跑到别的地方去了）。四川大学教授蒙文通的考试课，不是先生出题考学生，而是学生出题考先生，往往考生的题目一出口，先生就能知道学生的学识程度。如果学生的题目出得好，蒙先生总是大笑不已，然后点燃叶子烟猛吸一口，开始详加评论。考场不在教室，而在川大旁边望江楼公园竹丛中的茶铺里，学生按指定分组去品茗应试，由蒙先生招待吃茶（钱理群《民国那些人》）。有一年清华大学国学研究院招生，陈寅恪先生出题目竟是对对子，他出的是"孙行者"，许多考生束手无策，只有后来成为古汉语专家的周祖谟对出了下联"胡适之"。（按："胡"与"孙"都是平声，音韵上应平仄相间才好。最恰当的对子应是"祖冲之"。）据著名文学史家姜亮夫先生回忆，当年他投考清华国学研究院，梁启超给他出的题是"论蜀学"，王国维出的题目是古文字学。初试通过后，复试时考普通常识："这个普通常识我给难住了。例如有一道题是'写出十八罗汉的名字'，能写几个写几个，我十八罗汉的名字一个也写不出。还有按规定写出二十几个地名，结果我只能写出十六个来，别的我写不出来，因为有些地名是内蒙古的，有些是新疆的，有些是西藏的，写不出来了。所以史地的考试看来是失败了。除此以外，还要考一些汉语言学和哲学之类的东西。汉语言学我考的大概是 90 分，哲学我在成都高师倒是好好地读过（如西洋哲学史、中国哲学史），所以我哲学问题也答得很好。于是他们就商量了：佛学的知识我答不出来，其他的考生也只能答出一点点，没有人答完全对的，地理同其他学生程度差不多，语言学和哲学考得不错，对哲学系统认识很清楚。"（姜亮夫《忆清华国学研究院》）类似这样的考试是考查学生平时读书的面广不广，根本没有什么指定的教科书可以考前去准备的。臧克家当年投考国立青岛大学（今山东大学）时，国文只有两道作文题，任选其一。北京大学、清华大学和南开大学三校 1946 年的联合招生国文试题，可以说是简单至极，让人看了有不可思议之感。题目共两道：一是作文《学校与社会》，二是解释成语"指日可待、变本加厉、隔岸观火、息息相关"的意义。看着这些当年的老试题，今人或会感慨良久。与这些别出心裁的试题相比，我们今天的考试实在不能培养学生的能力和学习文史的兴趣。民国时期，各大学的考试完全尊重教授的意志，如何学，如何考，完全由教师自己做主。各大学的招生也完全自主，仅有陈立夫作教育部长时曾试图以国民党的意识形态统一学术文教界，搞过全国统考，结果只搞了两三年便失败了。

二、新中国成立后古代文史教学的共性化

新中国成立后，全国古代文史教学纳入一个统一的体系。首先是统一教材，一个声音。50 年代至 80 年代，历史教学以阶级斗争为主线，哲学史教学以唯物论与唯心论的斗争为主线，文学史教学长期以人民性、阶级性为衡量作品的重要标准。民国时期留存下来的学者，不少人在新中国成立后否定了自己从前的学术观点，为迎合当时政治，学术上开始转向。如冯友兰、任继愈等人所写的哲学史，新中国成立前后的内容、观点变化很大；新中国成立后刘大杰奉命屡次修改其《中国文学发展史》，后来甚至用"儒法斗争"诠释一部中国文学史。80 年代之后，虽然教科书调整力度颇大，抛弃了"文革"极"左"的一套，但统一教材、一个声音、一个腔调的做法并没有根本改变。50 年代之后，各种文史类教科书的写作，通常都是在意识形态或是一种

集体意识笼罩下的宏大叙事，不论是中国历史、中国文学史、哲学史，都是集体写作，体现的是集体的意志，而不是个人的学术见解。教科书通过章节安排、概念评述，从集体的、阶级的、集团的或时代的意志看待以往的历史。教师在备课上，虽然在枝节上有所差异，但本质上并无不同。除非时代政治风气发生根本的改变，如"文革"时期和"文革"之后。在相对稳定的历史空间内，教师的备课大多有相对的稳定性，一些老师的教案可以连续用上十几年。记得80年代我在读大学时，就曾亲眼看到一些老教师的备课本陈旧得变黄了，还在使用。就是在当前，多年用一个教案的现象也还常见。老师常年贩卖的都是原来的那一套。这其实并不能全责怪老师，因为使用的教科书连续几年就是那一种，这是全国通用的粮票，因此备课也就无需变来变去。这种集体编定的教科书，一个声音下的教学方式，非常厉害的是，由于它得到了权利的支持，影响了一代又一代的学生。学生们形成了一个传统，就是死记硬背，上课记笔记，考试考笔记，所学的知识只是复述、复写那种集体的意见和语言。在这种授课的模式下，一代又一代人接受了进步—落后、唯物—唯心、精华—糟粕的叙事框架，分析文学作品也是思想内容、艺术特色等路子。对文学艺术的分析都是些常见的词汇，很多的分析不是个性化的，而是套在许多作家的头上都适用。类似豪放、婉约、意境、结构、风格、叙事、典型、语言特点等等，都有一套模式化的分析语言，组装在很多作家头上都能管用。比如分析一首诗词，就说它风格哀婉缠绵或情景交融、语言清新等等；分析一部小说中的人物，就说如何典型，人物形象如何鲜明，等等。这种模式化、八股化的教学内容，当然也不能说没有一点好处，在教与学以及学生考试方面，它有很方便的一方面，可操作性强，有一定的量化标准，也能给学生介绍一些基本的常识。但最大的弊端却是培养了一批鹦鹉学舌的懒教师和不用动脑的懒学生。老师不需要有自己的学术和心得，只要年年贩卖集体写定的教科书常识足矣。学生也不需要思考，只需要背诵现成的结论和框定的知识足矣。

前几年教育部实施教学评估，把统一齐整的教学方式又推向了一个新的高度。试卷统一化，论文格式统一化，教学进度统一化，各年级不同老师上平行班，统一试卷，统一改题，统一标准答案，甚至在出题上还发明了某种"明细表"，即根据教学内容的课时量，按一定的比例出题目，不合比例即不合要求，这就意味着你出的试卷会被退回。比如元明清部分的教学，如果在明代小说部分出了分值比较大的题，那么在填空题及名词解释题上就不敢再出明代部分的题目了，因为分值比例会大于课时量。而元代部分如果没有出大题目，还要占合乎课时量的分值，就只有在填空、名词解释上多出一点。古代文学的教学，按说不同的老师讲课，内容观点肯定有不同的地方；但学生考试时，同一年级的用一样的试卷，用一个标准答案，老师们又是流水改卷，不符合这个标准答案的便不给分。这样一来，势必造成老师的教案要整齐划一，各班学生的笔记也要一致。这样做的结果，规范的目的是达到了，但老师的个性全没有了，学生的个性也没有了。如果有区别的话，便是同样的教案，有的老师教姿教态好，讲课生动些；有的要差一些。就学生来说，就是看谁把老师的笔记背得滚瓜烂熟，谁就能考好成绩。事实上，不少同学反映，他们是考试背笔记，考完忘笔记，回忆一下课堂教学，感觉除了曾记过一本厚厚的笔记让自己心里感到稍微有点踏实之外，其实什么想不起来，并没有真正学到什么。年复一年，学生写毕业论文，都是老生常谈的题目，老生常谈的观点。其实这不能怪学生不会创新，因为老师教给他们的就是这样的标准答案，这样教学方式不容许他们有独到的思考。如果有独立见解，考试不会得高分，于是他们也懒得思考。创新应该是独立思考的产物。流水线下生产出来的教师和学生，整齐划一是做到了，但很难有创新和灵气可言。因此，教学评估设计需要具有科学性和前瞻性。

三、几点反思与结论

民国时期的高校，多以教师为本位，尊重教师的教学个性，教学上百花齐放，不重视整齐划一。新中国成立后的高校，讲求统一，教师教学个性特色不够鲜明，教与学有共性化的特点。

个性化的教学，长处是能充分调动教师的积极性，能让教师将自以为最适宜的内容教授给学生，学生也能充分领会教师的学术专长及人格特点。这样的教学长处是，能抓住一点为突破口，拓展学生的阅读能力及专业兴趣，有利于学生的能力培养。民国时期的一批学术大师，往往上完一门课，其讲义便是一部学术专著。如梁启超的《中国历史研究法》、钱穆的《近三百年中国学术史》、鲁迅的《中国小说史略》等，这些都是他们的上课讲义，授课结束，学术成果也出来了，并成为不朽的名著。事实上，新中国成立后有成就的一批专家学者，无不沾溉于民国时期的学术大师们的培养。他们对大师们的教学方法也记忆犹新，甚至津津乐道于老师们的逸闻趣事。但个性化教学也有其短处，就是教学方式由于缺乏标准，有自由散漫的流弊，教学过程不好控制，教学质量的好坏也难以权衡。毕竟全靠教师的良知去从事教育，亦非万全之策。校方奖勤罚懒亦是应有之义。共性化的教学，长处是校方好管理，工作业绩可以量化，方便于教师教学和学生考试。弊端也很大，最突出的是，缺少个性，教师照本宣科，学生懒于动脑，学习兴趣以及学术创造性不够。

关于高校文科教学的改革，不妨总结20世纪以来的教学经验，取长补短，将共性化与个性化结合起来。首先，要创造一个适宜个性化教学的环境。校方要鼓励教师大胆地进行教学创新，上课要有自己的特色，要让教师显示真性情、真水平。学生从教师那里得到的，不仅仅是知识，还有探究的方法以及个性的熏陶和浸染。绝不能搞一元化的教学模式，更不能再统一试卷，统一答案，填鸭式的教学再也不能进行下去了。其次，也要创造学生个性化学习的氛围。鼓励学生自主学习，兴趣学习，研究式地学习。最后，不妨也保留一些共性化的长处，比如，完整适宜的教案，听课制度，学生评价制度等，这样可以促进教师的教学责任意识。从学生管理方面说，也要加强课堂纪律、考试纪律，使学生不敢马虎，也不能马虎。考试要进行改革，学生成绩应能拉开差距，试卷要能反映学生真实的专业水平。在学生考试成绩评定上，要鼓励创新，允许有学生有自己独立的见解，而不是死记硬背什么标准答案，使文科教学真正成为素质教育、人文教育。

论中国古代文学教学中的
价值判断问题

武道房

　　近年来与学生交流以及在网络上、学术会议上都碰到了关于学习、研究古代文学的意义的追问。有学生追问，古代文学能给我们以睿智和力量吗？能让我们更好地适应这竞争日益残酷的社会吗？有人甚至说，我们读了几年的文学，难道只是为了学会诗人气质，学会对月伤心、见花流泪，学会伤感缠绵和愤世嫉俗？文学究竟给我带来了什么？一些学界同行对古代文学教学中的价值判断问题也有不少困惑。就学术研究而言，我们研究传统文化遗产是为了搞清楚历史的真相，更主要的是运用事实判断而非价值判断。但就教学而言，仅有事实判断是不够的，教师还负有育人的职责，不仅要介绍知识，更主要的还应该有人文关怀，把古代文学中的真善美介绍给学生，陶冶学生的情操，传播给社会，并达到引导社会、改造社会的目的。所以现代知识分子不应该只成为知识的传声筒，更应该肩负起传道的功能。那么古代文学教学中如何处理价值判断问题？本文对古代文学教学的价值判断先作一个历史脉络的梳理，并对当下如何解决这一问题提出自己的浅见，以就正于方家。

一、古代文学教学价值判断的历史回顾

　　中国古代文学的教学已有久远的历史。早在春秋时代，孔子就以《诗经》教授弟子。对于《诗经》三百篇，孔子提出解释的总原则是"思无邪"。至于这样解释是否合乎《诗经》历史原意是另外一回事，但值得注意的是孔子的价值判断方式，也就是要求学生对《诗》的理解要合乎道德的善。在这一原则下，孔子在解释"巧笑倩兮，美目盼兮"这样描写美人的诗句时，还要联系上"礼仪"这些大道理。子夏

问曰："'巧笑倩兮，美目盼兮，素以为绚兮。'何谓也?"子曰："绘事后素。"曰："礼后乎?"子曰："起予者商也! 始可与言《诗》已矣。"(《论语·八佾》) 汉代所谓齐、鲁、韩、毛四家说诗，大抵都是继承孔子这一说诗传统，流传至今的《韩诗外传》几乎全是道德解说、伦理规范以及对人生的忠告。即如《毛传》，解说每一首诗，也常常是点明歌颂什么，讽刺什么，目的是在育人，而不是审美。所谓三百零五篇可以当谏书，所谓"温柔敦厚，诗教也"，说明了我们今人当文学欣赏的《诗经》，在古人则更重视其教化的功能，其目的是以通过学《诗》培养君子品格。魏晋以降，是文学自觉的时代，文人开始自觉地写作美文，将其作为"不朽之盛事"从而重视文学的审美品格。虽然文学开始重视形式，讲求文采，但通过文学明道、传道的意识在历史上始终没有中断。刘勰在教人作文的《文心雕龙》中，提倡"征圣"和"宗经"，认为文学应以圣人的著作为学习的榜样，所谓"道沿圣垂文，圣因文而明道；旁通而无滞，日用而不匮"，也就是说文学只有"明道"，才有其自立和流传的价值。在魏晋南北朝时期，文学虽然从经学的附庸中日渐独立出来，但文人士子所受的教育，仍以六经为主。据颜之推《颜世家训》，在南北朝频繁的战乱易代之际，那些不学无术的世家子弟在离乱之后，"兀若枯木，泊若穷流，鹿独戎马之间，转死沟壑之际"，处境往往非常悲惨；而那些"百世小人"，也就是寒门子弟，如能明六经之旨，"犹为一艺得以自资"，"尚为人师"可以糊口(参见《颜氏家训·勉学》)。由是可知，即使是在战乱年代，儒家的六经教育仍是整个社会教育的基础，也是人民群众的普遍选择。这种教育对文学艺术有不可忽视的影响。从唐代至北宋，进士考试重诗赋，唐以来教人写诗的各种诗格之类的教科书非常多，表面上看只是偏重文学，看重艺术，实际上并没有脱离经学的价值判断。据《新唐书·选举志》载："凡进士，试时务策一道，贴一大经，经策全通为甲等。"南宋时也有人提出，诗赋需"贯穿六艺，驰骋百家，拘以骈俪之制，研精覃思，始能成章"(《通考·选举四》)。由是可知，做好诗赋也必须贯通六经百家为基础，经学对诗赋的哺育和营养不可低估。这就不难理解初唐四杰为什么批判改造齐梁诗风，陈子昂为何提倡"汉魏风骨"与"风雅兴寄"，李白、杜甫为何"上薄风骚"、关心现实，元稹、白居易为何兴起新乐府运动了。以诗赋取士，虽然也造成了士风浮艳的流弊，唐以来受到不少人的批评，但因为这种考试方法与经学的联系，使经学的价值判断直接影响到诗学，用这种选举法录取的士子，出现了不少爱国爱民的能臣廉吏。正如苏轼所说："自唐至今，以诗赋为名臣者，不可胜数，何负于天下，而必欲废之！"（《苏轼文集》卷二十五《议学校贡举状》）韩愈等人掀起的古文运动，其中的一个目的就是使古文能更好地传播儒学，学写古文意在传道、明道。

从宋仁宗庆历新政开始，科举制度改革，进士试三场，先策，次论，次诗赋，把诗赋放在次要地位。至宋神宗时王安石进一步改革，考经义，废诗赋。从此之后，古文运动进一步开展，讨论古文写作的教科书多了起来。如南宋吕祖谦的《古文关键》以选本的形式，介绍欧阳修、苏轼等人的文章，目的在于启发士子掌握科举文章的写作技巧，至于古文义理，以阐发圣道为主，这本身是毋庸置疑的。但科举试经义，废诗赋，也为考试阅卷带来了不便，正如苏轼所说："其为文也，无规矩准绳，故学之易成；无声病对偶，故考之难精。以易学之士，付难考之吏，其弊有甚于诗赋者矣。"也就是说，试经义，举子们都是在阐发圣人微言，政治上都正确，能评判文章高下的，只有看写作技巧了。诗赋中的声病对偶在阅卷时能马上看出高下而好打分，古文就不太好评判成绩了。因此，明代出现八股文，实在也是出于考官好判卷的需要，有其存在的必然性。八股文讲对仗，在形式上要求很严，要做好时文，就好比戴着镣铐跳舞还要跳得轻松，这就需要才气。八股文若想做得不浮庸，就是吸收古文的技法，也要多读书才行。所以明清时期八股文与古文存在一种互动的关系。归有光与方苞的古文都与时文有千丝万缕的联系。

我们梳理科举制度的历史，意在说明在古代对于文学教育的价值判断问题。诗文在古代一直是文学的正宗，宗经、明道、培养廉洁清正的君子人格是历朝历代都不置疑的价值理想。文人讲求写诗与作文的技巧，一方面有"不朽之盛事"的考虑，另一方面与科举制度的要求也有很大关系。很难想象，如果没有科举考试，古人会对读儒经以及写诗作文有如此大的热情。至于词、曲、小说等文体，在古代从来都是被视为"馀事"，并没有很高的地位。这些文体开始出现于市井民间，出于文学消费和市场的需要，在内容上多迎合个人需求与市民趣味，思想上往往与正统有一定距离。但随着文人逐渐参与这些文体的创作，最终都经由了由俗而雅的蜕变过程。反映在价值理想上，这些文体也逐渐淡化个人的、市民的趣味，而其中的士大夫情怀却渐趋浓厚。因此就文学而言，诗教与文以载道一直是中国文学的主流传统，也是古人文学教育的基本价值判断。虽然历史上，如李贽等异端思想家倡导小说戏曲等俗文学的价值，但这毕竟是中国文学大传统中的小传统，从整个文学的历史来看，并不占主流地位。事实上，以儒家思想为价值判断的文学传统，对凝聚民族意识、对中华民族性格的形成起了很大的引导作用。

鸦片战争之后，中国人面临西方列强，于是产生救亡图存问题。一批有危机意识的士大夫阶层，正如梁启超所说："对外求索之欲日炽，对内厌弃之情日烈……以其极幼稚之'西学'知识，与清初启蒙期所谓'经世之学'相结合；别树一派，向正统派公然举叛旗矣。"（梁启超《清代学术概论》）部分知识人先是认为之所以被列强凌逼是因为武器不行，后来又怀疑甚至否定自己的传统文化。随着西学的大举东进，西洋文学观念也陆续传入中国，在"五四"之后，中国文学史观发生了革命性的变化。首先从思想上，对旧有的价值判断进行了全面的颠覆，打倒孔家店、批判旧礼教成为思想界、文学界的主流。陈独秀发表《文学革命论》，提出文学革命的三大主义，主张打倒贵族文学、古典文学、山林文学。他疾呼："要拥护德先生（按：即民主）便不得不反对孔教，礼法，贞节，旧伦理，旧政治。要拥护赛先生（科学），便不得不反对旧艺术、旧宗教。要拥护德先生，又要拥护赛先生，便不得不反对国粹和旧文学。"（《本志罪案之答辩书》）胡适在《新青年》发表《文学改良刍议》，提出改革文学语言，提倡白话文学。他推崇施耐庵及其《水浒传》、曹雪芹及其《红楼梦》等，并亲撰《白话文学史》，推白话文学为中国文学之正宗。而历史上的俗文学，历来因为其思想上更切合市民趣味，更多地游离于儒家思想之外而为正统士大夫所不齿。在清代，所谓"《西厢》诲淫，《水浒》诲盗"是评价的主流，乾隆帝曾亲把这两部书定为"秽恶"之书，认为"使人阅看，诱以为恶"①。这种评价并非只代表清高宗个人意见，在封建时代应该是主流看法。而胡适为白话文学翻案并推为正统，其意义并不仅引起

---

① 张人和：《近百年〈西厢记〉研究》，《社会科学战线》1996 年第 3 期。

了文体的革命，更主要的是带来了文学史观及思想上的革命。一些在封建时代处于边缘的文体以及被视为异端的思想，此后走上了文学史的前台，反封建、反礼教也成为正面的价值判断。曾有论者就"五四"之后的"杀父"情结做过梳理和研究，比如巴金的《家》、曹禺的《雷雨》等相当多的文学作品，矛头都指向了封建家长制，将家长专制视为社会罪恶之源，背叛家长成为进步的象征。在这种思想的影响下，古代文学史的研究与撰写者在古代也找到了不少背离封建伦理道德的文学资源，尤其体现在古代戏曲、小说等俗文学之中。这样，在价值判断上，从前被颠倒了的，重新再颠倒过来，从前被视为异端的，如今成为正面和被推崇的经典。所谓"文学史"（history of literature）是近代之后从西方传过来的一个概念或学科；在中国古代，并无"文学史"之名，但有文学史这种学术样式的实际存在。比如有些古代的目录书，某种程度上说其实就是中国传统、中国气派的文学史。如《四库全书总目》的集部，其大小序其实是简明的文学史或文体史，对每部文人著作的提要，包括对作者、书籍版本的考证，对书籍内容及文学地位的点评都是文学史所应有的内容。翻阅这些目录书，可知古人对文学思想、文学内容以及文体的理解都离不开儒家雅正的价值判断，与"五四"之后价值评判相比，可以说发生了翻天覆地的变化。

"五四"之后，伴随着马克思主义传入中国，以唯物史观作指导写作文学史、讲授文学史也成为一种新的价值判断。1942年，毛泽东发表了《在延安文艺座谈会上的讲话》，提出了文艺为人民大众、首先为工农兵服务的方向。新中国成立后直至改革开放前夕，文学史的编写与讲授随政治形势的变化而变化。从阶级性、人民性的观点看待和评价古代文学，是那一时期的价值判断方法。在这一原则下，古代文学中反映农民造反与革命的文学作品大受追捧。"文革"时期，有的文学史把数千年的汉文学史说成是儒法斗争的历史，甚至山水诗也因其贵族气质、脱离人民群众而受到贬斥。1979年，伴随改革开放大幕的拉开，邓小平在全国第四次文代会开幕式上致祝辞。1980年，邓小平在《目前的形势和任务》中强调了党的文艺思想和理论主张。以此为据，《人民日报》发表了题为《文艺为人民服务，为社会主义服务》的社论，从此"二为"成为新时期文艺路线和文艺政策的总方针。与以往相比，"二为"文艺政策较为宽松，这使80年代以来，各高校文学史教材的选择和使用呈现出了多样性，在文学史的写法上也呈现出价值判断的多样化。如近二三十年以来，各高校选用过的教材，如刘大杰的《中国文学发展史》、游国恩等主编的《中国文学史》、章培恒和骆玉明主编的《中国文学史》、郭豫衡主编的《中国古代文学史》以及袁行霈主编的四卷本《中国文学史》等，这些著作的编排思路和对文学的理解是各不相同的。有的教材强调文学与政治的关系，突出人民性；有的肯定、张扬人的自由性、个性，强调人性，以人性论来解释文学性；有的则注重以史学的思维和方法去处理文学史料，力求接近或还原文学史的实际。这种多角度的写作与不同价值观的选择说明：对文学的解读和讲授可以是多视角、多侧面的，文学史也并非只有一种写法和教法。正如袁行霈先生所说："只要是严肃的学术研究，因不同的理解与不同的写法而形成各自的特色，都可以从不同的方面丰富和完善文学史这门学科。即使现在或将来，也不可能只有一种理解、一种模式、一种写法，而只能是百家争鸣、百花齐放。"①

二、今天的古代文学教学价值判断之我见

如果比较 20 世纪 80 代以来高校所使用过的教材，细心的读者会发现，不同的文学史在价值话语上有微妙的差异，而这种差异正是伴随近数十年中国社会的变迁而出现的一种调整。如八九十年代各高校普遍使用成书于 50 年代的游国恩等编著的《中国文学史》，此书仍注意文学与政治的关系，分析作品突出人民性、阶级性。世纪之交出版而为很多高校采用的袁行霈等编写的《中国文学史》（以下简称"袁本文学史"或"袁本"）（高等教育出版社，1999 年第 1 版），正是有中国特色社会主义市场经济建立之始，文学史的写作自觉不自觉地配合了当下商品经济发展的趋势。比如袁本文学史对古代小说、戏曲以及晚明文学思潮中张扬个性、肯定人欲、崇尚经商等文学、文献史料介绍了很多，不仅在史料的选取上彰显了价值倾向，还直接进行价值引导。如此书第四卷第 10 至 11 页，先是介绍了受王阳明心学影响的袁宏道公开宣扬人间的真乐是"目极世间之色，耳极世间之声，身极世间之鲜，

---

① 袁行霈：《中国文学史》，高等教育出版社 2005 年版，第 4 页。

口极世间之谭"，乃至"宾客满席，男女交舄"，"妓妾数人，游闲数人"，等等，如果说这些史料还并不能说明作者的价值选择的话，那么袁本对王学影响下的新文学思潮所下的断语则是彰显了编者鲜明的价值好恶："随着主体意识的加强和人的自我价值的觉醒，肯定世俗人欲，肯定'好货''好色'的潮流，也将文学家的目光引向'穿衣吃饭'、'百姓日用'，写'时俗'、写物欲、写性爱，扩大了题材范围。他们面向现实……有力地冲击了当时的封建礼教，致使明代文学呈现出一种新的气象。"袁本仿佛很遗憾晚明文艺思潮与儒家伦理道德决裂不够彻底，评论说："更值得注意的是，当时一批新思潮的弄潮儿所持的思想武器心学与禅宗，本身就是封建文化圈中的伦理说教和宗教麻醉。他们有时敏锐地亮出了闪光的思想，但有时又回归到正统的儒家伦理教条和佛家的虚无主义。更何况当时整个封建势力还相当顽强……"尤其是从戏曲、小说的内容评价来看，批判封建礼教戕杀人性，鼓吹人欲的合理性，成为袁本的文学价值判断之一。

平心而论，袁本文学史成书于中国式的市场经济刚刚建构之时，此时在文学史中宣讲个性，肯定物欲，张扬人的自由和权利，对于读者突破传统保守思维，对促进思想解放有其积极意义。但这毕竟是价值选择之一。随着市场经济的进一步深化，文学史的撰写与讲授应该跟上变化了的形势，关注当下的社会现实以及当下人们的心灵需求，从而做出适当的调整。马克思主义文艺史观认为，文学活动是人的主体对于客体的认识与反映。"不是意识决定生活，而是生活决定意识。"（马克思、恩格斯《德意志意识形态》）文艺反映生活，也反作用于生活。如果说袁本文学史价值观是当时构建市场经济的社会环境需要而做出的一种选择的话，世变时移，随着市场化进程的深入，许多新的社会问题出现了，通过文学传达的价值观念也需要作出进一步调整。比如当今社会上已经出现了严重的物欲主义、拜金主义、道德信仰的缺失、诚信的匮乏以及由此出现的腐败贪黩、环境破坏、食品安全、贫富差距、家庭解体、伦理失序等问题，这些问题需要促使人文工作者、教育者思考如何在市场经济条件下进行国民的精神与价值重建问题。这也是"生活决定意识"的一个现实课题。因此，对于古代文学的教学，教师不应该只是一个古代知识的传声筒，更应该肩负起"传道"责任，培养学生具有健全的人格，有善良的品行、优美的品位，某种程度上说，这才是文学教育者更为重要的责任。因此，我认为，古代文学作品的选择与教学，在当前的形势下应以是否有利于和谐社会的建设、是否有利于和谐心灵的培养而进行取舍，这样的价值判断标准与当今和谐社会建设的目标相吻合，也是"二为"方针以及邓小平文艺思想在新形势下的发展运用。具体设想如下：

其一，不能把古代文学研究模式完全等同于教学。古代文学史的研究以还原历史、把握历史真相为主要目的。历史上的文学题材林林总总，有大传统，有小传统，有正统，有异派，有严于律己、忧国忧民等合乎儒家雅正思想的作品，也有鼓吹及时行乐的艳情淫靡文学，有富于理想、积极向上、热情豪迈的作家作品，也不乏消极颓废、阴郁伤感之作。作为研究者，可以对任何一种文学现象都作出细致的研究分析，以使整个的文学史脉络更加清晰鲜明，在研究的过程中甚至不妨保持价值的中立，以还原历史、弄清真相为第一要义。但在教学之中，文学史料与文学文献的选择与偏重，往往背后反映出教师的价值判断，选什么样的作品进行教学，往往会直接影响到学生心灵世界与文学接受态度。

其二，对以儒家为代表的文学观念重新做出评估。儒家文学观念有两千多年的传统。积极进取精神、忧国忧民传统、天人合一观念、严于律己的道德意识、义利之辨的人我关系、热爱自然、与万物浑然同体的宇宙意识，蕴含这些思想的作品，古人所写的诗文评都称之为"雅正"，不符合这些思想特点的作品在古代虽也有大量的存在，但毕竟不是中国文学史的主流，不能而且也不应该使某些非主流的俗文学堂而皇之挤进文学的经典。因此，儒家文学观念和价值判断，对于当今浮躁而又急功近利的世人心态仍是清凉剂，对于提升人的精神境界、培养和谐心灵都有启发和帮助。

目前，西方哲学界对欧洲文艺复兴以来的一些价值观念也在作深刻的反思，套用一位古希腊哲人的话，面对现代性，我们不要在眺望其星辉时却忘记了脚下的陷阱。现代性给我们带来了巨大物质便利的同时，也给这个世界带来了灭顶之灾，人的贪婪和攫取使人际关系发生了扭曲，使环境遭到破坏，正如鲍曼所言："精神方面的疾病和神经疾病的更趋频繁是现代性的代价，文明播种了反对自己的种子，在个人与社会之间造成永恒的潜在或公开的冲突。"（《立法与阐释者》）后现代主义表示反思现代性的缺陷，表示要吸取前现代即中世纪的人文理想、宗教情怀，以救治资本主义文明所产生的弊病。近代以来，中国积贫积弱的历史，迫使中国先进的知识分子接受了来自西方的现代性，西方的科学精神、个人本位、功利思想在中国成为一种强势话语。正如英国马克思主义批评家特里·伊格尔顿所批评的："有这样一种西方白人男性，他们以为自己所特有的那种版本的人性应该应用于每一个其他人。"（《后现代主义的幻象》）鲍曼也认为，在西方世界所产生的生活方式，成了一种全球性的强势的真理话语，而"世界上其他地方和其他的历史时代相对而言却成为有问题的、特殊性的一方。"（《立法与阐释者》）"五四"以来，中国人从西方现代性那儿，学会了批评自己祖宗，学会了否定自己的传统，反封建、反礼教、反孔教这些提法都与从西方接受的一些价值观念有关。当然拜现代性之赐，中国逐渐与世界接轨，物质文明也取得了巨大的进步。但是，现代性的流弊，不仅西方存在，中国也已经表现出来。前不久的毒奶粉事件，层出不穷的矿难，越来越大的贫富差距，失衡的世人心态，恶化的居住环境，紧张的人际关系，这些都与消费主义、物质主义的时尚有关。面对这些问题，我们文学教学者，不能只是埋头于古代，脱离现实，应从中国的前现代（即古代）中挖掘精神资源，思考儒家的君子品格是否仍具有现实的意义，这或许是古代文学教学改革的一个方向。总之，不仅要学生从文学作品中学会审美的方法，还要培养学生形成健全的人格，这应该成为古代文学教学的一个目标和任务。

（原载《中国大学教学》2011 年第 2 期）

略论中国古代诗歌教学的
当代性问题

鲁华峰[*1]

　　中国古代诗歌是以历史的形态存在的，其基本的特征即在于它的历史性（即古典诗歌的历史面貌、特征与功能），而它作为我国优秀文化遗产的重要组成部分，又具有显著的当代性。这种当代性主要体现在其当代价值和当代传承这两个密切联系、不可分割的方面。关于中国古代诗歌的当代价值，不是这篇短文所能够阐发得尽的，这里只就作为中国古代诗歌当代传承之一部分的古代诗歌教学问题略陈鄙见，求教于从事中国古代诗歌教学的同仁。

　　中国古代诗歌教学的当代性之所以成为一个我们不得不高度关注的问题，当然首先源于中国古代诗歌与现代生活的强烈距离感。今天的世界与中国正在以前所未有的速度走向现代化，与现代化进程伴随而来的不仅仅是现代文明与社会进步，也包括人的高度物质化和工具化以及精神生活的快餐化等现代社会的文明病。古代诗歌在今天这样一个高度物质化和快餐化的时代，似乎显得十分遥远与不合时宜。当代诗人洛夫曾经充满感慨和失落地说过："现在谈诗歌似乎有点不合时宜。环境和文化生态都在不断变化，物质控制了一切，我们生活在一个全面物质化、数码化、科技化的时代，物质欲求高涨，精神需求萎缩，令人忧心。"在今天这样一个诗歌被大众严重边缘化甚至是被遗忘的时代里，如何让中国古代诗歌的教学适应当代青年学生的特点，的确是一个不可回避的迫切问题。笔者认为，要正确认识和解决这个问题，首要的是必须弄清古代诗歌与当代社会之间的距离究竟发生在哪里，以下先就此问题择要略举几端。

　　* 鲁华峰（1971—　），安徽太湖人，安徽师范大学文学院 1990 级本科毕业，后获硕士、博士学位，现为安徽师范大学文学院副教授。

在中国古代的各种文体中，诗歌的地位最为显赫，是资格最老的正统文学样式。尽管中国文学经历了漫长悠久的历史发展过程，在不同的时代产生了不同的代表性文学样式，即王国维所谓的"一代有一代之文学"，但即便是诗歌成就不甚突出的时代，也并没有影响其作为正统文学样式之代表的崇高地位，所以中国才被誉为"诗的国度"。诗歌在中国古代文学中所具有的这种突出地位，与其在当代文学中的地位形成了巨大的落差。在当今时代，艺术与娱乐形式空前多样，不仅文学的地位和影响力早已今非昔比，即使是在文学内部，各种文体的地位也发生了巨大变化。诗歌与小说、影视文学相比，被大众接受程度最低，地位当然也最低。诗歌地位从古到今的这种巨大变化，使得学生在学习古代诗歌时普遍存在很大的距离感，许多学生对古代诗歌的重要价值以及它在中国文化中地特殊地位缺乏正确认识，加上现在的中小学教材中诗歌的数量较少，且在高考中所占的分量很轻，以致很多学生认为，在大学课堂上讲那么多诗歌，到中小学的教学实践中大都派不上用场，太不实用了，还不如把古代文学教学的重点放到古文和小说上去。

中国古代诗歌在漫长的发展进程中，形成了鲜明的民族特征。首先，中国古代的诗歌绝大多数都是形式短小的抒情诗，这与西方叙事诗高度发达很不相同。其次，中国古代诗歌有重视比兴的传统，因而在表达方式上强调含蓄凝练，审美趣味上追求隽永蕴藉，这与当代年轻人张扬外露的个性与情感形成了鲜明的对比，也与今天生活的快节奏、精神娱乐的快餐化形成了巨大的反差。此外，中国古代是农业社会，特别关注人与自然的关系，中国古代诗歌植根于这样的土壤之中，在抒情方法上就表现为特别重视情与景的关系，重视情与景的互动交融所营构的和谐意境。而当今的时代已经高度工业化和城市化，人们对产生于古代农业文明基础之上的古代诗歌也必然会感到隔膜和理解的困难。

中国古代诗歌产生在特定的历史时代与历史背景之中，承载着极为丰富的历史文化信息，一部中国诗史就是一部中华民族的精神史、心灵史。可以说，没有对中国文化的深刻认识，就不可能真正把握住中国古代诗歌的精神实质和审美特征，然而，由于现在的基础教育已经成为高度应试化的教育，学生对中国传统文化的学习不够重视，基础非常薄弱，故而面对博大精深的中国古代诗歌，普遍有一种陌生感和畏惧感，这对中国古代诗歌的教学来说无疑是一个严峻的挑战。

总的来说，中国古代诗歌教学当代性的核心问题乃是古今之间社会生活与精神生活的巨大差异所形成的距离感与陌生感，因而我们在教学中要面对和解决的根本问题即在于沟通古今、消解隔膜。那么，如何才能在教学中充分实现这种目标呢？我认为最紧要、最根本之处是要彻底改变那种以灌输知识为主的教学思想与教学模式，把激发学生对中国古代诗歌的强烈兴趣作为教学的主要目标和追求，围绕着这个主要目标来调整教学思路、改革教学方法。需要强调的是，这里所说的激发学生的兴趣，并不是要求教师要把课堂气氛搞得多么活跃。因为片面追求课堂气氛的活跃，往往会导致媚俗与低级趣味，这不仅与中国古代诗歌的严肃性相背离，而且也很难让学生真正走进古代诗歌的情感世界与艺术世界之中，领会其深沉博大的思想感情和精妙传神的艺术手法。因此，那种在课堂教学中热衷于插科打诨、抖包袱讲笑话的做法是不可取的，并不是真正提升学生学习古代诗歌兴趣的有效途径。因此，我这里所指的激发学生兴趣主要是指教师努力从当代特点与当代视角出发去发掘古代诗歌的价值与魅力，以及运用现代教学手段拉近古今之间的距离，让学生真正对古代诗歌产生兴趣，从而将古代诗歌的阅读与学习内化为一种自觉意识，转变为一种自觉行为。

中国古代诗歌尽管有着特定的历史内涵与历史面貌，但是它内在的精神品质已经如同基因一样遗传给了每一位当代的中国人，只因这种精神是潜在的、内化的，才使当代人往往难识其"庐山真面目"。因此，我们在讲解作品时应该把发掘和展现中国古代诗歌中蕴含的这种文化精神作为基本视角，通过把具体作品置于中国文化基本精神的大背景中观照，提炼出它与现代生活和现代价值一脉相承的欣赏与接受的角度。例如，学生在学习陈子昂的《登幽州台歌》时，一般都很难充分理解陈子昂登上幽州台时为什么会产生那么强烈的悲怆感，而理解不了这个问题，也就不可能真正把握这首诗深刻内涵和重要价值。我们在讲解时不妨先让学生结合自己的人生经历来谈谈他们对时间、对生命价值的看法，激发出他们的时间意识与生命意识，因为古人与今人之间这种时间意识和生命意识是完全相通的，所以再让他们去体验陈子昂的痛苦时，他们往往就不会再感到多么难于理解了，而一旦他们真正领会了这种文化精神，诗中所表现的感情就与他们自身的生命融为一体，也就更好地实现了古代诗歌的在当代人身上的延续与传承。

中国古代优秀的诗歌作为中华民族乃至全人类珍贵的精神文化遗产，体现了人类共同的精神美，这种共同的精神美则是超越时空的，因此，在教学中注重发掘和向学生传达古代诗歌中蕴含的精神美，是沟通古今、实现现代传承的重要途径。如杜甫的《自京赴奉先县咏怀五百字》，不仅篇幅长，而且比较难懂，学生在学习时普遍有畏惧感，在讲解时如能紧紧围绕杜甫推己及人、仁民爱民的博大情怀和伟大人格来展开，必能使学生的灵魂受到强烈的震撼，他们带着这种深深的震撼与感动再来学习这首诗，就不会再畏惧，而是感到无比亲切和敬仰，甚至会激发出他们自觉阅读杜甫其他作品的热情。

随着时代的变化与社会生活的变迁，今人与古人的行为处事和感情表达方式虽然有许多不同，但有很多方面还是相通的。因此，如能充分抓住这种相通性，也能很好地消解隔膜，增进学生对作品的理解与接受。如王维的名作《送元二使安西》，学生大都很难切实领会诗中抒发的那种依依难舍的惜别之情。为什么会这样呢？主要还是因为对诗中后两句"劝君更进一杯酒，西出阳关无故人"这一细节描写所蕴含的深厚感情难以领会。在教学时，如能结合现实生活中的酒文化、中国人借酒来传递和表达感情的特殊方式来讲解，学生很容易就能理解诗中的感情了。

相对于思想内容而言，中国古代诗歌与当代文艺在艺术上的相通之处更为明显，故而在教学中充分挖掘和运用这种相通性，是实现中国古代诗歌教学当代性不可或缺的一环。如相反相成的艺术规律在古今中外各类文学艺术作品中是完全相通的，且被运用得非常广泛，学生对其比较熟悉。我们在分析古代诗歌的艺术时，如能将具体作品中所体现的这一艺术规律（比如王维的山水诗中以动写静的手法，杜甫、李商隐诗歌以及宋词中许多以乐景写哀情的手法等，都是这一艺术规律的不同表现形态）挖掘与展现出来，并与现当代文艺作品中类似的例子结合起来，学生通常会比较容易接受。

现代多媒体技术也不失为接近古今距离、加深学生对古代诗歌感性认识的有效手段。如山西电视台曾录制20集电视系列片《唐之韵》，以电视的形式全面介绍了唐诗的伟大成就与重要诗人与诗派，在教学中播放这样的电视片，能收到良好的效果；再如，香港歌手邓丽君曾以流行唱法演绎过十几首唐宋词，播放这些歌曲，可以大大加深学生对词这种古老的音乐文学的亲切感。

穿越现代 走近经典

——现代生活对文学经典的遮蔽及其对策

胡传志　邹春秀*1

　　在教学中，我们很容易发现，喜爱阅读文学经典的大学生并不是很多，阅读的文学经典量也很有限。是文字阅读上的困难吗？当然有，但这方面的困难并不大，因为有各种普及性的读本。是时代背景造成的隔阂吗？也不全是，现代的注本对一些名作已经作了很清楚的解释。那么最重要的原因是什么呢？我认为，是现代社会、现代生活对人类心灵世界的干扰。现代化是把双刃剑，在造福人类的时候，也给我们带来了许多现代病。现代病成了我们阅读经典的一大障碍。

　　现代社会生活节奏普遍加快。且不说各类工作人员，就是连在校的大学生也难以沉下心来。本科四年，因为就业等问题，差不多变为三年了。三年要应付很多有用没用的课程，参加许多有用没用的考试，课余考后的时间所剩无几，还要面对网络、游戏等诱惑。节奏加快，不仅挤占空闲时间，还严重破坏闲暇心情。而文学经典基本上都是闲暇生活的产物。古代士大夫的生活也许简单艰苦，但普遍悠闲，可以从容地品味生活，从容地创作。鸿篇巨制的《红楼梦》经过作者"披阅十载，增删五次"，还没有最终完成，一些短小篇章，也往往需要推敲工夫，所谓"两句三年得，一吟双泪流"。才气纵横的大诗人李白，有时也需要体味的时间。他只有平静地面对普通的敬亭山，看了又看，才能体会到看山三昧，吟出"相看两不厌，唯有敬亭山"的可爱诗篇。现代人普遍忙碌，成名心切，非但不能潜心创作，十年磨一剑，连阅读经典的悠闲心情也丧失殆尽，以致出现中文系学生以观看电影或电视剧来代替阅读原著的现象。

---

　　* 胡传志（1964—　），安徽庐江人，安徽师范大学文学院教授，博士，现任安徽师范大学研究生学院院长。邹春秀（1978—　），安徽师范大学文学院讲师，博士。

现代技术飞速进步，给人类带来了极大的便利，但人类也失去了许多东西。譬如交通，现在一日千里、一日万里固然快捷舒适，可再也没有古代文人步行、骑驴、坐马车、乘船途中丰富的感受了，现代人也难以体会古代文人的羁旅情怀。古代交通资讯落后，人们对异地他乡保持一种神秘感、新鲜感。李白从四川乘船顺江而下，途中如孟浩然所说"挂席几千里，名山都未逢"，突然遇见平地而起的庐山，高兴地写下多首歌颂庐山的诗篇。他见到庐山瀑布，激动地写下神彩飞扬的《望庐山瀑布》，他所写的瀑布原本没有"飞流直下三千尺，疑是银河落九天"的壮观，现代游客见多识广，对李白所写的瀑布几乎不屑一顾，问题是，不太壮观的瀑布为什么能激发李白写出这样的好诗？非常壮观的三叠泉（"庐山第一泉"）为什么只能让当代人写出两句没有文采、没有诗意的广告词："不到三叠泉，枉为庐山客"？除了李白无人能及的才华之外，原因之一就是我们没有了李白心中的新鲜感、李白的激情。现代发达的交通还改变了人类的感情世界。交通落后的时代，人们特别重视离别，古人才写下那么感人肺腑的离别诗。现代人仰仗飞机、高铁、QQ视频、3G电话等技术，"相见时难别亦难"的情景已经不复存在，因此我们也就难以体会古人刻骨铭心的相思了。

现代社会信息高度发达，声光电充塞视听，让人应接不暇，无处可逃。大街上，举目皆是各色广告，电视电脑上，更是炫人耳目，不断给人以强烈的刺激，久而久之，让人反应迟钝、感觉麻木。工业化、商品化的文化制品，长于感观刺激，逐渐让我们的思维能力、想象能力萎缩。人们常说，每个人心目中都有一个理想化的林黛玉，那是就阅读小说《红楼梦》而言。对只看电视剧《红楼梦》不看小说的人而言，他们心目中的林黛玉只是某个演员扮演的林黛玉。有的老师利用影像资料辅助教学，固然增加了形象性，但这些视觉艺术大大限制了人们思维、想象，文学是想象的艺术，与具象世界相比，想象的世界是虚拟的、无限的，任何视觉艺术都表现不了"欲把西湖比西子，淡妆浓抹总相宜"之类无限的美。

现代都市繁华、热闹而嘈杂，现代人内心也不再宁静，现代人很难再体会到孟浩然"荷风送香气，竹露滴清响"的境界，很难闻到这种沁人心脾的荷香、听见这种悦耳动听的天籁，很难体会到王维"人闲桂花落，夜静春山空"那样宁静美好的夜晚。再如月亮，亘古未变，却不再亲切、不再明亮，现代都市人甚至很难得抬头望月，许多人到了中秋节才想起来"赏月"的形式。而古代人却百看不厌，写下多少名篇佳作，如张若虚的《春江花月夜》、李白的《把酒问月》、苏轼《水调歌头》（明月几时有）等等。赏月能让人心情平静，能让人心胸开阔明亮，可惜现代都市越来越远离这位人类的老朋友。同样的还有乡村，城镇化让文人离开了乡村，文人们难以欣赏乡村简朴、古澹之美，难以欣赏"笑歌声里轻雷动，一夜连枷响到明"、"稻花香里说丰年，听取蛙声一片"的田园景象。

现代化毫无疑问是社会的进步，但社会的进步却让我们失去一些美好的东西，让我们远离文学经典。怎么办？

首先，我们必须改变观念，努力改变自己的主观世界，找回迷失的诗意情怀。生活中，任务繁重，目标众多，忙碌不堪，永无止境，我们不得不有所放弃。放弃负担，释放心灵，用更多的时间去满足我们的精神需求。在有了一定物质保障之后，幸福与否，主要取决于精神世界。很多时候，精神需要比物质要求更重要。即便在无法放弃之时，也应该努力在心灵世界留下一扇通风透气的窗口，留下一片虚静的绿地，保持一份诗性的情怀。温家宝总理日理万机，在公开场合经常引用古典诗文，被称为是中国的文学总理，这说明他的内心世界没有被各种政务充填得严严实实，而始终能留下一个诗意的空间。他还深有感触地告诫我们："一个民族有一些关注天空的人，他们才有希望；一个民族只是关心脚下的事情，那是没有未来的。"民族如此，个人也是如此，不仅要脚踏实地，还要不时地"仰望星空"。只要有了这种诗意情怀，我们就可以穿越现代生活对文学经典的遮蔽，"梦回唐朝"，接近经典本身。

其次，适当利用现代生活，对文学经典作现代转化。我们必须认识到，现代化的趋势不可改变，现代化与文学经典之间绝不是简单的对立关系。温家宝总理在政治生活中频繁引用古典诗词，退休老干部热衷于创作旧体诗词，都说明了传统的文学仍有着较强的生命，仍然具有现代价值。我们应该顺应现代社会的发展，扬长避短，以现代技术为文学经典服务。影视、网络等新媒体尽管不能代替文学经典，但其特别强大的传播功能，能有力地推动文学经典的普及，使文学经典具有前所未有的大众缘。大众的兴趣是文学经典生存、拓展的重要基础。一些大学教师走向"百家讲坛"，阐释文学经典，既能为文学经典赢得更大的生存空间，又能引导大众进一步关注文学经典，正在实现了文学经典的现代转化。

其三，最大限度地发挥想象，缩小现代生活与文学经典的距离。文学本身是想象的艺术，阅读文学经典更需要调动想象。想象是任何人都具备的能力，它的最大好处，是不依赖任何客观条件，就可以超越现实，思接千载，视通万里，可以让我们与古人感同身受。想象，是接近文学经典最有效、最关键的手段。教学中，教师应加强激发学生的想象力，引导他们更好地接受文学经典。

（原载《中国大学教学》2010 年第 11 期）

于古文教学中挖掘当代意义

郭自虎[*1]

古文教学不仅传授知识和技巧，而且根据讲述题材和内容，理应可以使古今对接，引导学生对现实的关注，培养独立思考能力和健全的人格。当然，要做到这些需要教师在授课时积极加以引导。本文以近期"唐宋文学"课堂教学比较集中的两个话题为例，谈谈古文教学中挖掘当代意义的可行性。

比如弘扬正气、追求公平正义、鞭笞腐败邪恶，这是古今社会都需要的。本学期我在讲授杜甫的《兵车行》、《自京赴奉先县咏怀五百字》、"三吏"、"三别"等名篇时，注意联系现实有感情地讲析，因为上述诗篇体现出杜甫替弱势群体呼喊之热心肠与慈悲襟怀。因此注意突出以下内容：《兵车行》所写的是咸阳桥头征兵的惊心动魄场面："车辚辚，马萧萧，行人弓箭各在腰。耶娘妻子走相送，尘埃不见咸阳桥。牵衣顿足拦道哭，哭声直上干云霄。"杜甫不顾军中禁令，关切地询问，从而引发这位战士一吐为快，可见其忧民情怀。《自京赴奉先县咏怀五百字》不仅有"朱门酒肉臭，路有冻死骨"这样对社会财富极为不公的强烈抗议，并写到自己连最小的儿子在活活饿死的情况下，他还为天下的"失业徒"和"远戍卒"担忧。"三吏""三别"被称做是杜甫现实主义的高峰之作，其实，这组诗写得非常质朴，不大讲究艺术技巧，其动人之处正在于替穷苦人说话，才赢得后世的敬仰。当杜甫走在新安道上，目睹身材短小的男子被抓上前线充当兵员，他毫不客气地责问那位带兵的小吏："借问新安吏，县小更无丁……中男绝短小，何以守王城？"当他日暮投宿石壕村，耳闻目睹"有吏夜捉人"的一幕幕惨相，诗人几乎彻夜未眠，听得真切，痛入肺腑，以琐屑近俚的笔调作了细致记录："吏呼一何怒，妇啼一何苦"，"夜久语声绝，如闻

* 郭自虎（1963—　），安徽庐江人，安徽师范大学文学院教授，博士。

泣幽咽"，呜咽悲凉，凄绝沉痛。《后村诗话》云："《新安吏》……诸篇，其述男女怨旷、室家离别、父子夫妇不相保之意……新旧唐史不载者，略见杜诗。"也正如鲁迅先生所说："我们从古以来，就有埋头苦干的人，有拼命硬干的人，有为民请命的人，有舍身求法的人……这就是中国的脊梁。"（《且介亭杂文》）而杜甫就是唐王朝由盛转衰时期一位为民请命的诗人。

通过上述讲解，本学期我所执教的某中文班级同学在学习杜甫系列诗篇后，提交了一篇作业，原文如下：

杜甫在"幼子饿已卒"的情况下，想到的不是如何使家人填饱肚子，不是与贪官污吏同流合污以改善自己的生活条件，而是为"失业徒"、"远戍卒"们的生活而担忧，这让我不得不对这位仕途坎坷、生活艰难的忧国诗人肃然起敬。我一直坚持孟子"穷则独善其身，达则兼济天下"的观点。如果我有一天发达了，我会非常愿意"兼济天下"。但是穷，我必定是"独善其身"。如果我自己都在贫困的边缘上挣扎，我想我不会想到去接济那些弱者。因此，这让我更加敬佩杜甫的这种超脱的精神境界和高度自觉的思想。但是，我并不能完全认同他。

我绝对愿意尽我所能去帮助需要帮助的人，但是要以安定我自己的家人为前提，如果不能让自己的家人衣食无忧，又何谈去接济别人。丛飞应该可以说是现代"杜甫"，他一生帮助了许多贫困学生。这是一件崇高的事业，有能力我也愿意像他一样。可是，他为了这个事业使他的孩子不能按时交齐学费，不过这并不算什么。但是，到自己身患癌症而无钱医治时，我觉得他付出的太多。"修身、齐家、治国、平天下"，这句话在现在也同样适用，家在国前面，只有先把自己的小家安定好了，才能更好地尽心于社会这个大家。

中国的富人那么多，又有多少人做到了"达则兼济天下"？有钱人一桌饭要上万块，那是贫苦农民们辛苦一年，忍受着骄阳的曝晒才能换回来的。有的人一天消费几万块人民币甚至更多，有的人一天消费几块钱甚至更少。有的明星一件裙子就要三万多块，而这对于普通农民来说需要辛苦多久才能换来。只要在网上搜索一下就可以看到有的人奢靡生活达到什么程度。

一个人的发达离不开大家的支持，自己发达了应不忘回报社会。人们应该具有"达则兼济天下"的高度社会责任感，在自己享乐的同时也多去想一想在贫困线上挣扎的弱势群体，给予他们关爱，将杜甫的忧国忧民精神发扬光大。

这是90后大学生的真实心声，文字虽然稚嫩，想法也单纯，然而他们是有思想的一代，是可以塑造的一代。从上述文字可以看到，当代大学生只要引导得当，他们完全能够将古今现实联系起来，自由地表达自己的观点；他们有明辨是非的能力，有勇于承担的责任感，能够饱含深情地说出对杜甫的敬意，对当今过着奢靡生活、为富不仁者表示不屑；尽管他们将杜甫当作楷模，立誓对于弱势群体给以关爱，然而也不轻易盲从，觉得应该首先安定自己然后才能接济他人。这些质朴的话语是认真思索的结果，也蕴含着朴素的生活道理。

同样，通过对白居易及其作品的讲授，有同学联系现实谈到对《轻肥》的理解："当我们读到诗人描绘的这种情景时，或许会对那个时代的人予以一份同情，而忘了看一眼当今的社会。看一眼那些在太阳或冰雪里依然做着苦工的民工们，再看一眼那些待在装有空调的办公室里玩QQ农场的官员们；看一眼那些吃着青菜豆腐的山村儿童们，再看一眼那些把零食当玩具的富家子弟们！世界公平吗？"有同学对《卖炭翁》的体会是："他们是弱势群体，连两个白衣使者都惹不起……今天，人民当家做主的日子已经实现，农业税也于近年内取消，这在封建社会是不可想象的。"可见，只要将可爱的青年学子们善感的心灵窗户打开，勃勃生机就会涌现出来。

爱情是古今文学永恒的主题，当下社会随着西风东进、商业经济的繁荣、人们生活方式的改变以及各种媒体的渲染与推波助澜，传统的爱情观既已打破，而新的价值规范又尚未建立，青年人种种貌似时髦的行为已暴露出日益严重的社会问题，对此，毋庸列举，互联网上触目皆是。鉴于此，站在高校讲台的教师应有义务有责任给青年学子指点迷津。

本学期"唐宋文学"有数篇牵涉这一主题，通过讲授可以引发学生的兴趣和思索。如李白的《长干行》所写为商人商妇爱情，将民间商人商妇的爱情写得那样纯洁:"妾发初覆额,折花门前剧。郎骑竹马来,绕床弄青梅。同居长干里,两小无嫌猜。"青梅竹马,两小无猜,已成为纯洁爱情的代名词。身处今日纷纭复杂变化万千的社会,当年长者为年轻人的"一夜情"所惊愕的时候,我们感觉到李白笔下的爱情是多么可贵。白居易《长恨歌》写的是唐玄宗李隆基与杨贵妃之间的特殊爱情悲剧故事,以讨论本篇主题为由,联系封建制度及女性的命运,激发同学们积极参与,在提交的作业中,有相当一部分同学对男女平等、女性命运作了具有一定深度的思考。白行简的《李娃传》则是写郑生与倡女李娃悲欢离合的爱情故事,郑生由一位才貌出众、风度翩翩的贵公子,最后沦为饥寒交迫的乞丐,这其中所包含的许多因缘与曲折都值得今日年轻人的反思。郑生完全可以在科考中一战而霸:其一,他出身于名门之家,作为刺史的郑父对其寄予莫大希望,被看做是郑家的千里驹,并在赴京前给予物质上充分的保证。其二,郑生亦有极好的资质:"隽朗有词藻,迥然不群,深为时辈推伏。"其三,郑生信心十足,"视上第如指掌"。可以说内外条件一应具备,金榜题名简直如囊中取物,只是时间未到而已。然而,随着郑生来到京城长安,他的命运完全朝着相反的方向在一天天恶化着,甚至命悬一线。这是偶然的吗?其悲哀的下场是如何导致的呢?首先,郑生来到陌生而又新鲜的长安城,这里灯红酒绿,到处散发出巨大的诱惑力,涉世未深的青年时刻都有陷入欲望陷阱的危险。果然,郑生在李娃的诱惑下,落入了妓院的陷阱,并在娃母的操纵下,越陷越深,当财物被榨干后,被扫地出门,从此成了身心都没有归宿的流浪汉。这里不禁使人对欲望都市产生负面联想:霓虹闪烁的往往是欲望的眼睛,灯红酒绿是陷阱沼气幻化的浮沫,是致命的毒气。年轻人啊,需要多防备,你们就是这饕餮陷阱的理想猎物。其次,郑生的沦落,郑父有难以推卸的责任。作为常州刺史,每年都需要入京汇报工作,对长安城繁华背后所包含的危险理应清楚,可他对儿子根本没有进行防范教育,仅是一厢情愿地投李而等待报瓜,"盛其服玩车马之饰","丰尔之给";可是郑父哪里想到正是这些丰厚的财物使其子一下子陷入了火坑。这又难免不使人联想:给其千金不如送句良言,多余的物质往往会成为人的累赘。尽管《李娃传》所写是一千多年前的故事,然而只要产生故事的土壤今天还存在,郑生式的悲剧就会不断上演。通过本篇学习,启发青年学子如何抵御不正当的诱惑，避免走弯路，从而使作品具有当代意义。结果在提交的作业中，同学们踊跃发表意见，在对几个主要人物的价值判断中都显示出当下意味。秦观的《鹊桥仙》借写牛郎织女的传说表达词人对爱情的独特见解："金风玉露一相逢，便胜却人间无数"，"两情若是久长时，又岂在朝朝暮暮"。可是当今社会也有人说"不求天长地久，只愿曾经拥有"。我们该如何看待？以此为话题，在课堂引起同学们的热烈讨论。当然，作为教师，最终还需亮明自己的态度，作合乎情理的引导。

当然，这种联系现实的讲解古代作品，亦需注意把握分寸：一是因作品题材内容而定，顺其自然作合理发挥，不应生拉硬拽；二是分清课堂内容的主次轻重，不得冲淡主题，更不能本末倒置。高校课堂教学自有其科学性与严肃性，不能因联系现实而变得随意与漫无目的。

《诗经》：经典诗歌的当代阐释

俞晓红

所谓经典，旧指有典范意义的儒家典籍。唐刘知几《史通·叙事》曰："自圣贤述作，是曰经典。"① 后谓权威性的著作或具有权威意义的事或物。孔子编《诗》，确立了中国经典文化体系的基础文本。汉时罢黜百家、独尊儒术，《诗》与《书》、《礼》、《易》、《春秋》被立为五经。《诗经》就在双重意义上成为古代文化的"经典"之作。

《诗经》是文化经典，也是文学经典。所谓"经典文学作品"，是指那些具有典范性、权威性的、经久不衰的传世之作，经过历史选择出来的"最有价值的"、最能代表这一个时代的文学作品。《诗经》既是"诗"又是"经"，既拥有能传达先民意志、情愫、精神特质、理想追求和艺术表现的优秀文学资质，蕴涵历代公认的审美价值，又在很大程度上营构了民族文化精神的重要质素，在不同的层面上影响着数千年来国人的精神生活，在今天的现实生活中仍发生着它的意义，具有鲜活的生命力，并时时处处启发今人生命的智慧。

经典作品既有其历史意义，更有其当代价值。作为今人的重要文化资源，它在当代有一个不断重读的问题。教师在准确讲授经典原义的基础上，不妨拓宽视野，运用当代文化阐释的视角与手段，对经典诗歌的内涵作出富有当代性的解读，实现古今文化的对接，以促进大学生对经典作品的多维理解，明经致用，为更好地建设当代文化服务。

一、在辨析原义时重视文化解读

高校中国古代文学作品的教学，一向比较重视文本产生的历史文化生态，关注文本的历史语境并试图还原其本质，以求得经典作品之

---

① 刘知几：《史通》（卷六），四部丛刊景明万历刊本，第15页。

"真"。这是必要的，但如果课堂上过度注重考辨的成果，经典的文学情境和审美趣味可能被牺牲掉，其"善"与"美"可能被遮蔽。因此，不妨在辨析文本原义的基础上，运用今人视野，抽绎其超越时空的文化内涵，作出富有当代意义的文化解读，以激活文学经典在当下的生命力。

即如《关雎》，今文经学齐鲁韩三家均谓之刺康王诗，《毛诗序》以为美后妃之德，欧阳修、苏辙始谓叙述人情；余冠英、闻一多等人则以之为歌咏乡间男女自由恋爱的情歌；近之学者则提出，"君子"在彼时是对贵族的泛称，而"琴瑟"、"钟鼓"的使用也有其社会等级的严格限制，故《关雎》可能是贵族之家婚礼上的颂歌。凡此种种，在寻求诗作历史原义的同时，古人今人已加载了诸多超越爱情之上的意义。如果立足于《关雎》描绘的画面与情境，解读它能贯通古今的文化意蕴，一些更富生命本质的东西则会浮现。《关雎》开篇便以"兴"的手法，即景生情，在雎鸠鸟儿鸣叫唱和的轻灵婉转之音中，微妙地传达了自然生物雌雄相合、相爱相生的生命精神，引出男子无限的情思与联想：那位娴静美好的女子是自己理想的佳偶。先秦时"君子"可用以称才德出众的男子，而贤良美好的女子则被称为"淑女"，所以对"窈窕淑女，君子好逑"的理解完全可以返本归真，直指好男佳女。三次"参差荇菜"乃借水中生物生情：以女子对水中荇菜的寻求，兴君子对心中淑女的思求；以荇菜的得以采择，兴淑女的得以亲近。诗言美好的女子令君子日夜爱慕思求，像琴瑟和鸣一般亲近淑女，在音乐声中迎娶淑女，终至结成良缘。《关雎》体现了执着、含蓄、醇雅的中正之美，在质朴醇雅的情感讴歌中，传达了发之乎情而节之以礼、合乎礼仪的爱情渴望，让两千多年来的读者体认了生命的深刻。它所描述的合情合礼的婚恋模式，有助于启发今人的感情认知。

再如《蒹葭》，有刺襄公说，谓伊人隐喻周王朝礼制，从之则治国有望；有招贤说，谓伊人为隐居水滨的贤才，人皆慕而思见之；今人多持恋歌说，谓伊人可望而不可即，故陷入烦恼。然《蒹葭》的情境之美，更在于它的象征层面。所追寻的对象在水一方，可望难即，这是人们常会面临的人生境遇；伊人可解作意中人，也可当做一种人生的目标或理想。河水的阻隔意义便具备更深厚的艺术张力了，它可以象征人生追求中所遭遇的任何一种阻力或艰难；而追求者的无奈与怅惘，当然也是常会经历的人生体验。《蒹葭》的结构因此散发出一种能引发古今读者情感共鸣的人生哲理的况味，其意境的整体象征令这首诗内涵具备更多的包容性。李商隐的《无题》（相见时难）也具备相类的内在结构。它略去爱情发生发展的具体过程和双方外在的形貌特征，单纯地表现情感世界的痛苦、失望、缠绵与执着，将爱情升华到纯粹的精神层面。那种求而不得仍执着追求的心态，蕴涵着诗人的身世之感与失意之悲；诗作内涵的丰富，却使诗中个人世界的感情本质推广为世间人类的普遍经验和共同感情，从而能令今人作出更为深入而经典的解读。

这种解读并非刻意架空其历史原义。经典之为经典，是它的精神文化结构具有超越时空的意义。经过历史淘汰而留传至今的经典，它拥有的规律性元素会不断重现在现实生活中，显示其恒久的生命力。某些特定的历史因素、特指的历史事实，即便曾是经典产生的必要条件，或是经典文本内部的特定构成，在作出当代性文化解读的层面上，其于重塑当代大学生的精神世界而言，可能远不如一种普遍的历史事实或古今共通的情感体验来得更为重要。换言之，在高校本科文学类课程的课堂上，以历史眼光去发现古典诗作的时间、地点、人物、礼制等特定的历史事实，还原其特殊历史时空点位上的历史真相，莫如以当代眼光去体味古典诗作之能引人共鸣的人生情感与文化哲理的况味。这里也许潜藏着一个学者与教师身份转换的命题。

二、在解析文本时突出情境阐发

中国古代经典作品蕴含着诸多经典情境，它们会在后世的文学作品中延续、发挥、拓展，虽因所处时代和具体人事的不同而可能导致题旨情感的差异，但经典情境却会不断重现。经典诗作之所以成为经典，往往在于它能够营造某种经典的情境。这种经典情境可以绵延数千年而不变其宗，今日仍能引起当代人的普遍兴趣和情感共鸣，带给当代人以启迪，并丰富当代人的精神世界。就爱情表现而言，作为文学永恒的主题之一，古典诗歌描述的爱情追求主要有三类。

第一类是"求而得之"。如《关雎》所描述的理想爱情模式，由滋生爱情、思慕佳偶、结为婚配构成，其中有生发"求得"时的思慕热望，有尚未"求得"时的相思愁闷，有"求得"之后的和谐喜悦。这类情境可名之"凤求凰"。司马相如谱写琴曲《凤求凰》，和卓文君的爱情故事一直是古代戏曲作品的经典题材；杂剧《西厢记》描写的崔张之恋，也营构了这种经典情境的艺术张力。当代流行歌曲《梁山伯与朱丽叶》咏唱"我爱你你是我的茱丽叶/我愿意变成你的梁山伯"、"我爱你你是我的罗蜜欧/我愿意变成你的祝英台"，那欢快、甜美的旋律中透出"凤求凰"结构所臻的佳境，其末句"美丽的爱情祝福着未来"体现了古今贯通的婚恋主题，并指向健康、幸福的生命前程，很适宜在当代青年男女牵手成功、走向婚姻时唱响。

第二类是"求之不得"。如《蒹葭》所描述的爱而不得的情境，因伊人在水一方、中有阻隔无法超越，但仍不停止对理想的追求，传达出"虽九死其犹未悔"的深沉与执着。这类情境可名之"在水一方"。它越过绵长的历史时空，在现代诗歌中不断重现，从而显示了它的经典性。邵燕祥写于1956年的诗《地球对着火星说》，选择特殊时代的爱情作为表现的题材，以地球和火星两个星座为喻，抒写爱情的发生、心灵的靠近和灵魂深处的悸动："在满天的繁星中间，我寻找着你，/我凝视着你，你知道吗？/谁说你远在天边——/你是这样的热烈而分明。"但现实却有诸般无奈，不能让这段爱情顺利发展，因此双方只能矜持、冷静地克制恋情。然而爱情的力量却又无法抵挡，当心灵再一次靠近，爱情发出了深情的召唤，彼此心底的渴望再一次变得这么强烈，让双方无法入眠，怅惘未来岁月的漫长与煎熬。由于它略去了具体的原因和情节，注重爱情本身发生与心灵悸动的表达，从而使这种苦涩无奈的爱情倾诉成了诸多无奈爱情的真情告白，这就扩大了诗作的思想和艺术容量，具有了一定的经典意义。蔡其矫旷世之作《距离》更是这种经典情境的激越阐发："在现实和梦想之间/你是红叶焚烧的山峦/是黄昏中交集的悲欢；/你是树影，是晚风/是归来路上的黑暗。"这首诗所写之距离，是理想与现实之间的距离，也是相爱而不能如愿的恋人之间的距离。诗作借助密集的意象，将这种有距离的爱情所致的幸福与苦涩描述得淋漓尽致：红叶燃烧的山峦、信守约言的鸿雁、烟花怒放的夜晚、晶莹的雕像、芬芳的花朵等，均是爱情的热烈、甜美、灿烂、幸福的象喻；而归路的黑暗、冷月、远星、神秘莫测的深渊则是爱情不能实现时的心灵的痛楚黯淡的象喻。诗作共四节，每节均以"在现实和理想之间"开头，这就将无法如愿的普通爱情故事提升至精神生命追求的层面，拓展了"在水一方"情境的审美空间。

第三类是"得而复失"。故事的主人公曾经拥有爱情，却由于种种原因最终失去爱情甚至生命，空将过去留给记忆。这和"求之不得"的情境有点相似：爱情的双方有一定的空间"距离"，中有间阻，无法超越。所不同的是，"得而复失"的情境往往表现为"生死之恋"。其生离者如古诗《迢迢牵牛星》所描述的，银河清浅，牛郎织女相距也不远，却只能相视相望，不能朝夕相伴；又如陆游《钗头凤》所怨叹的，家长意志导致夫妻离散，不能终生相依。其死别者如苏轼《江城子》、纳兰性德《金缕曲》所叙，爱情的力量能穿透生死相隔的时空：一个是"十年生死两茫茫"，一个是"三载悠悠魂梦杳"；一个是"千里孤坟，无处话凄凉"，一个是"不及夜台尘土隔，冷清清一片埋愁地"。其双双殉情者如元好问《摸鱼儿》所咏叹的，大雁经冬历夏、双宿双飞，仿佛人间夫妻相伴相随、相濡以沫，一旦有一方逝去，另一方也不独活，投地殉情而亡。这会令古今有情人同发悲叹："恨人间、情是何物？直教生死相许！"当代流行歌曲《白狐》改版后的歌词，道尽"生死之恋"情境的悲剧内涵："能不能让我为爱哭一哭／我还是千百年来不变的白狐／多少春去春来，朝朝暮暮／来生来世还做你的狐。"由生死相许到生生世世相伴相随，其间不变的还是人间那一段真情。

三、在分析形象时启发思维向度

经典诗作描述的人物形象往往成为极具代表性的人物类型，成为某种社会身份或品质个性的符号，而衍生其诗作之外的文化寓意。《诗经》中的人物诸如农夫、戍卒、思妇、好女，一经歌咏，便成后世诗歌每每写及的形象，并凝练出特定的内涵。教学中如果善于瞻前顾后，将经典诗作中的形象与后世文学相类似的形象串连分析，并进而发掘其深层的意蕴，将有助于拓展学生的认知视野，激发其诵读经典的热情。从《诗经》之《无衣》篇"与子同仇"的戍卒，到曹植《白马篇》"连翩西北驰"的游侠儿，再到王昌龄《从军行》之"黄沙百战穿金甲"的将士，在"史"的链接中呈现的是中华民族的心灵世界和文化品格。

类似的拓展不一定在文学的内部进行。《诗经》的时代距今天已比较遥远，今人的文化心理结构较之古人已发生较大的变异，要想以今释古似乎是困难的，但并不是不可能的。借助当代社会文化视野，去观照《诗经》时代的人物形象，作一次时空穿越，可以拓展我们的思维向度，在古今对接中实现经典诗歌的当代化阐释。

一般认为，《氓》叙写了弃妇的悲哀和对"二三其德"的男子的愤怒。清马瑞辰《毛诗传笺通释》以为"氓为盲昧无知之称"①，似有不妥。而解"氓"为文学史上最早的商人形象似有一定道理。"氓"由"亡"和"民"两字符构成，故"氓"者，"亡民"也。"亡"字意为"出门在外"。《论语·阳货》载："阳货欲见孔子，孔子不见，归孔子豚。孔子时其亡也，而往拜之。"邢昺疏曰："孔子时其亡而往拜之者，谓伺虎不在家时而往谢之也。"② 合而观之，"氓"字意指那些出门在外的人。《孟子·滕文公上》："远方之人，闻君行仁政，愿受一廛而为氓。"③ 句中"氓"即指远方迁徙而来之民。是以"氓"者，本身具有一定的流动性。如果某"氓"以"抱布贸丝"为业，则行止不定、四处流动便成为他的重要特征。《氓》中的那位到乡村去做简单贸易的流民，因其小商身份和流动行止与农民的固守一方有异，客观上提供了见异思迁的可能。"士贰其行"是令诗中女子"不爽"的重要原因，但"二三其德"并非"氓"者独有的秉性，只是因为中国古代人观念中一向重农抑商，才使"氓"之形象凸显"士贰其行"的倾向，从而具备了更为丰厚的内涵。

"氓"的流动性特征在现代社会一些群体中也会体现。20 世纪 50 年代出现的新词"盲流"，特指那些从农村盲目流动到城市的人。因为农村人多地少，产生大量剩余劳动力，贫困人口便涌向城镇，而当时的城市又不能为他们提供长期正式的工作，所以采取了劝阻和遣返的行动。1953 年国务院发出《劝止农民盲目流入城市的指示》，首次使用"盲流"一词。改革开放之后，农民流动到城市务工成了新的时代潮流，含有贬义的"盲流"语词从文化视野中悄然隐退，代之而起的是

① 马瑞辰：《毛诗传笺通释》（卷六），清道光十五年学古堂刻本，第 14 页。
② 何晏：《语语注疏》，清阮刻十三经注疏本，第 68 页。
③ 孟轲：《孟子》（卷五），四部丛刊景宋大字本，第 8 页。

质朴的"农民工"、"民工"之称。他们不再有被遣返的命运，反而成为城市发展的主力军，以城市建设者的身份出现在诸多建设或服务行业。与"氓"的共同点是：他们都具备流动性，行止不稳定。不同点是：一是从城镇到农村，一是从农村到城市；一是个体的流动，一是群体化的迁徙。歌曲《春天里》从"星光大道"走上"春晚"，引发了争议和矛盾。歌词原义可能是词作者人生成长历程的自我怜惜，但因为由两个流动到城市的漂泊者的质朴演唱，兼之"如果有一天我老无所依，／请把我留在那时光里；／如果有一天我悄然离去，／请把我埋在这春天里"数句传达出的漂泊者的无奈元素，契合了农民工的生存现状和隐忧心理，这支歌曲遂成为农民工心声的代言。

这只是一种启发学生思维向度的探讨，其目的不在于对流动人群作社会学研究，而在于让学生在关注现实并投注人文关怀的同时，加深对诗作形象的理解。当我们的文本分析介入了当代文化质素后，我们可能就在获得当代视野的同时，也消弭了过去时代的经典与今人社会生活的距离。显然，这对当代大学生的文学接受不无裨益。

以当代眼光解读阐释古代经典诗歌，其途径有多种。我们可以用今音诵读，在古今诗作的相关链接中拓展学生的接受视野；也可以借助古调吟诵的方法，通过一种有韵味的形式，激发学生的兴趣，令其在趣味中欣然接受；或全方位借助现代教育技术手段和相关音像资料，通过当代流行歌曲进入经典诗歌，缩短学生与经典的心理距离，以促进课堂教学效率的提高。无论何种渠道，其目的仍在于阐发经典诗歌的文化意义，贯通古今，以期古为今用，服务于当代文化的建设。

（原载《中国大学教学》2012 年第 6 期）

当代视阈下的高师院校
古代戏曲教学策略探讨

王海洋[*1]

长期以来，高等师范院校的古代戏曲教学大都归置于"中国文学史"或"古代文学作品选"等相关基础课程之下，一般皆是通过戏曲史线索和一些重要作家、重要作品的介绍让学生获得戏曲史的基本知识，教学中较多地注重戏曲作家的生平创作介绍、作品文本的思想艺术分析等，但从实际的教学成效看，学生得到的收获也只能是从书本上认识到的平面的"戏曲"，这与其他文学体裁如小说、散文等内容的教学完全一样，没有形成戏曲教学的独特性和系统性。这种沉滞已久的僵化教授模式已经不能适应当今弘扬、普及戏曲文化的需要，因之，从适合当代现实境况出发，对高师院校古代戏曲内容的教学有必要建立新型的模式，采取若干新异的策略。

一、更新观念，突出"戏"之独有特质

古代戏曲艺术作为中华民族传统文化的一个象征，是一个多重艺术形式的综合体。她"不仅和我国古代绘画、诗词、书法、舞蹈、音乐有着惊人的一致性，与中医等自然科学也有着某些相似之处……对全民族所有的创造活动都有着强大的制约作用。"[①] 与古代其他艺术如建筑、绘画等凝固性的经典不同，戏曲艺术的变化性特别强，是人类的非物质文化遗产。过去，中国古典戏曲的覆盖广泛，影响巨大，因此，她那一举一动的变化就特别惹人注意。一个民族的存在，其根底是文化的存在，民族文化的存在靠的是不断积淀和不断创造。而戏曲

---

* 王海洋（1964— ），安徽泾县人，安徽师范大学文学院副教授，博士。
① 郑传寅：《中国戏曲文化概论》，武汉大学出版社 2003 年版，第 371 页。

文化的传承特别要靠教育的弘扬。在高师院校教育目标下，她不应只局限在戏曲专业院校这样一个相对狭窄的范围内进行以技术技能为主的教学，她的教学也不仅在于一般性的知识传授，而更在于素质培养上的思想的滋润和陶冶、情操的熏染和感化，这并不是要把学生培养成戏曲专家和学者。当然，不把学生培养成专家和学者，并不意味着降低戏曲艺术的教学水准。所以，高师戏曲教学的实质、首先是一种素质教育，却又高于一般意义上的素质教育，而具有培育种子的意义。高师学生毕业后，将赴中学或小学担任专业教师。教师职业的特殊性，就使他们所掌握的知识通过对学生的反复传授，以几何裂变的方式迅速扩散，从而起到传播弘扬戏曲文化的良好作用。因此，应从广义的大文化方面介入，让青年一代感受戏曲艺术的风姿和风采，感受古典艺术之美，进而加深对我们民族文化如戏曲文化的学习、理解和认识。

　　然而，长期以来，高等院校的戏曲教学却只是将她作为纯粹的古代文学史的一部分来进行，就连《辞海》编写组也把戏曲作为文学的一分子列入文学分册，大量的戏曲史著作也只偏重于文学性的描述。这样的结果使戏曲的教学越来越远离戏曲的本身特性，学生只是学得了一些固定的史的名词、概念，知道了一些戏曲作家作品的文字意义内涵，却对古代戏曲本身缺少体验认识。而就其本质而言，古代戏曲实质——其独有的特质是一种扮演角色的表演活动，其角色性、表演性、艺术性是其根本特征和品质。她和古代文学中其他各种体式的文学如诗歌、散文、小说等有着很大的不同。一般的诗歌散文小说等主要偏重于语言文字的艺术，而戏曲则具有综合性、多维性、变化性的特点。基于此种认识，戏曲的教学就应该是一种在老师引导下的对戏曲的探求理解欣赏的过程。因之，高师院校戏曲的教学就不仅要注重戏曲史的发展线索，注重优秀的重点作家作品的介绍，还要让学生明白这些并非古代戏曲的全部，作家作品的表面之外还有着其他很丰富的内容，如演唱、装扮、布景、动作、武打等等生动活现的原生态质感亦是非常重要的方面；教学中不单要传授给学生戏曲知识，最好还要培养他们一定的表演技能，更要宣传艺术理念，尤其是要通过系统、强化的戏曲教学，培养学生对传统戏曲文化的深厚感情，其教学模式可采取"基础讲解—多维感受—情境体验"三个层次，让学生全方位地认知、感受古代戏曲文化的精髓。这种教学观念的更新转换是当下古代戏曲教学方式革新的必要前提。

二、立足兴趣，拉近古今意趣的距离

要真正做好一件有意义的事情，必须对此事情拥有真正的热爱，知识的获取也是同样的道理。学习者只有对他的学习对象感兴趣才能投入地去研究。然而在大多数学生眼中古代文学离他们太过遥远，似乎已经被悬置于社会生活之外了，大多数学生甚至认为"文学无用"，而古代戏曲也与现实生活无甚联系，因之毫无兴趣爱好可言，更不要说深入地学习研究了。如果说兴趣是最好的老师，那么最好的老师也应该懂得如何激发学生的兴趣。当代的社会现实境况下，青年人普遍对戏曲知识了解不多，尤其不能适应戏曲的"缓慢节奏"，相反，他们对节奏迅捷的现代西方大片乃至几近疯狂的摇滚乐却颇能接受。因此，喜欢戏曲的青年极少。

从文艺欣赏的规律来说，对于戏曲的审美能力是要靠不断的影响和熏陶才能逐步提高的，一个青年学生，即使所学其他功课皆成绩优异，但他若未有过欣赏戏曲的经验，你要他的耳朵、眼睛充分领略戏曲的美，几欲不能。以京剧为例，它讲求唱念做打，手眼身法步；在唱腔上有西皮、二黄，还有快板、慢板、流水板诸多板式；在人物造型方面，单是面部就有各种脸谱，服饰更是五彩缤纷。观众如果不具备这些鉴赏的基本知识，便难以引起欣赏的共鸣。另外，正是因为不具备这些鉴赏知识，没有受过古典戏曲的美感教育，人们也就不会走进剧场欣赏京剧了，这是恶性循环。传统戏曲之所以陷入困境，出现危机，最重要的原因就是戏曲教育在普通人群中的缺失。何况对于戏曲的欣赏和接受还有个约定俗成的问题。在老一辈戏曲观众逐渐减少的情况下，很有必要重视向青年做宣传工作，做普及戏曲基本知识的努力。现在中小学教学中重理轻文的倾向十分明显，美育教育尤其缺少，更缺少有关民族艺术的美育教育。这么多年来，教材中很少有戏曲方面的内容，这更导致戏曲与广大青年学子们的隔膜。

那么如何引发学生对戏曲的兴趣呢？一个有效的方法是"以今索古，借景发挥"。比如，采用社会中流行的俗语或成语甚至流行歌曲等引入话题，激发学生的兴趣。如现在有一句非常流行的俗语"我比窦娥还冤", 就可在教学元剧《窦娥冤》之中先行引入, 导入话题。再如从"河东狮吼"这一成语牵出介绍明传奇《狮吼记》等。还可采取当下社会媒体关注流行的戏曲演出、戏曲论坛的一些事件引入探讨, 激发情绪。如前些年台湾白先勇指导青春版《牡丹亭》的热闹推出, 近期陈凯歌导演改编新拍古剧名作《赵氏孤儿》为电影等, 其他如央视"百家讲坛"有关古代戏曲的讲座节目等等。总之, 打通古今时代的隔阂, 拉近古典艺术意趣与现代学子兴趣之间的距离, 是提高、激发学生对戏曲浓厚兴趣的必由之路。

三、科技融入, 增强多维的立体感受

在教学手段上, 过去传统的教学方法是单纯依靠一支粉笔、一块黑板、一本教材, 一味地宣讲灌输, 这在现代电子、网络技术发达的今天显然已大大落伍。由于电子网络技术的日益发展进步, 越来越多的古代文学从教者认识到, 通过电子信息技术这一现代化手段拉近现代人与传统文化的距离, 对有关古代文学课程教学的有效开展, 对更好地与学生的兴趣接轨, 都有着决定性的作用。让古典文化与现代文明有机地结合在一起, 欣然拿来现代的信息技术来演绎古典文学的情怀, 为古典文学插上信息的翅膀, 是电子网络时代古代文学课程教学手段革新的必然趋势。那么就古代戏曲来说, 如何做到戏曲作品中的古典意趣与现代人的审美期待相融合? 这就需要在古代戏曲课堂上的讲授者——教师应该成为一个理想的现代科技应用者, 利用高科技手段带领学生在古代与现代、平面与立体多个时空维度中纵横驰骋, 尽情穿梭!

从戏曲的本质来看, 她是融音乐、舞蹈、绘画、服饰、武打等众多艺术形式为一体的综合性艺术。古代戏曲的具体演出及其各方面情况我们现今已无从全面知晓, 但现今已经发现的各种戏曲资料, 包括各种地上或地下的实物、图片、文字等亦已琳琅满目, 足供教学课堂的参考使用。因此新的教学模式下的戏曲教学模式应该是从传统的纸介教材到集图像、声音、三维动画于一体的多媒体课件, 从一般性的讲解阐释到知识间的联结, 包括网络的充分利用, 它不再是线性的, 而是网状的, 进而提供了一种全新、高效的超文本阅读与交流方式。

而且，现代教学手段在某种程度上可以再现古代戏曲作品中的生活图景，诗配画、诗配乐，地图、照片，电影、电视剧的录像，其形式较之于传统的话语讲述，更加绘声绘色，生动直观，更能加深学生对戏曲全方位、立体化的印象和理解。比如，在讲授汤显祖的《牡丹亭·惊梦》的片段作品分析课时，剧中主人公杜丽娘缠缠绵绵、生死以之的情爱追求，青春寂寞、韶光易逝的悲伤感叹等复杂心境，单凭文字性的说明或教师口头解说是很难让学生领会的。但此时若能采用一段视频，比如当堂播放时兴的青春版《牡丹亭》演出录像，那演员细致精到的表演和入神的唱段，就能让学生立即体会到其中的韵味情感，从而加深对此作品的了解，起到事半功倍的奇效。

实际在电子信息化方面，作为古代戏曲的讲授有着得天独厚的资源和优势。因为影视界早已把众多的古典戏曲名著改编拍摄成了影视作品，有的一部作品还有多种不同的版本。因此我们拥有大量现成的影视资料可以利用，这些为学生们所喜闻乐见的形式移入古代文学课堂教学之后，即会尽可能地还原生活。通过视觉听觉的调动让学生们真正地走进古典戏曲的时空，无疑让教与学的过程变得更加轻松愉快，同时就达到了良好的教学效果。当然课堂上的影音资料的播放也要注意适当节制，不能播放过滥，以免喧宾夺主，冲淡和减弱了必要的讲授、分析、讨论等内容。

四、模拟情境，参与文本的艺术体验

融入了先进教学手段之后，还要考虑行之有效的教学方法。基于古代戏曲研究对象的特点及研究主体，开展创造性、探究性的学习，将教与学有机结合，实行教与学的双向互动，这不仅可行而且收效颇佳。按照教学论中的"知能统一"的教育规律，"一个人学习的能力和他的活动相连，只有观察学生的活动，才能发现他的能力，只有通过学生的活动才能发展他的能力"[1]。因此古代戏曲教学也可大力采用活动的方式进行。首先应该在学生自学基础上，选择戏曲发生、发展、嬗变的关键点，结合重点作品、重要文学现象，梳理出若干专题性内

---

① 钱伯毅：《大学教学论》，中国科学技术大学出版社1991年版，第61页。

容，然后围绕主题，引导学生进行研读，适时地抛出话题，引发争鸣，让学生们在相互论争中形成观点、表达见解、拓展思维。比如对《西厢记》、《赵氏孤儿》、《琵琶记》、《牡丹亭》等名著中的一些著名人物崔莺莺、张生、屠岸贾、程婴、蔡伯喈、赵五娘等可多设置相关话题，引发学生兴趣，让他们去查找资料，从作家、时代、性格、作品风格多角度去作出评判，大家各抒己见，这样在课堂讨论的环节自然免不了一番唇枪舌剑，目的不在于得出什么确切的结论，而是让学生们对之进行深入思考。这样一来学生不仅锻炼了阅读分析作品的能力，而且在理论上甚至自身的人生修养境界上都得到提升。其次，还可以用表演的形式让学生直接参与戏曲文本，借以阐发各自的见解认识。比如学习元代杂剧《汉宫秋》，就可以让学生甲、乙、丙三人分别扮作小说中的人物汉元帝、王昭君、奸臣毛延寿，模拟剧中情节进行情景对话，揣摩剧中人物心态，同时充分表达自己的观点，既有意趣又很方便，还能引起全体学生的热情参与，可谓一石数鸟。此种教学模式无疑会打破以往单纯由教师讲授的沉闷的课堂气氛，渗入机趣，能酿造生动活泼的学习气氛，提高学习质量，堪为古代戏曲课堂教学的新尝试。

当然，调动学生的学习积极性还要辅助一些其他的措施和方法，如适当布置一些课外作业，让学生做些作品分析的练习，出一些思考题在课堂上集体讨论，或开展小组合作研讨问题、同桌相互讨论问题，其他如举办优秀自学笔记比赛、最佳心得体会展览，甚至有条件的学校还可举办"戏曲文化节"，进行"戏曲表演月"活动（现实中很多高师院校皆有话剧节，却少有戏曲节），等等。总之要想方设法让学生多参与，多接触，多思多想，让戏曲深入他们的灵魂，从而加强他们对戏曲的关注和爱好。

众所周知，高等教育的改革最关键在于教学改革，具体至高师院校古代戏曲课的教育也是这样。以上关于古代戏曲教学策略的若干探讨，既有笔者的理论思考，也有笔者多年教学经验的心得，思虑欠周之处，祈望方家不吝赐正。

谈古代文学教学中的
"趣"、"古"、"文"

王　昊[*1]

中国古代文学是中华民族传统文化的宝贵遗产，也是普通高校汉语言文学专业最重要的专业必修课之一，与其他课程相比，其课时多、学分高，衡量汉语言文学专业学生素质的一个重要标杆是其古代文学素养的高低。本来，学习中国古代文学是一件很有趣味的事，然而，曾几何时，古代文学对学生的吸引力似乎在减弱，他们渐渐失去入宝山探胜的内驱力。作为古代文学的教育工作者，我们不应该过分强调扩招后学生素质的下滑，而应当从教学者的立场反思，我们如何通过教学方法的改进，使学生感觉到学习古代文学是一件快乐的事，进而每一次上课之前都充满期待、动力十足。我认为古代文学教学要高度重视其趣味性、古雅性、文学性，下面就此进行粗浅探讨，求教于各位专家。

一、还古代文学教学以"趣"

历代优秀作家融入其生命体验、美学理解、人生境遇而创作的各种文学作品，构成中国古代文学的主体，从整体观照古代文学，它既是博大精深的，又是趣味横生的，对历代的读者均有很强的吸引力。学习古代文学本是一件非常有趣味的事，诸多前辈学者都是怀着满腔热情、带着浓厚兴趣将古代文学的学习与研究当作终身追求的事业。为什么现在的年轻学子却缺乏学习古代文学的兴趣？时空的距离、时代的变迁、思潮的迭起、文字的障碍、环境的影响均是重要的原因。

＊　王昊（1972—　），安徽淮南人，安徽师范大学文学院教授，博士，现任安徽师范大学文学院副院长。

但是，从教师的角度反思，板起面孔教学，过于学院化的剖析，忽视教学中的趣味性，这是使学生感到古代文学教学乏味的最重要原因。谓予不信，请看下例：央视"百家讲坛"推出的"易中天品《三国》"、"于丹讲《论语》"等关于古代文学的系列讲座，观众如云，几乎取得万人空巷的效果。其演讲内容结集出版，迅即成为畅销书，印量、销量直线飙升。客观地说，两人的学术素养并不深，为何人气如此之旺、粉丝如此之多？相反，有些在专业知识、学术累积、学界声望等方面远远超过易、于的专家，在"百家讲坛"讲授自己多年研究的专题，课程内容深，学术含量高，播出后却激不起一丝涟漪。两者的强烈反差发人深省，我认为，古代文学教学的第一步是摆脱纯学院式的板滞面孔，以轻松活泼的形式，挖掘出古代典籍中的亮点，引起学生学习的兴趣。

在日常备课和研究过程中，我们能接触到大量的有意思的文献，只要做个有心人，平时留意搜集，分类编排，充分挖掘，用在课堂上都能引起学生浓厚的兴趣。以我所授的元明清文学为例，戏曲、小说等叙事文学在此期蔚为大观，且艺术成就最大。与诗文的教学相较，戏曲、小说的艺术风貌是"显而畅"的，其内容有趣，理解起来文字障碍较少。针对不同的名著可以采用不同的导入方法，引起学生的兴趣。例如，关于《牡丹亭》有许多有意思的掌故，比如演员商小玲演出《牡丹亭》而致猝死，冯小青读《牡丹亭》抑郁而终，甚至林黛玉听《牡丹亭》曲文而心痛神驰。课前将这些掌故略一叙及，即可引发学生浓厚的兴趣，进而产生思考、探究的兴味。再如，讲《三国演义》，可以从有关作品的歇后语导入，先让学生说说关于《三国演义》的歇后语，如"刘备摔阿斗——收买人心"、"徐庶进曹营——一言不发"等，在多媒体上播放这些歇后语，引导学生思考哪些与原著的情节有关、哪些与人物形象有关、哪些与主题评价有关、哪些是在原著基础上的引申发挥，这样就能使学生保持一种浓厚的兴趣，进入比较理想的听课状态。又如，讲《红楼梦》时，可以从文献著录的"红粉"（按：此为笔者对《红楼梦》迷的称呼）掌故入手，我先播放分别记载于乐钧《耳食录二编》（卷8）、陈其泰《庸闲斋笔记》（卷8）、邹弢《三借庐笔谈》（卷11）的三个"红粉"掌故，让学生思考为什么一部小说如此吸引人以致痴迷、沉醉甚至死亡。我还播放记载于光绪年间毛庆臻《一亭考古杂记》中的"奇思妙想"——"莫若聚此淫书，移送海外，以答其鸦片流毒之意"，引发学生思考道学家为什么如此痛恨《红楼梦》，以致将其视为精神毒品。

当然，除了利用有趣的外围文献导入，引起学生的兴趣外，更应该重视文本趣味的挖掘。讲解《西厢记》时，我充分抓住剧本中充满喜剧性的戏剧冲突，起到良好的教学效果。事先布置学生阅读作品，让学生找出作品中比较搞笑、有趣的冲突。如果学生找的内容不完备，就重点引导他们关注那些不该忽略的内容，如果学生找得比较完备，就引导他们充分挖掘其中的喜剧性，如张生"风魔"的种种滑稽表现，莺莺"假意儿"的种种可笑表现，进而引起学生浓厚的兴趣。讲解《西游记》时，抓住其中关于孙悟空、猪八戒喜剧性格的一些情节，也会促使学生带着兴趣去阅读原著。然后适时点拨、启发，这样就会在很大程度上避免学生"身在课堂，心在别处"的现象。与一味枯燥地宣讲，拒学生于千里之外相比，效果是完全不同的。因此，挖掘文学作品的趣味性资料，配以形象生动的讲解，是留住学生的第一步。

二、予古代文学教学以"古"

古代文学不同于现当代文学的一个重要方面是经过时间淘洗的经典作品非常之多，这些经典作品接受了历代读者的品读，在优胜劣汰的丛林法则中保存至今，其经典性是不言而喻的。既然古代文学的经典作品都经过时间的淘洗，与我们之间有遥远的距离，我们应该在古代文学教学中表现出它在这一方面的鲜明特色，即"古"的特色。我认为古代文学教学应当尽量保持古风古韵，尽量重视古人在相同或相似语境中对作品的精到评论。对此，我的具体做法是以下两点。

第一，重点讲解的名著尽量配以古籍书影的播放。

在平时备课的过程中，我非常注意古籍书影的搜集，特别是元明清时期的古籍书影，其中包括各种稿本、抄本、刊本，主要途径是通过国内外各大图书馆、各个拍卖行通过网络对外公布的书影，比如《三国演义》、《水浒传》、《儒林外史》、《红楼梦》、《长生殿》等名著的善本书影，有的是从其他研究书籍中搜寻古代刊本的插图。古代文学教学者都知道，与作品选的讲解相比，文学史相对比较单调乏味，尤其是版本知识的介绍极易引起学生的厌烦。俗话说"百闻不如一见",我在讲文学史的过程中,把自己搜集到的相关书影投射在大屏幕上播放给学生看,配以简要的讲解。事实证明,学生对此是非常感兴趣的。由于国内各大图书馆对古籍善本的"过度保护",专业研究者想要一睹善本的"庐山真面目"都是非常不容易的事,更何况是学生呢?退而求其次,我们采用播放书影的方式,使学生对各种古典名著的原生态有个感性的认识,令其非常直观地了解古代古籍的刊刻的行款、藏书印、避讳等知识,让他们认识到我们现在流行的"图文本"书籍是渊源有自的,其前身即是古代的"绣像本"、"出像本"、"全像本"。特别是《三国演义》与《水浒传》的合印本《英雄谱》,其独特刊印方式引起学生极大的兴趣。这样,在学习的过程中,学生不但理解了文学作品本身的知识,而且拓宽了视野,了解了古籍版本方面的相关知识。另外,古典名著善本书影本身极富美感,它们透露出来的浓厚的古韵古风给人以一种艺术的美感享受,使其对古代的书法、篆刻、绘画、刊印、装帧等也附带性地有所了解,为其畅游于古代人文资源的长廊提供了一个形象的触媒。这在实际教学中也提高了课程本身的附加值。

第二,重点讲解的名著尽量配以古代学人的评点。

关于古代文学名著的研究资料总体来看出版得已经比较齐全,给我们的备课带来了极大的便利。比如《三国演义》、《水浒传》、《西游记》、《金瓶梅》、《聊斋志异》、《儒林外史》、《红楼梦》的研究资料汇编早已问世,各种名著的会评、会校、会注本也已出版,比如脂砚斋对《红楼梦》的点评,闲斋老人对《儒林外史》的点评,毛宗岗对《三国演义》的点评,金圣叹对《水浒传》、《西厢记》的点评,其中洞烛幽微之见不胜枚举,这都是我们备课甚至是研究的宝贵资源。如果在上课中不对这些资料予以充分运用,实在是一种资源的闲置与浪费。上课时,我播放的书影往往是含有评点内容的,学生通过观看,很直观地了解了古代的评点方式,如总批、眉批、夹批等形式。有的朱墨套印本形式非常养眼美观。通过对古代研究资料的梳理,我们不无惊讶地发现,被某些学者自诩为独家发明的见解,古代文人早已有精彩的阐发。所以,上课时我把这些资料播放在多媒体上,请学生阅读判断。通过教学使其认识到,古代文学的研究固然需要借鉴国外的一些文学理论视角，但那只是一种参考不能盲目照搬，因为国外的理论是理论家在西方文学作品中总结出来的，对中国古代作品未必适用，相比较而言，研究中国古代文学作品更应该重视其同时代或年代相近的文人的研究心得，因为毕竟他们对同时代或时代相近作家的作品更有会心，这也应该是古代文学研究中一种正确态度。换言之，强调古代文学研究回归古代历史文化语境的重要性。此外，通过链接古代文人的点评，还有一个重要的作用，即锻炼学生阅读古文元典的能力，考察其古代文学的基本阅读能力，领会古代文人的解读能力，理解其中常用的一些专业术语，为学生自己阅读相关评点图书提供一点必要的帮助。

三、显古代文学教学以"文"

古代文学的经典如此之多，我们不能只让学生知道一些知识性的东西就算完成任务。我们在传授知识的同时，更应当重视理性的分析与阐发。让学生思考为什么有的作品成为经典，其他作品则不能，经典之所以成为经典的理由是什么。具体到古代文学教学中，我们应该深入文本内部，充分重视其"文学性"的分析与解读。按照沃伦·韦勒克《文学理论》中的观点，文学研究分为外部研究与内部研究两大方向，以往的古代文学教学可能是过于重视外部研究了，我认为，在古代文学教学中，我们应该高度重视分析作品的文学性。只有这样，学生才会深切体会到，文学创作的关键不在于"写什么"，而在于"怎么写"，相同的题材有的作家写出来感人至深，有的作家写出来却毫无反响。题材决定论的观点是非常可笑的。

据文献记载，以"高祖还乡"为题材创作散曲的人很多，为什么只有睢景臣的《般涉调·哨遍》成为传世经典，这与叙述视角的选择有密切的关系，通过熟知刘邦底细的乡民的视角来写，既能产生很强的趣味，也突出了讽刺的意味。睢景臣在同题创作中之所以拔得头筹，关键在于对视角选择的巧妙。杜善夫的《般涉调·耍孩儿》（庄家不识勾栏）、曹雪芹的《红楼梦》之"刘姥姥进大观园"等会给人以深刻的印象，也是基于同样的理由。在此基础上启发学生思考其原因，三部作品的共同点是均采用第一次的观察视角，使人获得一种尖新、奇特的感受，这说明创作文学作品时视角的选择是非常重要的，如果换一个相对熟悉的视角就不可能获得这种效果。这样可以使学生明白第一次的视角的选择可以给人一种"陌生化"、"奇特化"、"突出化"的效果。如果换一个人物视角，以上作品的效果会完全不同。让学生试着设想一下：如果不是刘姥姥，而是其他的小姐、夫人入大观园，有没有可能产生现在的效果？

《红楼梦》中为什么会有一种反讽的效果，这种效果是如何取得的？引导学生阅读《红楼梦》中关于贾政与贾宝玉的情节，仔细体会就不难发现其中的反讽意味。只是让学生明白这一点是远远不够的，我们还应该让学生知道产生反讽的原因。此时，结合布斯《小说修辞学》中的经典理论予以分析，学生就会大有收获。这使其明白反讽的产生源于作者故意制造出来的不可靠的叙述者。进而说明，在绝大多数中国古代白话小说中，叙述者与作者的意图是一致的，作品的价值取向是非常清晰的，不存在反讽的现象的。这就需要使学生理解，但是在古代比较复杂的作品中叙述者与作者（或是隐含作者）的意图往往是不一致的，于是产生了反讽。比如《红楼梦》中对贾政等人的叙述就典型地存在反讽意味，叙述者介绍贾政是治家有方之人，但是通过有关薛蟠情节的描述，使我们感到叙述者的态度是极不可靠的。因为薛蟠本来怕被管，不愿意在贾府居住，这一个没有父亲管教的呆霸王本身已经无可救药，结果不得已住进贾府两个月后，比以前更坏了二十倍，这说明什么问题？号称治家有方的贾政根本就没有什么治家的方略。可见，叙述者貌似正经地介绍他治家有方是不可信的，这是"正言若反"。关于贾宝玉，《红楼梦》中的叙述者往往颇多微词，评价不高，实际上作者（隐含作者）对他评价甚高，这也产生反讽，是"反言若正"。再如，《儒林外史》为什么会被鲁迅认为是古代唯一一部称得上"讽刺小说"的巨著，这是因为就总体而言，作者在采用讽刺时是"戚而能谐，婉而多讽"，他"秉持公心，指摘时弊"，控制讽刺的分寸感，不流于人身攻击，相对来说是比较含蓄的。没有攻击某人的怨毒之气，这是它与"迨同谩骂，辞气浮露"的晚清谴责小说的本质差别。《儒林外史》秉持了"春秋笔法"，描述事实而不加任何断语，其中的情感倾向让读者自己去体会。当然，这是总体来说的，在后半部分写到作者家乡的恶劣风气时，作者也用了一些直接热骂之语，失去了应有的冷静，我们使用的《中国文学史》对此的评价是拔高了。

四、结　语

　　古代文学教学应当高度重视趣味性、古雅性、文学性，理想的教学是做到三者有机的融合，偏重于任何一个方面都会导致畸重畸轻的现象，进而影响教学效果。比如过于偏重趣味性，往往容易使教学流于浮薄、油滑；过于偏重古雅性，往往容易让学生产生古代作品缺乏现代性的错觉；过于偏重文学性，往往容易使学生对必要的外部研究方法的重要性产生误解。如何在三者之中保持一种动态的平衡，以达到理想的教学目的，这是现在与以后我们需要持续思考的问题。

高校回归德育之本原的最美平台

——论中国古代文学教学中的德育渗透

袁　茹*1

我国学校教育非常注重德育，尤其在高校设置思想教育专业，培养了庞大的专职德育队伍。随着我国教育的发展，高校培养的大学生随之大幅度增加，他们绝大多数都会成为未来各行各业的中坚力量，影响深远，因此高校的德育建设应更予以重视。但高校的德育却是饱受诟病的一种教育形式，原因何在？怎样增强高校的德育实效性？关键在于究德育之本原，在学科德育方面着力，寻回归德育之本原的平台，认真实践。

一、高校德育之本原错位现象剖析

（一）高校德育之本原错位现象

1. 重视思想政治教育，轻视道德教育

我国传统德育范围包含思想教育、政治教育、法纪教育、道德教育。我国古代的德育包含人生规范、政治规范、日常行为规范、宗教规范等，是因为政治、法律、宗教等社会意识并没有完全从道德中分离出来，而现在的中国已经有完整的政治法律体系，所以德育之本原，即德育最重要的部分，就是狭义的德育——道德教育。思想政治和法律与道德有关，但不是道德，只隶属于广义德育，更不能取代德育的社会功能。因德育本身概念界定并不十分清楚，从小学到高校的德育的重心都是放在思想政治教育上面，高校把思想进步、政治面貌良好作为培养优秀学生的主要标准。而在中小学就应该加强的德育，如诚

* 袁茹（1974— ），安徽灵璧人，安徽师范大学文学院讲师，博士。

实上进、有爱心、有责任心等，这些最本原的德育因在中小学提倡得比较少，在高校不但需要补课，还需要加强。德育的目标是人的道德的养成，成为一个有教养的人、有健全人格的人。目前一些高校开设通识教育课，目的是培养大学生的责任感和修养，就是加强道德教育的初见成效的实践形式。

2. 重视道德的"外养"，轻视道德的"内养"

传统德育的方式很值得学习，传统道德文化的核心是"修身"和"养德"，是强调从自身做起，不断提高个人的内在修养，学会遵守各种日常伦理行为规范，修身是齐家、治国、平天下的根基所在。当前的道德教育却不是从内在修养上强化人的道德行为习惯的养成，而是通过外在力量的约束培养人的道德行为，不注重潜移默化的渗透、积极的引导，人的道德行为很难真正养成。

3. 重视适应现实，忽视德育的底线——求真

高校教育中有一个观点：如果不能改变外界，就要学着适应，才能得到你要的。我国目前的社会现状似乎真是如此，说真话者不如说谎话者更具备社会适应能力。我们的家庭教育也是这样教育孩子从小就要会看人眼色，识趣些，渐渐就扼杀了孩子说真话的本真状态，长大成人后，自然就失去了青年人应该具备的热情纯真，而变得老于世故。或者使"求真"走向一个误区：摒弃德育而追求生存的本能。这样摒弃德育的结果，会使大学生认为只要能谋得职业，不管什么虚假的手段都可以用，道德观、价值观就会模糊。所以回归德育的本原——进行真善美的教育，就显得尤其重要。德育的最低境界是真，最高境界是善，真的善为美。正如陶行知先生所说："千教万教，教人求真；千学万学，学做真人。"

综上所述，道德教育是高校德育之本原，而道德教育之本原是求真，在高校中进行德育建设，首先要抓住德育之关键，目标才会明确，才不会失去方向。

（二）高校德育之本原错位的成因

1. 将德育的政治功能与道德功能混为一谈，重社会轻个人

我国历史上的道德教育将政治的实用要求与道德的理想价值标准、政治的功能与道德的功能都混同起来，使道德的工具价值与目的理想

性价值混同起来。德育中以儒家为代表的中国传统伦理以社会、群体为本位的道德原则，根本任务就在于促进天下的安定和谐。这种社会、群体本位的思想认识，一定程度上存在着忽视个体的独立性、压抑个性等缺陷，导致了个体意识、个性意识、独立人格意识的淡薄乃至缺失。当前高校德育在强调社会需求的同时，对人的自我发展的需求体现不足，或者有部分学生在重社会轻个人的德育背景下走向极端，而变得自私、乖张，误以为这就是个性意识的张扬。因此高校德育的重点依然是放在思想政治、社会规范等方面，德育被狭隘化为政治教育，在一定程度上失去了独立的地位，德育的本原目标——育人的功能就难以真正地达到。

2. 高校德育急功近利，方式简单化

德育是个长期的持续的过程，高校德育机构在德育运作过程中，忽视或违反德育的内在规律，急功近利，要即时的、显性的成绩。某些时间准备抓某方面的德育，就热热闹闹地搞活动，活动一结束，总结报告写完，表彰大会开过，德育似乎就随之结束，使得部分学生不是出于一种良心、德性的需要，而是迫于外力的强制来进行德育，效果就可想而知了。

高校德育依赖或注重于说教、灌输式的德育方式和手段，与大学生的自我实践、自我教育严重脱节，在价值观念上则极易产生功利化、庸俗化倾向，把复杂的德育过程简单化、形式化，使本来丰富的有血有肉的道德教育变成了逻辑严密的道德条目，德育不但不能消解各种迷茫和困惑，反而更加刺激了他们的迷茫和困惑，如有的大学生的入党动机不纯，把作弊和论文作假等视为常事。

3. 学科教育中过于重视规范教育，忽视德育渗透

《国家中长期教育改革和发展规划纲要（2010—2020年）》提出了教育具体的推进思路：德育为先，能力为重，全面发展。高校应社会的需要，过于重视学生掌握生存的技能，把培养学生适应社会即时需要的能力放在首位，很多高校成为职业技术学校，教大学生了解、遵守既定的客观的社会规范、法律、制度等，使德育的价值就局限于使受教育者"社会化"的工具意义。

目前高校即使开设了文化素质教育，但对自然科学的重视程度远远高于社会科学。有关教育部门担心在学科教学方面加强德育会影响

正常的学科教学，喧宾夺主。其实德育始终是渗透到学科之中的，教师在讲解的过程中，通过知识的传授，可以把德育渗透到教学中，达到"羚羊挂角，无迹可求"的效果，使学生感悟到，这应该是德育最好的方式。

4. 高校师生在面对现实社会时存在价值取向的矛盾

面对现实社会价值观的变化，教师和大学生都不同程度地存在价值冲突与迷失。一些为师者，执业只为稻粱谋，失去了知识分子的热情和勇气，也因生活的磨砺，再也不和学生讨论世界观和生命的意义等问题，而变成方法论的专家，教给学生的也只能是简单实用的生存智慧。大学生接受的"胜者为王，败者为寇"的价值观，金钱名利至上，对于世事漠然。漂亮的空话和严谨的套话掩盖了本应属于青年的真性情。没有人生意义的支撑，又变得很脆弱，面对挫折不能自拔。缺少道德自律性，推脱责任。鲁迅曾说："愿中国青年都摆脱冷气，只是向上走，不必听自暴自弃者流的话。能做事的做事，能发声的发声。有一分热，发一分光，就令萤火一般；也可以在黑暗里发一点光，不必等候炬火。"① 目前高校安排很多文化素质教育课的目的之一，是使大学生成为一个有责任感的公民，都是重视到责任感缺失的问题而实践的。

二、为何说中国古代文学教学是 高校德育回归本原的最美平台

高校德育是各级德育机构到各种人文、自然学科合力建设的结果。这些德育平台中，机构德育和人文学科德育效果，各有其佳，没有最好，但有最美。通过比较发现，中国古代文学教学是高校德育回归本原的最美平台。

（一）和德育机构的德育方式相比

宣传部、学生处、校团委、学生会等有关机构是目前高校德育的主力军，主要倾向于思想政治法纪等教育，具体形式以间断性的活动

---

① 鲁迅：《鲁迅全集》（第一卷），人民文学出版社1981年版，第325页。

为主，要即时的效果。活动的目标一般是面向全体学生，到最后一般都是抓典型而忽略了全体。学科德育重在"润物细无声"，最有普遍性和连贯性，至少应与机构德育平分秋色，但明显被长期忽略，违反了德育的规律。学科教育归教务处管理，但该机构把注意力更多地集中在老师是否认真传授知识和防止教师思想偏激等方面给学生不利的影响，使学科德育几无机构可以归属，学科的德育功能的进行唯依靠老师的职业操守与道德。"国外很多著名的理工科大学早已重视对学生进行人文科学的教育。他们的理念是，不学习人文学科就不懂得什么是真正意义上的人，就不会成为一个有价值、有理想的人。国内不少大学也这样做，比如北京大学的理科学生就必须选修一定量的文科课程。"① 实践证明，学科德育有重要性和实效性。

（二）与其他人文学科相比较

1. 与以语言文字为媒介的人文学科相比

高校以语言文字为媒介的人文学科一般分为文学、语言学、历史和哲学。在用语言作为媒介的学科中，都是对语言具有超越性，但唯有文学对语言的超越是在美学的层面上完成的，所以文学比其他用文字表现的学科有更贴近人的情感，因此也更容易为人们所接受。所以相较于哲学的抽象性和逻辑思维、历史的综合性和客观性、语言学的规范性和实用性，文学是象征式的意象思维，更易于引发联想，更有美感。

2. 与以非语言文字为媒介的人文学科相比

高校以非语言文字为媒介的人文学科主要是艺术，包括音乐、美术、影视等。文学比其他艺术更为明晰、更为细致地反映广阔的社会现实和内心世界，且文学比其他艺术离意识形态更近。文风之变，事关国运人心。音乐、美术、影视都存在审美因素，但是文学的审美因素是更深层次的，更能引发人联想，更令人回味。所以文学是内涵更丰富的最美的德育平台。

3. 中国古代文学与现当代文学、外国文学相比

现当代文学的发展是建立在几千年的古代文学的基础之上的，所

---

① 傅道彬，于茀：《文学是什么》，北京大学出版社 2002 年版，第 5 页。

以中国古代文学是中华民族精神文明最早的传承载体，也比现当代文学的内容更丰富。外国文学和中国传统文化差距比较大，不易被大多数国人从心底接受。但国人一直认为外来的和尚好念经，喜欢引进西方的教育模式，而忽视了自己的老祖宗留下来的珍贵的遗产。比如"博爱"就一定要到国外去发掘根基，其实我们老祖宗提到的"老吾老以及人之老，幼吾幼以及人之幼"，就是中国最典型的博爱。1994 年，《中共中央关于进一步加强和改进学校德育工作的若干意见》中就指出："要对学生进行中华民族优良道德传统的教育。"优良的道德传统，基本上是靠中国古代文学作品这个载体来传承的。我国最好的艺术作品就是几千年的文明的精髓——中国古代文学作品。

（三）中国古代文学教学中德育渗透的优势

1. 中国古代文学作品对读者的影响与德育的最高形式高度契合

德育的形式分为显性教育和隐性教育，最高的形式是潜移默化。中国古代文学作品的形象性和美感对人的心灵的净化，对读者的影响恰恰高度契合了德育的最高形式。注重感悟能力培养时，"润物细无声"，摒除了填鸭式的德育方式，所以用中国古代文学来进行德育建设是最符合德育方式的，她喜欢用最美的形象来感染人、影响人，激发人们的思考，所以她是美的德育方式。

2. 中华民族最美好的情感和最深刻的生命体验都集中在古代文学作品里

德育本质上是一种情感教育，一种心灵的触动。而中华民族五千年的道德情操与情感都集中在古代文学作品中。同时中国几千年来的教育存在的误区又集中在虚假伪善的盛行，而目前经过数千年的数万万人心灵的净化选择流传下来的大部分文学作品，却是追求真善美的经典。古代作家都是热情地、真诚地关注时事的，多数作家遭受过贬谪，在当时看来，的确都是不识时务，但是他们都是真实的，是善的和美的，是热情的，是有担当的。他们的生命体验，对后来任何一个善感的人来说都能引发触动和思考。

综上所述，可见中国古代文学教学是高校德育教学的最美平台。如果如此重视古代文学的教学，会不会使其沦落到"万金油"的庸俗地位？会不会引起大学生的反感？关键看怎么做。传统文化的回归也不是提升道德的唯一灵丹妙药，且古代文学作品中精华和糟粕并存，所以要深刻而清醒地认识古代文学，要全面、持续、深入地展开中国古代文学教学中德育渗透工作。

三、如何在中国古代文学教学中进行德育渗透

在中国古代文学教学中渗透德育，目的是把人生的意义或价值引进青年人的视域之内。对成年人进行德育不容易，这就要求首先从大学生的实际出发。

（一）从大学生实际出发，以爱护鼓励为主

1. 循序渐进地缓解应试教育的不良影响，变被动学习为主动学习

在进行中国古代文学教学时，有学生提出要监督背诵，可见中小学的学校和家庭教育养成了他们被动的学习方式。可以适当地缓解应试教育带来的不良影响，指定要背诵的篇目。当前大学生读书少，导致思考少，感悟能力弱。可以把有趣的、有深度的、与古代文学相关的书介绍给学生，要求他们多长时间读一本，跟学生约定时间定期交流读书心得，畅所欲言。时间一长，大学生就会由被动的学习方式转为自觉的主动的学习。

2. 针对大学生的年龄特征，注重平等交流

任何一代青年都会有缺点，国人又喜欢以经验胜人，倚老卖老，所以有时候把年轻人的缺点放得太大，失去客观性。其实当代年轻人身上存在的优点远远多于缺点。他们有主见，思维活跃，敢说敢做，表现很成熟，但心理比较脆弱。作为教育工作者针对大学生这些年龄特征，要充分尊重和理解，注重平等交流，不站在道德的制高点上进行说教。面对他们对当今社会道德低下所呈现的态度，要适当加以激发，使其对社会健康发展充满自信。如文学作品中反映的黑暗现实很多，学生会说现在的黑暗现实更多，并且是"人心不古"。其实"人心不古"，几乎每个时代都在说，说明道德的缺失不是当今社会才出现的问题。随着社会的进步、民主的进步，老百姓发言的渠道日益增多，监督体制的加强，社会会更清明。还可以用一些著名文人的对待人生

的态度，来指导他们如何对待人生挫折。

（二）通过具体作品的讲解有意识地渗透

1. 不同专业教学重点不同

不同专业开设中国古代文学，讲解的重心有所区别。中文专业要加强文献、艺术特点、学术研究等方面的教学，使学生的感悟和思考能力进一步加强。非中文专业则加强思想内容和艺术欣赏，使他们更喜爱古代文学作品并得到启发。如《长恨歌》的教学，在中文专业对文字的解释可以适当加入一些研究成果，如通过"不见玉颜空死处"中"空"字的不同解法来了解作者对杨贵妃之死的看法，可以将学术界对《长恨歌》研究成果归纳总结，激发学生学术研究的兴趣，然后再讲解《长恨歌》的思想意义。而非中文专业的学生不需要对文献学术研究理解过多，可以多从爱情的角度来解说，以李杨之恋的无节制发展导致的结果来发现其中的警戒意义，在人生中该如何把握爱情。再如讲解孟浩然作品，中文专业的可以倾向于平淡之美的诗歌的讲解，可以更全面了解孟浩然诗歌的艺术，而非中文专业只讲一首，可以适当穿插孟浩然面见玄宗作《岁暮归南山》、醉酒失约韩朝宗二事来说明孟浩然的漫不经心、临事不慎，使非中文专业学生对孟浩然有更真实的了解，对自己处世也有启发。

2. 德育与美育相结合，培养学生的感悟能力和审美能力

古代文学对语言的超越是在美学的层次上完成的，所以在德育渗透中注意和美育相结合，严防说教，去除庸俗，注重用美的形象感染人。如利用多媒体教学，使学生对古代文学作品中的审美特征有更直观的认知；通过对古诗词的吟诵，感受诗词本身的韵律之美。

在课堂教学中，可以采取"比较法"，提高学生的审美能力。如山水文学的教学，为让学生更加感悟到祖国山水之美，可以将王维和孟浩然的山水诗或将岑参和高适的边塞诗放在一起比较，看唐代的东西部边塞不同的景物风情。或者注重不同时代作家相同题材比较，如讲解苏轼《水调歌头》，可以把李白和张若虚写月的诗引过来一起思考：不同时代的文人笔下的月有什么不同？在写月时感受有何区别？能否透视出不同的时代风貌？

讨论式教学可以随时穿插在课堂教学中，讨论的问题小而集中，

有利于收放自如。如讲贾岛诗风时，可以其"鸟宿池边树，僧敲月下门"来入手，适当引发学生思考：到底是用"推"好还是用"敲"好？贾岛推敲不定，就是因为这两个字都好。韩愈认为"敲"字好有他的理由，那么用"推"好在何处？有学生认为，"推"字说明这寺门没有上锁，更显破败，和贾岛访幽居友人的荒凉处所以及贾岛的诗风相契合。可以将韦应物的《滁州西涧》另一个版本"独怜幽草涧边行，尚有黄鹂深树鸣。春潮带雨晚来急，野渡无人舟自横"和今流行版本作比较，让学生领悟哪个版本更好。这些讨论可以加深学生对作品的理解，加强学生对经典解读的批判性，促使其主动学习与思考，并提高其感悟和审美能力。

3. 从作品中寻找诗心，给学生展现最本真的生存状态

一个没有诗的时代还能寻找到诗心进行诗意的生活吗？能。当人们觉得世界压力很大而且无聊的时候，恰恰说明我们这个时代是需要诗心的。诗心的回归恰恰是对无聊平庸生活的超越，同时也是人类生活的最本原状态，这样人生才能有意义。海德格尔认为，摧毁世俗的世界，建立诗意的世界，即是从人类的物质世界经过艺术作品进入神性诗意的精神领域。[①] 一个具备诗心的人才是本真的生存者，否则就会被认为是低俗与沉沦。面对世俗的纷扰，能做到坚守自己的理想，不盲从，不随波逐流，不卑下而琐屑地生活，保存内心的纯正美好。而这些，在古代诸多文人身上都体现出来。如杜甫，一生穷困，但没有谁敢同情他。柳宗元，一生困顿，一直都有"独钓寒江雪"的孤傲与坚持。诗意的生活和物质生活的程度高低没有绝对的正比关系。诗意的栖居并不是酸腐的文人生活。清代袁枚认为："所谓诗人者，非必能吟诗也。果能胸境超脱，相对儒雅，虽一字不识，真诗人也。如其胸境龌龊，相对尘俗，虽终日咬文嚼字，乃非诗人也。"（袁枚《随园诗话》卷九）这里的"诗"不仅是诗歌文体本身，关键的是人的精神状态的高雅。诗心的有无成了人和世间其他生灵的本质区别。所谓的寻找诗心，本质上就是要摆脱物质欲望强烈冲击下带来的庸俗功利之心，回归最本真的生活状态。

---

① ［德］海德格尔：《海德格尔诗学文集》，成穷等译，华中师范大学出版社1992年版，第262—263页。

4. 发掘古代文学作品的现代价值，培养文化认同感

在古代文学教学中，可以刻意引发学生发掘其中的现代价值，不仅可以培养学生独立思考的能力，也能从中受到启发。现在来看饱受批判的朱熹修养论的核心"存天理灭人欲"，"灭人欲"，并不是要灭掉人所有的欲望，而是特指那些无节制的欲望和贪欲，"人欲者，此心之疾疢，循之则其心私而且邪"（朱熹《辛丑延和奏札二》）。如今社会中存在的道德失范现象，很大程度归结在人们对金钱、名利过分的追求上。如针对高校学生缺乏社会责任感和历史使命感的现象，通过一些古代作家作品的品读来激发他们的用世热情。孟子的"当今之世，舍我其谁"，李白的"使寰区大定，海县清一"，杜甫的"安得广厦千万间，大庇天下寒士俱欢颜，风雨不动安如山，吾庐独破受冻死亦足"，韩愈"使其道由愈而粗传，虽灭死而万万无恨"的历史使命感，范仲淹的"先天下之忧而忧，后天下之乐而乐"，晚明东林党人的"事事关心"的社会责任感……都会通过形象的作品渗透到学生心底。

网络对诸多极端事例的自由传播，正面的意义是巨大的，真相不再容易被掩盖，但是随之而来的负面影响是很容易让人们对世道丧失了信心，尤其是感性的涉世未深的年轻人。从古代文学作品中看到传统的美德，这应该是弘扬正气的一个平台。同时也认识到，世界本来就不是纯净美好的，需要有责任感的执着的人使正义的力量更强大，更能震撼人心。如孔子的"知其不可为而为之"的坚守，屈原的怒沉汨罗江的悲壮与忠诚，杜甫的"穷年忧黎元，叹息肠内热"的高尚情怀，韩愈的"不平则鸣"的喷发，白居易"是岁江南旱，衢州人食人"的无畏揭露，陆游的"家祭无忘告乃翁"的坚信，辛弃疾"凭谁问，廉颇老矣，尚能饭否"的不屈服，文天祥的"留取丹心照汗青"……

在教学中可以适当运用"平移法"使中国古代文学和现实联系更加紧密。如诸多古代作品中有大团圆的结局，一般以"富贵"为特征。因鲁迅先生从民族心理角度批判过"大团圆"，当今官员腐败现象，使部分学生对富贵、官员的认识持完全否定态度。古今社会的普通百姓对富贵基本上是热衷的，也不需要对此完全嗤之以鼻，现在的行政官员和古代官员性质不同，吏治清明却是每个时代都追求的，不要因为当今社会存在的缺点就失去了用世的热情，以漠视时事的态度学做隐士。如讲到爱情题材的古代诗词小说杂剧，可见古人爱情观是两情相

悦，忠贞如一。可以将古人的爱情观平移到大学生的课堂上来讨论，请学生表达对爱情的看法，有女生表达的观点是只要对方对自己好就可以，其实这是一种廉价的爱情观。因为这种爱情观是把女性放在被动的地位来看待爱情，如果对方对自己好，也可以在一段时间后变为对自己不好，那么爱情就会随之失去，所以两情相悦、互相欣赏爱慕才是真正的爱情。这些对正处于谈情说爱时期的女大学生的爱情观一定会有正面的影响。

中国人对异域文化有天然的认同感和崇拜感，过之则为崇洋媚外，否定传统文化。德育"通过增强人的文化主体意识，从而在文化内部产生一种文化抗变机制，使人们在各种他者文化面前，能以其已形成的主体意识继续保持原有文化的稳定性和连续性，不致在他者文化的冲击下失去方向，导致文化发展中的混沌、断裂与失范"①。文化的核心是价值观，而价值观教育是德育的重要内容与任务。文化的认同感有利于培养爱国情感和不卑不亢的态度，接受正确的价值观，而古代文学教学正是培养文化认同感的主要平台。

（三）提高教师的教学能力和人格魅力

对于成年学生而言，影响他们最大的除了传授知识，关键是影响做人。而这也是德育的最终目标。教师要"有真知灼见；肯说真话，敢驳假话，不说谎话"（陶行知语）。本着为学生负责的精神认真工作，真诚待人，以正视现实的勇气和热情去感染学生，真诚地影响、帮助学生。目前有学生给教师上课打分的环节，偶尔有一些教师为使自己的分数高而刻意迎合，教学内容不充分，联系学生感兴趣的话题时生拉硬拽，或使课程本身陷入庸俗化，这些都是不可取的。

教师的魅力，还在于极强的教学的能力。教师的教学素质与教师个人的思维活跃程度、学术研究能力、创作能力等有关。如适当转换教学视角。汉语言文学专业讲解文学史，一直采用传统"三段结构式"：按照作家生平与创作、思想内容、艺术成就三个层次展开讲授，略显陈旧。有教师试着从文体学的教学视角入手，"在散文教学中，教师梳理出古代散文演进的线索，引导学生从宏观上把握这一历程"，②

---

① 鲁洁：《超越与创新》，人民教育出版社 2000 年版，第 194 页。

② 刘涛：《从文体学发展线索看古代文学教学理念的转变》，《山东理工大学学报》（社会科学版）2010 年第 5 期，第 71 页。

使学生能明白散文的发展是围绕着散体文和骈体文"交互更替、此消彼长"而展开的。还可以用自己的学术研究成果或整合学术界相关研究成果来推动教学，可以采用"板块教学法"，即将某一作品的学术研究整合成一个大板块。如讲解《李娃传》时，可以将有关《李娃传》的研究成果从形象分析、思想内容研究、艺术分析三个角度来归类，介绍每一类论点的论证过程，再提出几个问题供同学们思考：（1）你对李娃和荥阳生之间的感情如何看？（2）如何看待《李娃传》中的亲情？（3）从女性意义的视角来看李娃的所作所为（针对班级中女生占据比例近90%的现状而提出的）。（4）从唐代传奇《李娃传》衍生出来的各类戏曲凸显怎样的爱情婚姻观？（5）你觉得《李娃传》中的艺术哪些最值得欣赏？然后由教师来做归纳总结。这样学生既能对《李娃传》的研究现状有总体的了解，又能认真思考爱情和婚姻观。作为古代文学的教师，一般要会写古代诗词文，可以将班级内喜欢古诗词的学生组成一个诗词创作小组，老师定期参与指导与监督，也可以要求学生将一些古代散文小说加以改编创作，以带动学生对古代文学学习的兴趣。

中国古代文学教学中的德育渗透，目的是加强学科德育在学校教育中的比重，深究德育之本原，使高校德育更行之有效。目前许多高校在加强大学生文化素质课和通识教育，目标是加强大学生的文化素养，成为有责任、有教养的人。这是回归德育之本原的有效实践。如果家庭教育与社会教育都能各负其责，以人为本，学校德育就不会是一个孤立的个体，德育建设必能健康地发展下去。

试论高校教师的师道内涵

吴振华[*1]

高等教育是整个社会教育精英阶层的最高形态，高校教师作为高等教育的主体，应该承担更多的社会责任。高等教育的整体水平已经成为衡量一个国家综合国力的重要指标。我国是一个有着灿烂辉煌的五千年文明历史的大国，进入封建社会后，教育一直作为国家政权和后备人才智力库的重要支撑，而且形成了一整套教育机制和教育理念，有丰富的教育思想资源。实际上，从封建时代的太学（国子学）发展到现代的大学，中国的高等教育一直没有间断过。进入20世纪后，随着近代资本主义社会教育思想和体制的引入，对中国高等教育的发展产生了重要影响。从某种意义上讲，为了与国际接轨，我们的教育体制受西方的影响过大，不尊重中国国情而盲目模仿西方模式的倾向，曾经一度非常严重。近二十年来，随着对现行教育体制的反思，越来越多的有识之士已经认识到，我们的教育理念应该向传统回归，至少接受国外先进机制的基础应该首先是继承本国传统的教育思想。这就是一度人声鼎沸至今似乎仍未消歇的"国学热"产生并持续发展的根本原因。当然，我们认为，只要是人类文明的智力成果都可以作为我们建设中国特色社会主义教育体制的重要借鉴。本文就目前高等教育的一些问题，提出一些个人的看法。

随着"十一五"经济计划的实施，国家经济实力的增强，高等教育进入了空前发展的阶段。一方面，高校规模爆炸性的扩大，到处都在兼并，新建大学城重新整合高校教育资源，形成了很多综合性的高等学府；另一方面，许多在计划经济条件下建立的层次较低的中等专科学校或者中等师范学校，升格为高校；再一方面，就是重新建立一套教育教学质量评估机制，展开了规模宏大的高校办学质量评估活动。这样一来就不得不扩大招生规模，高等教育由精英教育阶段转向了大

---

* 吴振华（1964— ），安徽宿松人，安徽师范大学文学院副教授，博士。

众化教育阶段。在这样的背景下，有两个矛盾就非常突出。一个是教育经费的投入严重不足，我国的高等教育主体是国家教育，公立学校占主体，学校主要的经费依赖政府的财政拨款。财政支持的力度远远不能满足学校在发展过程中诸如扩建新的校舍、购买硬件设备以及建设软环境等需要，教育制度又规定不能向学生乱收费，这就导致了在兼并过程中许多高校为了上规模而负上了巨额的债务，这无疑严重阻碍了高等教育的可持续发展，"负债经营"曾经一度是高校校长的主导思想，现在看来"负债"已成赘疣，"经营"却没有成效。另一个更为严重的矛盾是师资力量严重不足，远远不能满足学校办学的要求，一些层次较低的学校于是不惜重金向教师资源丰富的高校或科研机构引进外聘教师。这本来是一件好事，但由于人才流动的体制方面的各种限制，许多学术成就较高的高校教师，成为脚踩两只船或数只船的新一族打工者，许多人成为这一体制下新的暴发户。这表面上是一些人在目前的形势下赚了一笔不菲的钱，但引出来的是深层次的问题：贫富差距的扩大。大家都为了赚钱而搞学术，而教学。长此以往，势必严重影响高校教师队伍的稳定，导致教师思想素质的整体滑坡。所以我认为，在这样的背景下强调高校教师对"师道"内涵的重新认识具有重要的现实意义。

一、古代师道的内涵

中国古代的教育主要采取师徒传承的方式进行，所以在古代文献中有丰富的有关师道内涵的论述。如《吕氏春秋·劝学》中就说：

> 古之圣王未有不尊师者也。尊师则不论贵贱贫富矣。若此则名号显矣，德行彰矣。故师之教也，不争轻重尊卑贫富，而争于道。其人苟可，其事无不可，所求尽得，所欲尽成，此生于得圣人。圣人生于疾学。不疾学而能为魁士名人者，未之尝有也。疾学在于尊师，师尊则言信矣，道论矣。

《吕氏春秋》是一部产生于战国末期的杂家哲学著作，其思想体系的核心还是以儒家为主。这段引文以古代圣王为论据，提出了"疾

（力）学在于尊师"、"师教争于道"两个重要观点。前者强调尊师的重要性，因为"疾学"是成为圣人的重要途径；后者则强调"师"的最重要的内涵是"道"。尽管对"道"的理解具有时代性，不同的历史时期、不同的文化学术思想背景下，"道"具有不同的内涵，但是提倡"师道"毕竟是中国古代教育思想的精华部分，至今还具有真理性。社会的发展不能离开教师的辛勤劳动，而教师最重要的还是具有高尚的道德修养。

古人重视"师道"，因而提倡"尊师"。如《吕氏春秋·尊师》篇说：

> 君子之学也，说义必称师以论道，听从必尽力以光明。所从不尽力，命之曰背；说义不称师，命之曰叛；背叛之人，贤主弗内于朝，君子不与交友。故教也者，义之大者也；学也者，知之盛者也。义之大者，莫大于利人，利人莫大于教。知之盛者，其大于成身，身成则为人子弗使而孝矣，为人臣弗令而忠矣，为人君弗强而平矣，有大势可以为天下正矣。故子贡问孔子曰："后世将何以称夫子？"孔子曰："吾何足以称哉？勿已者，则好学而不厌，好教而不倦，其惟此邪。"天子入太学，祭先圣，则齿尝为师者弗臣，所以见敬学与尊师也。

古代对老师的尊重是和对父母的尊重同等地位的，因为老师以大义、大道教学生成人成才，教学生尽孝尽忠之道，是维系天下秩序的唯一手段，在这样的背景下，教师真正以教书为职业，感到教书是最重要也是最光荣的事业，因而能够做到"好学而不厌，好教而不倦"。教师的作用得到全社会的承认，教师本人也得到全社会的尊重。不仅天子进入太学，祭奠先圣的时候，以名师没有成为自己的大臣而感到羞耻，而且一般的人也将老师当作自己的父亲来对待。如《吕氏春秋·劝学》篇就借孔子弟子的故事宣扬"师道尊严"：

> 曾子曰："君子行于道路，其有父者可知矣，其有师者可知也。夫无父而无师者，余若夫和哉？"此言事师之犹事父也……孔子畏于匡，颜渊后，孔子曰："吾以汝为死矣。"颜渊曰："子在，

回何敢死?"颜回之于孔子也,犹曾参之事父也。古之贤者,与其尊师若此,故师尽智竭道以教。

对教师的尊重是社会对教师劳动应该付出的回报,而基础和前提则是教师"尽智竭道以教"。换句话说,教师只有在无私奉献付出艰辛劳动的前提下才能得到全社会的尊重。现今的情况则不甚乐观,据说国家以法律的形式规定"教师有批评学生的权利",我对此深感悲哀,虽然我不主张严格的封建时代的"师道尊严",但绝不应该让学生与老师平等到连批评的权利还需要法律来赋予。在这样的条件下,时刻担心会遭遇法律纠纷,教师怎么能够安心地来"传道授业解惑"呢?所以恢复师道是全社会的一项重要任务。

二、对韩愈师道观的评价与认识

韩愈是中国文化学术史上承先启后的关键人物,因此将他的师道观单独论述。他在《师说》中提出了著名的论点:"师者,所以传道授业解惑也。"我们认为:韩愈的师道观中"尊圣人"是与古代观念一致的,《师说》中就是以孔子的言行作为榜样来说理的。古代师道的主要内容有:(1)尊师不论贵贱贫富,有德有道是师;(2)强调疾学(力学)关键在于尊师;(3)师事老师应当如敬畏父亲;(4)说义必称师,不能背叛师门;(5)老师应竭智尽道以教,应好学不厌、好教不倦。韩愈的"无贵无贱,无长无少,道之所存,师之所存也"的师道观,显然是继承古代儒家的师道观念的,但他强调人非生而知之,肯定圣人无常师,将道与艺并举,传道与授业并重,批评当世士大夫不及巫医百工之人,说明他的师道观念具有鲜明的时代批评意义,比古代拘泥于圣人范围的师道观有一定的超越,因而具有进步性。韩愈《师说》中着重强调的中心内容是"道",从师的根本内容是要学"道",那么什么是"道"呢?谢枋得《文章轨范》中分析说:"道者,致知格物诚意正心齐家治国平天下之道。"即是指儒家所谓的士人安身立命之本。对韩愈"道"的内涵的认识,则存在严重的分歧。如清代章学诚《文史通义》认为《师说》是韩愈为当时之弊而发的议论,但章氏否定其价值。章氏说:

未及师之究竟。《礼记》："民生有三，事之如一。君，亲，师也。"此为传道言之也，授业、解惑，则有差等矣。业有精粗，惑亦有大小，授业解惑者为师，固然矣，然与传道有间也。

章氏意谓韩愈师道观念缩小了古代师的范围，而且授业解惑与传道有距离。显然，章氏拘泥于古，未能指出韩愈师道观念的现实批判意义和有意识继承儒家道统的意图。其文化传承方面的积极意义，清代的蔡世远《古文雅正》中讲得较好。他说：

师道立则善人多。汉世经学详明者，以师弟子相承故也；宋代理学昌明者，以弟子相信故也。唐时知道者，独有一韩子，而当时又少有肯师者，即如张文昌（籍）、李习之（翱）、皇甫持正（湜），韩愈得意弟子也，然诸人集中亦鲜推尊为师者，况其他乎？以此知唐时习气最重，故韩子痛切言之。唐学不及汉、宋者，亦以此也。

蔡氏能从文化史视角审视韩愈师道观的现实意义，非常恰当。儒家思想的传播主要是靠师徒相传的，在两汉大盛，但在魏晋南北朝衰落，到唐代就中断了，因此韩愈提倡师道，意图在承接孔、孟的儒学传统，虽然在当时遭到群聚指责笑骂，但在宋明以后却产生了巨大影响，宋明理学就是在很好的传承了这个文化传统的基础上，才发扬光大的。正是在这个意义上，陈寅恪说："退之者，唐代文化学术史上承先启后转旧为新关楗点之人也。"（《论韩愈》）而韩愈在文化史上这个关键地位的建立，其师道观是重要内容。

当然，以今天的观点来看，其师道观不免陈腐。童第德先生在《韩愈文选》中就批评说，韩愈的"道"实际上是"封建的道德伦理，是为当时统治阶级服务、来压迫和剥削人民的道，不是人民自己的道，是有阶级性的"。这种说法是那个特定时代的产物，有点过火。我认为，韩愈虽然在文中将士大夫与巫医百工之人进行了对比，但他并未否定普通的劳动人民，并且肯定了他们虽然在文化精英的圈子之外，但他们却保持了良好的"不耻相师"习惯，与士大夫们"耻于相师"形成绝妙的反讽，其批评的矛头直指文化精英。从传承文化的角度看，士大夫应该是主流，所以他们更应该弘扬师道精神，韩愈对"师道不传"、"师道不复"的深切忧虑，是值得肯定的。时代在前进，师道观念也应该与时俱进，我们中华民族的五千年文明毕竟要靠"师道"来薪火相传，只是要切记：在传承中，我们要将优秀的内容发扬光大，并作出创新和发展。

三、高校教师应该具有的师道精神

高校承担了社会教育的最高层次的重任，因此高校教师应该站在时代的最高层，放眼全球，面向世界，以宏阔的眼光、开阔的胸襟，接受并融化各种新的知识、观念、技能，将之转化成自己的智力储备，再以讲稿的形式传播给学生，塑造出社会需要的合格的人才，实现中华民族伟大的复兴。

我认为，第一，高校教师要树立正确的职业道德观和正确的人生观，要有为人民的教育事业献身的精神，要有百折不挠的意志品质，要有一种强烈的时代使命感和责任感，要真正成为最先进的文明成果的拥有者和传承者。第二，高校教师与中小学教师不同之处在于，高校教师必须具备专家的品质，即在自己所从事的专业，要具备最新的知识体系，要有自己独到的见解。这就需要不断学习，不断吸收新的观念、知识，形成自己的能力。高校教师要不求名利、耐得住寂寞，要有献身学术的精神。如果每一位高校教师都是某一个专业至少是某一个学术方向的专家，那么学生在选择自己的人生方向时，就有了多种选择。第三，高校教师要有熟练的教学技能。孔子就是一个道德学问文章与礼乐射御书数都精通的全能型教师，虽然不能人人都成为孔子，但至少要有"心向往之"的理念。第四，高校教师要紧密地与当今社会联系起来，不能躲在学术的象牙塔里钻研学术，不能脱离社会实际，不能只独善其身，一定要兼济天下。只有自己先融入社会，才有可能最终去改造社会。只有对社会需要有充分的认识，才有可能为社会提供所需要的服务，才能为社会培养出所需要的合格人才。第五，高校教师要有进修意识，不管文科理科，都要主动与世界知识体系接轨，向更高层次学校的名师学习，向同行专家学习，因为"闻道有先后，术业有专攻。道之所存，师之所存也"。只有不断更新自己的知识体系，才能为学生不断提供新的东西。

如果说中小学教育是我们发展的基础，那么高等教育就是我们自立于世界的希望。重视高等教育，发展高等教育，我们才有未来的制高点。在这样的背景下，高校教师应该行动起来，树立崇高的师道观，以昂扬的姿态去完成时代赋予我们的光荣使命。

浅论古代文学的教育功能

潘务正[*1]

当下古代文学的教学，注重审美和娱乐功能，而忽视对学生进行思想教育。为使古代文学在当今社会中发挥更多作用，需在教学中将其与大学生的现实生活联系起来，让他们从中受到思想教育，认识到学习这门课程除了掌握专业知识之外，还能对自己的生活起到一定的指导作用，使古代文学活在当下。

一、古代文学教育功能的依据

古代文学教学注重教育功能，有其必要性和现实性。当今大学生的思想状况决定古代文学教学注重教育功能；而古代文学教育功能的缺失又需要教师对此重视。

（一）必要性

大学生是国家的希望，是民族的未来，担负着艰巨的任务。可是当今大学生的思想状况有些令人担忧。他们中很多人不能正确面对生活，在爱情、学习、交往、事业等方面受到挫折时，或者选择毁灭自己，或者选择毁灭他人，或者自甘堕落，或者颓废沮丧。一些年轻的生命在血淋淋的惨案中逝去，一些生机勃勃的灵魂在风雨中枯萎。云南大学残杀同学的马加爵，中国政法大学弑师的付成励，都是我们熟知的。另据某网站的不完全统计，2004—2007 年在校大学生跳楼者就达 42 人之多，其他如偷盗等事件也屡有发生。这些触目惊心的事件，令每一个教育工作者都痛心疾首，不得不反思我们的教育内容和方法。结合各门学科的特点对大学生进行思想教育也成了当务之急。

---

* 潘务正（1974— ），安徽芜湖人，安徽师范大学文学院副教授，博士。

（二）现实性

面对这种形势，古代文学教学自然不能袖手旁观。这门学科本身就充满教育的特性，从先秦"三不朽"中的立言，到韩、柳、欧古文的"文以明道"、"有为而作"，再到顾炎武的"文须有益于天下"，无不以文学对社会产生作用为己任。每一篇经典作品都对读者产生很大的影响，起到一定的教育作用，无疑是较好的教育文本。可当今我们的古代文学教学现状又如何呢？试看以下两个教学计划便可知晓：

> 通过本课程的教学，应使学生了解中国古代文学发展的概况，掌握有关古代文学的基本知识，能够运用马克思主义的立场观点和文学理论知识阅读、分析古代文学作品，让学生毕业后能够胜任中学文言文教学和借助旧注阅读中等难度的古代文学作品，并具备独立研究某些问题的初步能力。[1]

> 中国古代文学，是中华民族文化遗产的重要组成部分。学习中国古代文学，可以提高我们的文化修养，增强我们的文化素质，还可以加深我们对民族文化与历史的认识，进一步把握民族文化发展的方向，创建新时期的精神文明。[2]

就古代文学学科自身的性质和特点而言，其教学目的应该包括四个不同的方面：文学知识的传授，专业技能的培养，思想道德的教育，审美能力的培养。[3] 以上第一个教学计划关注的是专业知识的传授和技能的培养，第二个教学计划关注的是文化素质和修养，二者对古代文学思想道德教育的重视显然是不够的。

这并非单个现象。可以说，一方面大学生的思想现状要求古代文学教学发挥教育作用，另一方面很多教育工作者忽视了这门学科的教育功能，使古代文学的教学脱离现实，这不能不令人忧心。所以，在当下的形势中，注重古代文学的教育功能应该提上日程。

---

[1]　http：//jpkc. xxu. edu. cn/zhongwenxi/jxdg/jxdg. htm.

[2]　http：//www. xygz. net/web. files/gaozhuanyuzike/renwenxi/jiaoxuedagang. htm.

[3]　赵维江：《中国古代文学教学的审美教育功能刍议》，《殷都学刊》2006 年第 1 期。

二、古代文学教育功能的实现

不可否认，在教学古代文学时，教师一般会对作品的主题内容或作者的生平等知识作介绍；但并没有充分注意到以此对学生进行思想教育，因此在学生的心目中难以留下深刻的印象，教育的效果不太理想。那么，如何实施教育功能呢？

首先，在内容上，古代文学教育功能的实施要有现实的针对性。针对当今大学生思想中存在的问题，需要着重加强以下几方面的教育。

挫折教育。1998 年教育部在《关于进一步加强和改进学校德育工作的若干意见》中明确要求："要通过多种方式对不同年龄层次的学生进行心理健康教育和指导，帮助学生提高心理素质，健全人格，增强承受挫折和适应环境的能力。"当代大学生不能正确面对挫折，做出很多令人发指的事情，加强挫折教育甚为关键。很多古代文学家就饱经忧患和挫折，他们顽强地生活下来，并给后人留下宝贵的文化遗产。如司马迁，在遭受耻辱的宫刑后，他想到了死。"诟莫大于宫刑"，可以说与活下去相比，死对司马迁更是一件容易的事情，忍辱而活不如痛快而死。但他想到历史上的著名人物如周文王、孔子、屈原、左丘明、孙膑、韩非等人，都遭遇到极大的挫折，可都活了下来，最终完成了伟大的事业。正是在他们精神的感召下，司马迁非但没有自裁，反而完成了《史记》。司马迁的经历无疑是最好的教育材料，可以就此引导学生思考如何直面严重的挫折，提高他们承受挫折的心理素质。再如《晋公子重耳之亡》，重耳在被父亲追杀时，没有像他的哥哥太子申生那样自裁而亡，而是选择了流亡。经历十九年的磨难，最终回国取得政权，实现霸业。苦难并没有打垮他，反而成就了他，使他从一个贪图享受、胸无大志的贵公子成长为一个成熟的政治家。正印证了孟子所说的"天将降大任于是人也，必先苦其心志，劳其筋骨，饿其体肤，空乏其身，行拂乱其所为，所以动心忍性，曾益其所不能"。通过这样的学习和引导，让学生认识到苦难的生活能成就一个人，激励大学生勇敢面对生活中的挫折和磨难。

爱国教育。当今很多大学生出国留学之后，就不再回国，造成严重的教育资源的流失，不利于国家的发展。很显然，这和大学生的爱国之情的淡化是密切联系的。古代文学教学可对学生进行爱国主义教育。如苏武出使匈奴被扣押十九年，经历种种诱惑和折磨，但他并没有放弃自己的操守，在极其恶劣的环境中餐毡饮雪，顽强地活了下来，并最终回到祖国，其爱国之情令人肃然起敬。著名科学家顾毓琇先生1923年赴美留学，他没有抛弃多灾多难的国家，于1929年毅然回国，为祖国的科学发展和教育事业做出卓越的贡献。苏武精神的感召对顾先生无疑起了很重要的作用，从他在回国之前创作的历史剧《苏武》中不难得知。又如钱学森在回国之前，经历了长达5年的监视与软禁。但钱老最终克服重重困难而回到祖国，报效国家，他的经历与苏武极为相似，被称为现代版的苏武。可见苏武精神对这些伟大的科学家的教育意义。这正可引导学生认识个人前途与祖国需要的关系，树立坚定而强烈的爱国之情。

爱情教育。大学生正处在恋爱的年龄，树立正确的恋爱观尤为必要。当今一桩桩校园情杀惨案令教师不能无动于衷。古代文学中有很多描写爱情的作品，借助这些作品可以引导大学生理智看待爱情。如洪升《长生殿》和孔尚任《桃花扇》，前者描写唐明皇和杨贵妃沉湎爱情而导致安史之乱的爆发，后者描写侯方域与李香君这对有情人因国破家亡而放弃爱情，双双出家入道。前者将爱情放在国家民族利益之上，结果导致灾难性的后果；后者将个人命运依托于民族国家，当国家灭亡时，个人的爱情也失去其应有的意义。通过这些作品的学习，使大学生认识到爱情并不是人生的全部，美好的爱情固然能促进事业的发展，但爱情的不幸也并非末日来临，人生还有更重要的事情要做。如果为了爱情而不惜一切，甚至像吴伟业《圆圆曲》中的吴三桂那样，为了得到美人陈圆圆而不惜背叛自己的国家和民族，就会犯下不可饶恕的罪行，成为历史的罪人。

通过古代文学教学，还可以培养大学生良好的道德素质和健康的人格等。总之，要利用古代文学中伟大的作家、经典的作品和富有教育意义的人物形象，对当代大学生进行思想教育，充分发挥其教育功能，使古代文学的教学具有当代性。

其次，在形式上，可以采取讨论或论辩等形式加深印象和感受。教师的讲解有时并不能令学生接受，这时可让学生思考，让他们发表意见，谈谈自己的感受和理解。如郭英德先生在教学《窦娥冤》时，设置了一个讨论题，即如何对待人的现实处境与道德持守之间的矛盾。这样的讨论题既可以进一步加深对窦娥悲剧形象的理解，又可以促使大学生理性地思考实际问题。这对他们今后处理工作中的矛盾无疑会产生重要的作用。教师可以根据古代文学作品或文学史的特点设计讨论题，既可以活跃课堂，更能对学生产生教育作用。讨论之外，还可以利用辩论的形式。大学生思想活跃，反应敏捷，根据这些特点，可适当设计一些辩论题促进他们的思考。如对白居易《长恨歌》的主题一般有三种看法：讽喻说、爱情说、双重主题说。可先让学生选择自己支持的观点，并说出理由。其他持不同观点的同学对其点评，阐明自己观点。教师可以因势利导，引导学生讨论爱情和事业的关系。这种方式，能激发大学生发挥能动性，主动获得对作品的感受，不但印象深刻，而且促进他们积极思考。这样的辩论，其教育作用是不言而喻的。在讨论和辩论结束之后，教师还可以布置一些相关的作业，让学生将这些思考条理化、成熟化。

总之，古代文学教育功能的内容和形式是多种多样的，教师要充分利用学科的特点，根据具体情况决定教育的内容和方式。

三、古代文学教育功能的特点

古代文学教育功能的实施不同于思想品德教育或政治教育，不是干巴巴说教，而是通过形象的感染力产生作用。因此，古代文学教育功能具有以下几个特点：

首先，古代文学教育功能是寓教于美与乐的感受过程中，是通过对作家、作品和文学史的分析而产生的教育，是倾向性的教育，而不是直白的说教。因此，在教育时，应将目的贯穿在感受之中，不能强行灌输，也不能要求学生强行接受。要以优美的形象感染人，以深刻的主题熏陶人，以鲜明的倾向性塑造人。

其次，做到寓教于美与乐，需要教师有较高的素质和当下情怀。为了达到教育目的，教师首先对古代文学要有深刻的体悟、独到的见解和一定的教学艺术。同时为了更有效地发挥古代文学的教育功能，要求教师加强古代文学研究的当代性。①

---

① 张炯：《加强古典文学研究的当代性》，《文学遗产》1996 年第 5 期。

最后，古代文学教育功能的实现是一个潜移默化的长期的过程，不是一蹴而就的。因此教师要有长远的打算，不能奢望通过几篇诗词古文的教学就达到改变学生的目的。同时，也不能过高地估计古代文学的教育功能，把改造学生思想观念的任务寄托于文学教学，这违背了这门功课的性质。

当然，强调古代文学教育功能，并不等于用思想教育来代替对它的学习。教师要根据教学内容设计合适的教育主题，并利用独到的研究和分析，潜移默化地对学生产生作用，在学好专业知识和技能的同时，得到思想的教育和人格的培养。这是古代文学当代化的一个部分，也可以在某种程度回击那些怀疑古代文学在当今社会作用的论调。

古代文学教学与当代大学生
健全人格的培育

汪亚君[*1]

中国古代文学是高等院校汉语言文学教育专业的一门基础学科，是学生必修的主干课程。其中的"中国古代文学史"从文学层面形成了中华民族思想性格的成长史；而"中国古代文学作品选"则是历代作家留给我们宝贵的精神财富，它体现了历代文人的人生观、价值观、道德观以及对人类命运的思考和探索，具有不可企及的思想和艺术内涵。因而，这门课有着丰富的内容和特殊的意义。它上下几千年，绵延数万里，有数不尽的风流人物，赞不完的民族英雄。不论是思想的火花，还是生命的顽强；不论是爱情的佳话，还是生活的歌唱，都如薪火相传，从不间断；似江河奔涌，滔滔不绝；可谓取之不尽，用之不竭。治人、育人、为人，国事、家事、心事，应有尽有，叹为观止。它是我们不断汲取的教育源泉。

一、传统文化　文学当家

中国传统文化内容丰富，知识广博，思想深刻，形式独特。广义的文化是指人类社会实践过程中所创造的一切精神财富和物质财富的总和，包括人们的衣食住行、婚丧嫁娶等。狭义的文化专注于精神创造活动及其成果，是指一定社会的政治和经济在观念形态上的反映。作为世代相传的传统文化，它具有传承性、连续性、发展性的特点。

中国古代文学与传统文化有着特殊的关联。文学是现实生活的形象反映，是抒写人类情感世界的重要法宝。由于中国早期的文学没有纯文学，古代社会生活包括政治、经济、哲学等方面的内容，都能通

* 汪亚君（1961—　　），安徽歙县人，安徽师范大学文学院副教授。

过文学作品不同程度地展示出来。所以，人们常说中国古代文史哲不分家，作为中国传统文化主干的儒、释、道三家，就在古代文学作品中得到了充分的解读。

中国文化史上的第一个巨人、儒家学派的创始人孔子，道家思想的开创者老子，以及他们的继承者孟子和庄子都为后世提供了大量的精神食粮，体现他们思想的作品《论语》、《孟子》、《庄子》等正是古代文学必读的经典著作。而被后世誉为"忠则《出师》，孝则《陈情》"的《出师表》和《陈情表》，虽不是纯文学体裁，却成为朗朗上口的名篇佳作。至于文天祥的一身正气、李白诗歌的仙风道骨、杜甫"诗史"的尽忠守节、王维山水诗的空静之美等，都体现了中国传统文化的精神实质。为此，我们有理由说，中国古代文学是中国传统文化的最重要载体，就此而言，是许多学科无法与之相提并论的。

中国传统文化在物质文明高度发达的今天，已经越来越引起世人的重视。有资料显示，孔子学院已在38个国家和地区建立，并且方兴未艾；在中国台湾，由高震东先生创办的"忠信学校"家喻户晓，影响极大；在中国大陆，不少小学开设了"国学"或"四书五经诵读"等课程。同时，在中小学语文教材中，古代文学作品数量的逐渐增多，题材的不断丰富，也说明了古代文学教学与传统文化复兴的必然联系。

二、教书育人　紧密结合

由于受升学率的影响，中小学人文素质的教育相对缺乏。一些进入大学校园的学生以自我为中心，其思想行为远离了传统的道德规范要求。作为高校教师，面对年轻生命的困惑、迷茫、自私、放纵，怎样加以引导和帮助，使他们走出困境，擦亮眼睛，安顿心灵，培养健全的人格。这是"人类灵魂工程师"的职责，是教师义不容辞的责任和义务，教师不仅要教书，更应育人！

固然，大学生的人生观和价值观在中学阶段就逐渐形成，但不可否认的是，他们在大学期间的一切还处在不稳定状态，大学生活和学习对一个人的一生有着决定性的作用和影响。怎样将教学与育人相结合，中国古代文学有着得天独厚的条件，古代文学的人文性决定着其对学生健全人格的培养与完善有着不可替代的作用和深远的影响。

（一）求真务实，诚信为本

真、善、美是人类共同追求的精神境界，而真诚是善与美的基础。早在两千多年前的孔子就明确指出真诚的重要性，他认为"能行五者于天下为仁矣"。"五者"即恭、宽、信、敏、惠。他追求的是"老者安之，朋友信之，少者怀之"（《论语·公冶长》）的理想社会。在"子贡问政"时，孔子提出三条："足食，足兵，民信之矣。"但当子贡询问"必不得已而去，于斯三者何先"时，孔子的回答是"去兵"和"去食"。其理由为："自古皆有死，民无信不立。"（《论语·颜渊》）由此可见，孔子将诚信放到了一个极其重要的位置。

东晋大诗人陶渊明更是一个值得敬佩的诚信者，在《归去来兮辞》中，他将担任彭泽县令的求取理由和得到途径作了最真实的说明，诗人写道："彭泽去家百里，公田之利，足以为酒，故便求之。""亲故多劝余为长吏，脱然有怀，求之靡途。会有四方之事，诸侯以惠爱为德，家叔以余贫苦，遂见用于小吏。""为酒"而"求之"；因时任宫廷太常卿的"家叔"相助而得彭泽县令一职。陶渊明是多么坦诚！然而，它不仅没有降低而是提升了作家在读者心目中的地位。因为，它使我们看到了一个"性嗜酒，家贫不能常得"、为生计所迫的性情者；又使我们看到了一个"忘怀得失"、不事权贵的自由者。所以，陶渊明的诗歌是真正的心灵之声。清沈德潜评价陶诗道："陶诗合下自然，不可及处，在真在厚。"清方东树概括为："读陶公诗，专取其真。"为此，杰出的教育家陶行知提出了十六字感言："千教万教，教人求真；千学万学，学做真人。"可以说，真诚是人格健全的前提，是人性完善的基础。

（二）正直善良，品格高洁

正直是人类追求的美好品质，是社会歌颂的道德风尚。然而，社会上一部分人却本着"事不关己，高高挂起"的态度，多一事不如少一事。对社会不良行为听之任之，缺乏助人为乐、见义勇为的精神。这些必然影响到在校的大学生。怎样培养大学生良好的品质？古代作家作品告诉了我们。在《离骚》中，屈原为实现君明臣贤、举贤授能和修明法度的美政理想而上下求索、九死不悔，决不与邪恶势力同流合污。诗中写道："亦余心之所善兮，虽九死其犹未悔。""虽体解吾犹未变兮，岂余心之可惩！"这种高洁、正直的人格力量震撼着人们的心灵，从而奠定了中国文学史上爱国主义和理想主义的基础。

在《报任安书》中，我们看到了司马迁正直的品格和刚烈的性格，以及为此而触及李陵事件，遭受宫刑之辱的悲剧。然而，作者无怨无悔，决心以"虽万被戮，岂有悔哉"的顽强意志完成《史记》，并提出了"人固有一死，或重于泰山，或轻于鸿毛"的生死观，令人动容，感人肺腑。

（三）关注民生、爱国爱家

一位在国外获得博士学位的数学家曾这样说："传统文化中有许多值得发扬光大的精髓被我们丢弃了，为此，我们缺乏自信，一切都是国外好。所以，我们要大力提倡素质教育，以增强我们的民族自尊心和自信心。"这段话引人深思，目前，大学校园的学生极其崇尚洋节日，对西方圣诞节、情人节、愚人节等的认同与参与程度远远胜过中国的传统节日。不少高校的学子们纷纷走出国门，并在学有所成后留在异国他乡。可以说，他们是中国的精英，是国人的骄傲。然而，建设祖国不仅要有赤子之心，更要靠栋梁之材。怎样培养和浇灌出爱国英才，这是教育工作者的重任，而古代文学的教学有着得天独厚的条件。因为，无数优秀的作家是我们民族精神的化身，是激励学生们爱国情操的楷模。屈原的以死报国、苏武的牧羊不降、文天祥的一颗丹心、陆游临终的《示儿》等等，都具有无穷无尽的感染力和号召力。

爱国必忧民，关注民生疾苦是古代文学作品中的主旋律。"建安风骨"体现了深刻的现实性和强烈的抒情性。作为建安文学的领袖人物，曹操的诗歌被明钟惺誉为"汉末实录，真诗史也"。在《蒿里行》中，诗人写下"铠甲生虮虱，万姓以死亡。白骨露于野，千里无鸡鸣。生民百遗一，念之断人肠"的悲凉之句，反映了汉末动乱给人民带来的灾难和痛苦。值得注意的是，女诗人蔡琰的笔下亦出现"白骨不知谁，纵横莫覆盖"的描写；而被誉为"七子之冠冕"的王粲也在《七哀诗》中写出"出门无所见，白骨蔽平原"、"悟彼《下泉》人，喟然伤心肝"的相关诗句。据史书记载，王粲此时才十七岁。前者是一个柔弱的女子，后者是一个避难的少年，他们如此关注民生、关心国事，让后人感叹不已。

爱国必爱家，家乡的一草一木、家乡的父老乡亲，都让你朝思暮想，都使你归心似箭。王粲的《登楼赋》就抒发了作者避难荆州所产生的强烈的思乡怀古之情，荆州辽阔、壮美、风物宜人，但作者却发出"虽信美而非吾土兮，曾何足以少留"的感叹；谢朓离开京都担任宣城太守，对故乡无限眷恋，他的"有情知望乡，谁能鬒不变"，抒发了多少望乡人的感受。这一切，对现代人越来越淡薄的乡情起到了警醒的作用。

三、展望未来　任重道远

当今社会，日新月异。然而，物质文明的高度发展并不意味着精神文明的不断进步，甚或产生相反的作用。今后，教育工作者将面对众多的挑战，迎接更多茫然的心灵。中国古代文学教学更应从精神方面关注学生，引导他们走上健康之路。

（一）热爱生命，不离不弃

近年来，在高等学校常出现奇怪现象、过激行为。有的学生竟以跳楼放弃年轻的生命，他们忘记了父母的含辛茹苦和殷切期盼；他们学到了丰富的知识，却没有加强自己的素质；他们虽有较高的智商却未能提高自己的情商。他们遇到变故就心灰意冷、自暴自弃，不考虑他人的感受，不接受别人的意见。因而，如何提高学生的人文素质，提高情商，这是当前教育要关注的话题。

怎样对待宝贵的生命，在困难和逆境中不放弃、不抛弃、不绝望、不灰心，中国古代文学的作家作品告诉了我们。不论是屈原还是司马迁，不论是曹植还是陶渊明，不论是苏轼还是辛弃疾，不论是曹雪芹还是吴敬梓，他们在人生旅途中遇到的挫折和困境绝不是一般人所能承受的。但是，他们坚强地面对，艰难地克服着，并以他们的不朽之作发出了对生命的赞歌。陶渊明在回归田园后，家中遭遇了一场大火，加上战乱、水灾，生活陷入困境，"夏日长抱饥，寒夜无被眠"（《怨诗楚调示庞主簿邓治中》），可谓贫病交加。在残酷的现实面前，诗人没有被击垮，而是以悲天悯人的情怀为天下人寻找"乐土"，并为此写下

《桃花源记》，表现了对理想的探索与追求。

（二）珍惜爱情，忠贞专一

爱情是美好而伟大的，也是纯洁而专一的。怎样对待爱情，体现了一个时代的道德风貌。发生在大学校园里的爱情故事更应该是真诚而浪漫、值得无比珍惜而回味无穷的。令人担忧的是，少数大学生抱着游戏的态度对待爱情，他们不是慎重地选择而是狂热地追求；他们不是理性地分手，而是剑拔弩张，鱼死网破。他们亵渎了爱情！

实际上，爱情是一首古老的歌，早在第一部诗集《诗经》的国风中，就有三分之一的爱情诗篇。它们不仅内容丰富，从不同侧面反映了青年男女在爱情生活中的忧喜得失以及各种情景和心理，而且感情健康强烈，格调清新明朗。无论是热恋还是失恋，情感的激动都不能使之丧失理智，有欢乐而没有狂热，有悲伤而没有绝望，可谓"乐而不淫，哀而不伤"。如《周南·关雎》中"求之不得，寤寐思服"的不懈追求，《卫风·木瓜》中"匪报也，永以为好也"的真诚告白，《郑风·子衿》中"一日不见，如三月兮"的刻骨相思，尤其是《郑风·褰裳》中姑娘发出的"子不我思，岂无他人？狂童之狂也且"的心声，多么自信、自尊！多么洒脱、淡定！让今天的人们发出深深赞叹。

仅此就足以说明中国古代文学的教学与学生的爱情观、人生观有着密切的联系，只要教师善于引导，就能起到潜移默化的作用。此外，汉乐府民歌《上邪》中的"天地合，乃敢与君绝"、李商隐的"春蚕到死丝方尽，蜡炬成灰泪始干"、秦观的"两情若是久长时，又岂在朝朝暮暮"等，都显示出爱情的生命力和感染力。

（三）辩证思维，豁达乐观

中国古代哲学有着丰富的辩证思想，仅在《老子》一书中就有"美丑相依"、"有无相生"、"长短相形"、"难易相成"、"祸福相依"等对立统一的辩证观点。《周易·系辞上》曰："阖户谓之坤，辟户谓之乾，一阖一辟谓之变，往来不穷谓之通。"正如门的开关，或成阴，或成阳，由此产生变，阴阳变化，无穷无尽。这一辩证思维形成了中国文化的以和为贵、贵和尚中的原则。无疑，它直接影响了中国古代文学的众多作家。

　　苏轼就是这方面的典型代表。他的一生大都在受贬抑中度过，他在被贬至黄州时写下的《赤壁赋》中，以"变"与"不变"的辩证思想自我安慰、自我解脱。"盖将自其变者而观之，则天地曾不能以一瞬；自其不变者而观之，则物与我皆无尽也。"全文从"乐"到"悲"，最终以"喜"结束，表现了豁达乐观的人生态度、随遇而安的处世哲学。

　　如今，在就业压力大、理想工作少的情况下，一些学生的心理承受力有限，看问题比较片面，一旦受挫，就会郁郁寡欢、自我封闭，影响学习和人际交往。这就需要教师在教学中联系实际，有的放矢，引导学生从古代作家作品中寻找答案，感悟人生。

　　综上所述，中国古代文学教学对学生健全人格的培养不是说大话、空话，而是脚踏实地，用心传递。它如春风化雨，润物无声；似春花秋月，美丽神圣。它是心灵的感召和净化，是情感的舒张和飞扬。古代文学教学中的经典内容不仅仅是过去，更是当代大学生成长的一面镜子，它有着广泛的现实性和指导意义，值得我们去进一步探讨和研究。未来之路宽阔而漫长，让我们携手同行，去迎接最灿烂的阳光！

不可无功利　不可唯功利

——兼谈非中文专业"中国古代文学作品选读"课的教学特点

袁　茹

在进行中国古代文学的教学时，特别是在非中文专业（如新闻、广告、秘书、对外汉语专业）讲授"中国古代文学作品选读"时，常有学生问到，这门课有什么用？或者说我们这个专业为什么要学古代文学作品？

这个问题不太好回答，主要是因为中国古代文学课不是以功利为目标的学科，不是以"有用"和"无用"来作为评判标准的学科，而学生以功利的角度来衡量它。学生问的目标很明确，言外之意就是，有用就要有看得见摸得着的实惠，就要它带来直接的对我有利的效果，再直接点儿说，它能否快速地帮助我找到工作？获得金钱？

我的回答是：不能。但是在你找不到工作或者遇到挫折的时候，它能起到金钱起不到的作用。中国古代文学作为中文和非中文专业的基础课，这门课是有用的，就是说开这门课的本身有功利的因素，学习的时候所采取的态度是：不可无功利，不可唯功利。

承认中国古代文学课的功利性，是否会使这门课陷入庸俗的世俗化的泥沼中去？问题的关键是处理在这门课中功利的成分占多少的问题。承认这门课的功利性，总比不愿意承认功利性要客观。

一、认识到古代文学本身存在功利与无功利

文学本身是审美的，审美在其直接性上是无功利的。所以从审美的角度上说，文学往往是无功利的。作家在创作某些文学作品的时候，一般没有直接的实际目的，不是要乞求直接得到现实利益，读者在欣赏的时候，获得的是审美的感受，确实排除了一切其他的理性的价值判断，排除了任何利害关系，是一种对观照物主观化的感受，因此，

· 127 ·

审美不直接指向功利性。古代文学作品，特别是诗词中，很多都是作者抒发自己丰富的情感，读者在阅读的时候，主要获得的是情感的浸润、升华、共鸣，是纯粹的审美，显然是无功利性的。

古代文学的功利性，又是谁都否认不了的。第一，纵观中国古代文学史，汇聚了中国几千年的精粹的文化遗产，每个时代的作家都是那个时代的智者，他们的哲学思想、政治态度，人生哲学、创作艺术，对于后人都是智慧的启迪。学生们接触到的古典文学作品都是以表现真、善、美为旨归的，都是对于社会和人生的认识，是诸多仁人志士智慧的结晶。这些作家作为我们的先辈，他们的智慧肯定是值得我们学习的，所以从古代文学作品中，能得到智慧，这就是这门课体现出来的功利性。第二，古代文学理论中一直强调的是"文以载道"，强调的是文学的社会性。古代文学作品中确实体现出作者关注现实的程度之深，同时也体现出来他们的人情世故。"世事洞明皆学问，人情练达即文章"，这是很多人心里认可但也是常常遭到批判的两句话。之所以如此，是因为很多人对于文学的认识是无功利性的。但毋庸置疑的是，古代文学作品的很多作者是博学的人、智慧的人、阅历多、通达人情世故的人，他们对于世事的洞明是一般人无法比的。作家也是生活在社会中的人，他们的作品就不可能与现实脱离开来，他们的作品中就会有功利性。古代文学史是人类情感的积淀，而形成这些文学史的主要是作家的作品，他们对于世事的认识与情感体验，都会反映在作品中，后代人读来自然会有一定的启发。如苏轼，他的文学修养，后人唯有望其项背而再不能有与其比肩者，他的诗文才华横溢，文采斐然，但是他的文章中也能看到他的世事洞明，人情世故。如为滕甫作的《代滕甫辩谤乞郡状》，是在滕甫原来的幕僚王莘所作的《陈情表》的基础上修改的，他认为王莘的《陈情表》中说了很多没有抓住要害的多余的话，文章的意思是"引罪而乞宽司僚"（《与滕达道书》），最终招致原来的无罪成为有罪，"遭司根鞫捃摭微琐"，给诽谤滕甫的人抓住把柄，所以苏轼认为王莘《陈情表》中的一些内容"于义甚善"，言下之意就是"于文不便"，不好用文字写下来。结果，苏轼的《代滕甫辩谤乞郡状》为"神宗览之，释然"（苏轼《故龙图阁学士滕公墓志铭》），不相信诽谤者横加在滕甫身上的罪名，滕甫得以解脱，乞郡湖州成功。第三，古代文学作品选中多是古人创作的精华，即使我们今天使用了白话文，和文言文的表述方式很不相同，但是写文章的艺术方法还是继承古文，与其一脉相承。作为中文和非中文专业的学生，毕业后从事的工作部分是进行文字工作的，从古代文学作品中学得文章作法，应该是最直接的功利。第四，从最广义的功利的角度来看，即使是把文学作为纯粹的审美过程，即审美这一整体本身，也是具有一定功利性的。审美是满足人精神需求的活动，人的需求只停留于物质会使生活变得空虚，一味追求品位低劣的精神需求会使人变得低俗，所以，在从这一层面上来看，文学的审美具有功利性，特别是古代文学的审美过程，是一个高雅的审美过程。

对于中国古代文学课的功利性存在与否，似乎没有多少激烈的争论，但是在古代文学的教学中，还是或隐或显地体现出来的。如章培恒主编的《中国文学史》，主张"回归文学本位"，有意回避文学和社会的联系，突出文学艺术的审美特征。而袁行霈主编的《中国文学史》，又对"文学本位"刻意突破，使文学史中包含了经学、史学、哲学、道德等层面的内容，注重从古代文学的学习中获得这些丰富的内容，很难说不是功利。将文学拉下圣洁的文坛，走向世俗生活，也是目前传播国学中的一个特点，"百家讲坛"的例子就可以证明。目前的古代文学教学中，有些教师也是如此，过分的世俗化，有时候又将文学的功利性强调过多，所以会引来这样的担忧：一旦对功利性不加节制，会不会造成传统文化因为世俗化而遭到扭曲？针对这样的问题，我们就要强调：不可无功利，不可唯功利。

二、怎样做到"不可无功利，不可唯功利"

要想达到这样的标准，就要对教师的教学提出严格的要求。首先在于教师应该怎样看待这个问题。在教学中要以审美作为主要的目标。古代文学作品中，特别是诗歌，多是在抒写着他们那个时代的美好情感，人生到底有什么意义？逐渐锻造美好的人格，应该是人生意义中重要的方面。而这些，在目前饱受各种文化冲击的时代中，面对智商很高而情商相对比较低的局面，具有实践意义。

相比较而言，现在的学生情感是丰富的，他们比起以前的大学生，突出的表现是擅长充分地直接地表达他们的情感，这是进步。但是他们的情感构成还是有一定缺陷的。比如很多独生子女对于亲情的看法，比较自私。年轻人对于爱情的看法，相对来说比较随意而肤浅。如何能从古代文学作品中发现美好的情感，引起学生对真诚情感的重视，这也是学习古代文学重要的意义之一。"以情感人，以情动人，是文学的智慧启迪的要义。"但是要想真正把作品中的情感传达给学生要他们接受，除了他们自己的领悟外，还是需要教师自己首先感动自己。往往在教学的时候，老师能通过作品讲述感动自己的情感，学生都会很容易接受。

注重要求学生向古人作品中寻找智慧。我想智慧的老师将学生的求知思维引到从古典文学中寻找智慧的轨道上来，学生将不会苦思冥想：学古代文学有什么用处？加点字词该怎样解释？如何背诵这篇古文？关于不同专业的教学问题，应该是各有各的特点。如非中文专业的学生，可以不必在学术性上面要求过高，主要是让他们探讨古人的思想情感，学习如何对待生活等问题，再注重和本专业的有关内容结合起来，激发他们的兴趣。例如，在上新闻班的古代文学作品选读时，先用半堂课的时间讲如何"向古人学习智慧"的内容，考试时候也以此为话题，让他们结合本专业的特征谈谈学习古代文学的意义，结果不管他们有没有绝对认可这个观点，总体上认识还是积极的、正面的。不过，寻找智慧的问题，主要不是强制学生去接受这个观点，最重要的还是注重在平常的教学中加以引导。我想现在的学生面对的是铺天盖地来自各种媒体的巨大信息量，了解的书本内容比实际生活阅历要多，人生观和价值观都很有个性，但是在处理问题特别是情感问题的时候会有偏差，古人的一些智慧就值得学习。如苏轼的面对挫折的态度，备受打击却没有失去生活的勇气，仍然能很宽厚，没有因为受到打击而变得尖酸刻薄，失去生活的乐趣与信心。另外，古人在作品中表现出来的社会价值高于个人价值，这在目前注重个性的学生群体中应该是引起重视的。因为有的学生过于注重个人价值而忽视了社会价值，从而使眼界心胸变得狭窄，通过对古代文学作品的学习，可能会有所启发。还有关于作品的艺术特色的分析，有时候学生不是很感兴趣，如果能把这些和他们的专业结合起来，就能提高他们的兴趣。比如春秋笔法对于新闻广告专业学生的创作意义很大。笔者在教学中注重用古人的智慧来影响学生，目前除了在关键的地方进行说教外，还没有更好的办法。怎样做才能更好？还在进一步考虑中。

关于提高为师者自身素质的问题，关键是认清教学和科研关系的问题。尽管目前的高校对于教学和科研能力的评判不是很客观，但是我还是坚信，科研能力好的教师一般教学能力比较强，一般都会得到学生的喜爱。科研好的教师一般思维比较开阔，对一些问题喜欢钻研，角度也很新颖，我相信他们的教学也会随之受到有益的影响（特殊情况者除外）。所以注重教师的科研素质还是非常有必要的。另外，关于教师的素质，还是需要老师的大力付出，一堂课备课的工作量很大。对于上了几轮课的教师，如果不愿意大力付出的话，完全只要在上课之前熟悉一下以前的教案就可以了，如果目标是让自己上的每一节课都有吸引力，备课还是非常辛苦的。

关于重视学生学习现状的问题。时代在发展，教师和学生之间不可避免要产生代沟，会有很多教师对于学生重视功利、诚信度较低等现象很是不满。学生在学习每一门课的时候，首先考虑到的是：我学这门课容易拿到学分吗？我学这门课有什么用处？平时作业喜欢偷懒，更有甚者直接上网下载应付差事。现状如此，该怎样对待？是不是去一味指责？当然不可以。擅长发现当前学生身上的优点，因材施教，才会有利于教学。我在教学中就遇到关于学生诚信度的问题。布置期中论文，之前千叮咛万嘱咐要学生不要到网上下载完事，但是还是有很多学生这样做。我当时很生气。期末考试的时候我就出了一道题，让学生把自己的期中论文用几句话总结出来，结果做得都不太好。但是这样的做法只属于小聪明，还不算是智慧，因为这样做很容易引起学生的反感，觉得当老师的是有意地在惩罚学生，最终不能起到警戒的作用。所以事后我也觉得很无奈，觉得还是在充分信任学生的基础上，老师要发挥自己的智慧，从源头上制止这种行为，使学生认识到讲究诚信的重要性。目前，我还没有想出更好的办法，但是我相信，一旦这种观念形成，我就会尽力去做。

关于目前有些学生对古代文学不感兴趣的问题，我想不能再纯粹用 70 年代、80 年代、90 年代大学生喜爱学习钻研的情况来和现在的学生一味做比较，重要的还是面对现状该怎样做，怎样提高学生的兴趣。老师自身的素质还是比较重要的。康震教授提到的新角度，对我也很有启发。在我们一味埋怨学生的时候，还是要把一些目光放在自己身上，反思一下，怎样让学生思维不僵化，首先注重教师不能有因袭性思维，而这一点，也是为人师者智慧的一种体现。

韩愈说："师者，所以传道、授业、解惑也。"能解他人之惑，当有优于一般人的智慧。为师者，当不怕辛苦，努力钻研，先注重培养自己的智慧，才能更好地启迪学生的智慧，更好把握"不可无功利，不可唯功利"的标准。

目前大学生面临的诸多问题非常严峻的情况下，仅仅凭借这一门学科来改造或者改变某些关于人生观、价值观，力量是很微弱的，但是作为中国古代文学的教师，在工作中，不管能给学生几滴水，自己要拥有的一定要是大海。

文学教育:中学与大学该怎样递进

吴 微[*1]

从古到今，文学教育的最佳养成期在于青少年时期。因而，小学、中学与大学成了期待视野中的关键落点。如何养成？各阶段的途径、目标如何？这些自然成为教育界"百家争鸣"的聚焦所在。观照当今中学与大学文学教育现状，尽管可圈可点之处很多，但突出存在两大问题：一是大多数学生高中毕业后，不能写出一篇明白晓畅的像样文章。二是大多数文科（主要指文史专业，下同）本科生毕业之时，难以写出一篇合乎学术规范、有新见、有思想的像样论文。长期以来，这成为中国文学教育的隐痛。有识之士就此多有论述，见仁见智。不过，根据我的体察与思考，认为，之所以出现这样的尴尬，主因就在于中学与大学的文学教育分工欠明确，功能未厘清，造成"夹生饭"难煮熟的困局。

在我看来，文学教育大致应分为两个层次：第一层次为兴趣培养与技能训练，第二层次为素养提高与情怀培育。前者应该在小学、中学阶段完成，后者则主要得力于大学的培养。在激发与保持孩子学习兴趣的前提下，全力完成听说读写四种语文能力的训练，显然是中小学语文教育的基本任务。其实，真正练好四种基本技能，实属不易。仅以写作而言，写出明白晓畅的文章，并非易事；背诵、阅读经典范文，掌握写作技法等，都是必备的"童子功"。除天才外，绝大多数孩子养成此种能力，需要一个漫长的、渐进的学习成长过程。但只有在夯实基本技能的基础上，进入大学，才能方便和快捷地进行文史哲各科的知识储备和学术研究的修行，进而具备相应的眼光、识见和趣味，成为有思想、有抱负、有情怀的人才。于此，学校阶段所承担的文学教育任务，才算大体完成。

---

* 吴微（1964— ），安徽含山人，安徽师范大学文学院教授，博士。

如此说来，中学与大学的文学教育就应该分工明确，各逞所能，其现状若干方面因此需要调整：

一是中学语文课本应该继续完善。尽管现行的中小学语文课本，比较成熟，水准较高；但主要弊病是缺乏趣味性，选文过杂、过深，过于强调人文性。以人教版高中《语文》（必修）课本为例，诗词曲赋、古文骈文杂文、小说戏剧等，无所不包，俨然成为中国文学史简编；虽然文备众体，却是蜻蜓点水，走马观花。其选录的古代作品大半为大学中文系"古代文学"课程必授篇目。如《窦娥冤》、《报任安书》、《离骚》等。其深度难度，大学生理解起来，都非易事，中学生何必白费工夫！而单元组合以人文性编排，过于偏重"义理"灌输，超越了中学生生理和心理的接受能力。当代中学生，课程多，需要学习掌握的知识技能很多，时间精力有限。如此，让他们去理解、掌握中国两千年文学精华，不切实际。不如集中六年时间，背诵、精读历代有趣、浅易、有意蕴的诗文，反而易使学生获得更多的传统文化信息。至于文学鉴赏力和人文情怀，这些需要更多学养和阅历才能培育而成，对于中学生而言，应当适可而止。陈义太高，期望太过，反而降低学生的学习兴趣，效果适得其反。而扎扎实实地强化四种语文基本技能，才有望更上层楼。

二是写作训练应该加强。中学生是写通文章要紧，还是掌握知识重要？我以为无疑是前者。中学语文不同于其他学科，主要在于它无需多少创新、探究。相反，只要学生踏实、大量地背诵阅读，掌握写作技巧，写出清楚、通顺的文章，就应该视为成功。毕竟，写作能力是中学生听说读写中最核心、最关键的技能，全力培养，理所当然地成为语文教师最大的责任，也顺理成章地成为中学语文教学的核心任务。因此，在我看来，中学语文课应以写作为中心，课文讲解和字词句、文法、文学史等知识的传授应为写作训练服务。作文训练应以散文为主，主要操练记叙、说理、调查报告、科技文等文体。作文评判标准则以切通事理、平易畅达为尚，不宜偏重"义理"。纯真的中学生，绝大多数写不出深刻的"文道合一"篇章；而过分追求习作的"意蕴"、"情思"，只能滋生他们说话、作文假大空的恶习。矫情文风，为害甚大。

三是大学文学传授，需要突出探究性、人文性。现在的大学文学教育，有两大问题亟须解决。其一，大多数在读本科生读写能力较弱，相应的思维习惯封闭单一，因此，师生不得不花大气力加强类似的基本训练。应该在中学完成的任务迁延到大学，就不能充分发挥高等教育的优势和旨趣。其二，大学文学课堂，虽然有 PPT 等现代化教学手段，但教学模式基本上仍然沿袭教师讲授、学生记笔记的传统套路。重知识灌输，轻启发探究，缺乏研究与思想的氛围。如果说，第一个问题主要靠中学解决，那么，第二个问题则完全在于大学自身的改革。文学作品选课程，不少大学生反映与中学语文课差不多。之所以如此，就是因为一些教师把作品讲解理解为单纯的文学鉴赏。20 世纪早期，鲁迅在北大讲授"中国小说史"，在知识传授之外，更是对"历史的观察，对社会的批判，对文艺理论的探索"（冯至语）。兼及思想与文化，显然是大学文学教育的特点和优势。因此，大学文学教育，应该是学术性高于知识性，在给予学生审美教育的同时，偏重学术素养的濡养，探究精神的倡扬；着意于培养学生的创新意识和人文情怀。唯有如此，才能培育出合格的大学文科毕业生。

一言以蔽之，中学应着重兴趣技能之工具性，大学应着力素养情怀之人文性，如此分工与衔接，才能使学校的文学教育得以落实和强化。

中国古典散文教学与中学语文教学接轨研究

叶文举[*1]

本文所要谈论的一个核心话题是关于大学阶段与中学阶段教育有机衔接的问题，也是大学教学如何为中学基础教学服务的一个课题，带有实践运用性质。而涉及具体的研究对象就是中国古典散文教学。笔者从自身的教学实践出发，主要从以下几个方面讨论此课题。

一、研究背景及其现状

此课题主要是基于当下汉语言教育专业培养目标及中国古代文学教学的现状提出的。目前大学古代文学教学主要存在以下一些特点：

（一）汉语言文学教育本科专业的培养目标和教学内容联系不够紧密

众所周知，汉语言文学教育本科专业主要是为了中等基础教育培养语文教学人才，而就目前我校"中国古代文学史"和"中国古代文学作品选"课程教学大纲的制定来看，竟无一字提及要为中学语文教学服务。大学教师在具体的教学过程中，一般也没有明确为此目标培养的意识，即我们的本科生在大学学习的过程中需要积累哪些关涉中学语文古代文学教学的知识。

（二）古典诗歌教学过度重于古典散文教学

就一般文学史家对中国古代文学特点的认知，大抵都认可中国是诗的国度，正因如此，大学古代文学教学中古典诗歌（更宽泛意义上

＊　叶文举（1974—　），安徽天长人，安徽师范大学文学院副教授，博士。

可指向韵文）教学的比例超过古典散文的教学，这当然可以理解。但中国古典诗歌与古典散文教学课时的比例严重失调，难免就有轻视中国古典散文教学之嫌，如魏晋南北朝文学基本上只讲诗歌，而不言散文，这和中国古代文学史上古典散文的实绩也极度不相称。但是中学语文教学中的古典散文篇目所占比重本身就不轻，据统计，已经超过了古典诗歌的篇目。中学古典散文和古典诗歌教学篇目（课外古诗文背诵篇目除外）具体统计数字见表1（以人教版新课标语文教材为例，其中高中语文教材必修课只有五册，选修课不计在内）：

表1　中学古典散文和古典诗歌教学篇目具体统计数字一览

篇　目　　文　体 教　材	古典散文（篇）	古典诗歌（首）
七年级语文上册	7	5
七年级语文下册	6	1
八年级语文上册	10	7
八年级语文下册	8	10
九年级语文上册	8	5
九年级语文下册	9	2
高中语文第一册	4	0
高中语文第二册	5	8
高中语文第三册	6	9
高中语文第四册	7	11
高中语文第五册	6	0

由表1可知，中学语文教学中古典散文合计为76篇，古典诗歌合计为58篇。古典散文教学篇目的比例大于古典诗歌。如人教版新课标语文教材七年级下册文言文中选录了《伤仲永》、《孙权劝学》、《狼》等6篇古典散文，而只择取了《木兰诗》1首古典诗歌。甚至高中语文第一册和第五册都没有选录古典诗歌，这里固然有教材编写体例的原因，但也透露出现行中学语文教材对古典散文的重视。因为绝大多数中国古典诗歌是以意象取胜的（这与中国古典诗歌大多是抒情诗的特点有关），其个性主要表现在情感和审美上，在语法上并不严谨，甚至

许多古典诗歌为了对偶、押韵，都背离了基本的语言习惯，故而从培养学生的言语能力来说，中国古典诗歌当然并不是最好的范本。

（三）方法论轻于知识论

教学之较高境界毫无疑问是授之以渔，而不是授之以鱼。而目前，大学古典散文的教学绝大多数情况只是按照时代的先后顺序就单篇散文的具体思想艺术进行讲解，却基本上不传授如何解读同一题材类型或体式古典散文的方法，如此施教的后果是很多同学在阅读其他古典散文篇章时，又不知如何下手，这样培养出来的学生去从事中学语文古典散文教学的效果可想而知。中学基础教育第一线的老教师经常感叹，现在分配来的新的语文教师如果离开教学参考用书，不知道如何备课，古典散文教学尤其如此，这与他们在大学教育时很少接受必要的古典散文阅读方法的训练有一定的关系。

（四）文学性阐释和文字内容解析协调不好

中国古典散文由于特殊的文化传统，绝大多数散文应用性较强，纯粹意义上的文学散文较少，特别是上古散文在文字上又和近古语言差异较大。于是我们在古典散文教学中经常处于这样一种困境（当然这里还有课时较少、时间紧张等客观原因）：文字解读和文学性阐释该如何协调。重视前者，则可能流于古代汉语知识的讲授；重视后者，则易于趋向浮泛，失去古典散文文学性的深刻感受。

（五）古典散文教学难度大

如上所述，中国古典诗歌，主要是以抒情诗为主，故而多以意象取胜，学生一般都能体味。相对而言，中国古典散文的教学首先在文字理解上就是一个难关；更重要的是其常具有深厚的文化底蕴，甚至文史哲不分家的情况也时常存在，体现出很大的文化综合性，这对于学生理解文本是具有较大难度的。如关于《庄子·逍遥游》，如果我们不能阐释清楚"逍遥游"思想的基本内涵，就解读其是如何通过"寓言"的方式来表达"逍遥游"思想的，同学们是很难理解的，因为"寓言"的寓意（如鲲鹏飞越南冥、列子御风而行、尧让天下于许由等寓言）和"逍遥游"本身的思想内涵之间有深刻的内在联系，不能理解后者就难以知晓前者。而当下由于高考制度，学生的基础水平普遍下降，如何在大学教学中使本科生阅读和欣赏中国古典散文的能力有所提高，能够胜任中学古典散文教学，是一个非常严峻的课题。

二、实施途径与方法

为了使大学中国古典散文教学与中学语文教学做到有机接轨，我们可以采取以下一些方法：

（一）编写教材

在现有"中国古代文学史"、"中国古代文学作品选"等课程基础上，结合中学古典散文教学特点，可以组织编写《中国古典散文精品讲解》、《中国古典散文欣赏方法举隅》、《中学语文古典散文导读》等教材，力求在编写教材的基础上做到大学古典散文教学与中学语文教学相接轨，而不是处于割裂的状态。

（二）中学古典散文延展阅读

现行人教版新课标语文教材虽然增大了古典散文的选择比例，但毕竟有限，且大学本科古典散文教学也要竭力避免与中学语文教学过度重复的倾向，否则也容易使学生丧失学习的兴趣。（因为他们经历过中学阶段，相关篇目如再重上一遍，学习的动力和兴趣就会不足，我们在教授时也有如此感觉，如《左传·烛之武退秦师》确实是《左传》行人辞令的经典篇章，但中学阶段已经讲授过，大学阶段我们再讲读时，明显感受到学生学习的热情不高。）故而，我们要对本科生进行中学古典散文的延展阅读研究，如何能够使大学古典散文教学向纵深方向发展，也是值得研究的一个重要内容。

（三）建构网状教学体系

在现行"中国古代文学史"、"中国古代文学作品选"等主干基础课和"先秦诸子散文精读"、"史传散文精读"等选修课的基础上，增加专题课，定期举行关于古典散文欣赏方法的讲座与讨论，使基础课、选修课和专题课形成一个系统性的网状教学体系。以基础课为基点，以选修课为提高，以专题课为补充，使学生建立起系统的关于古典散文阅读的知识结构，建立必要的知识储备，为以后的中学语文古典散文教学夯实基础。

（四）多媒体课件的制作

古典散文距今毕竟有时间上的距离，同时又具有深厚的传统文化底蕴。我们必须在教学方式上有所更新，因为利用现代化的技术手段，通过声、像、文字等诸多方面的组合，给学生以更直观的教学感受，诱发学生学习的兴趣，促进古典散文阅读水平的提高。某种程度上，也可以为他们做出很好的示范，为他们以后从事中学古典散文教学提供优良的教学手段。如果条件成熟的话，可以出版教学课件的光盘。

当然，多媒体课件的使用存在着一个度的问题，课件不能完全代替教师的教学和文字上的阅读、讲解，否则我们得到的不是原生态的中国古典散文，而是完全现代化、工具化的，伴有其他艺术门类的再生产品。这当然不是我们期待的培养目标。

（五）大学古典散文教学与中学语文教学的互动研究

可以在适当的时机邀请中学语文教学的一线教师到大学课堂上来，向本科生讲解中学语文古典散文教学的现状及其对策，使大学古典散文教学和中学语文教学在本科生大学学习的阶段就能做到感性与理性的有机接轨。当然，如何建立一个互动的机制，也是非常值得研究的一个内容。

三、中国古典散文教学需要注意的一些问题

为了使本科阶段中国古典散文教学与中学语文教学做到有机接轨，具有更明确的针对性和可操作性，我们还要注意以下一些问题：

（一）做好中学语文古典散文教学状况的实验调查

实验调查是教学活动实施的必要基础，也能为教学活动效果提供可靠的数据。因为本课题涉及中学语文教学，因此必须对中学古典散文教学的相关状况进行全面调查，要掌握中学语文古典散文教学的第

一手资料，使本课题中的接轨研究具备扎实的实验基础。

同时，我们有必要建立跟踪循环调查机制，如果培养出来的汉语言文学教育专业本科生到中学基础教育第一线从事语文教学工作，我们可以对他们进行追踪调查，检验大学中国古典散文教学对中学语文教学影响的效果，反馈情况所显示出的成败得失可以为改良大学中国古典散文教学提供借鉴。

（二）在大学古代文学教学中增大古典散文教学的分量

为了检查接轨教学的实际效果，我们首先有必要在汉语言文学教育专业本科阶段增加中国古典散文的篇目，增大中国古典散文教学的课时量。如过去在中国古代文学教学中关于魏晋南北朝时期的论辩文、骈文等作品，基本上不加以选录。这种状况需要得到一些改变，现在有些篇目如曹植《求自试表》、孔稚珪《北山移文》、陶弘景《答谢中书书》等可以精讲，力求做到与中学语文篇目的类型相接轨。

（三）贯穿文体意识

诚如上所言，大学古典散文教学过多偏重具体散文作品的讲解，静态的知识丰富，而中国古典散文呈现出来的形态之一就是它们具有不同的体式。因此就文体而言，我们在大学教学的过程中力求使学生在接受中国古典散文篇章具体知识的基础之上能够得到形而上的提升。如我们在讲授王羲之《兰亭集序》时要学生注意"序"作为文体的体式特点。这样学生在欣赏相类似文体的古典散文时就能够加以类推、演绎。

（四）主修课与选修课相辅相成

在"中国古代文学史"和"中国古代文学作品选"等主干基础课程中我们除了要增强古典散文相关知识的教学内容外，还必须开设"先秦诸子散文精读"、"史传散文精读"、"唐宋散文精读"、"桐城派散文精读"等中国古典散文系列的选修课，选择与中学语文古典散文教学相关更广、更深的散文内容进行教学，为汉语言文学教育专业本科生以后能够从事中学语文教学储备更丰厚的知识。

四、研究价值及研究目标

基于上述研究的状况，本课题的研究就具有了相当重要的研究价值和意义，主要体现在：

（一）可以建立汉语言文学教育专业古典散文教学与中学语文教学紧密相关的体系

通过基础课的教学可以传授给学生古典散文阅读的基本知识，通过选修课的教学可以进行古典散文的延展阅读，通过专题课的设置可以传授阅读古典散文的基本方法，通过大学课堂和中学课堂的互动可以培养本科生基本的古典散文教学实践能力。这样既能够使本科生掌握古典散文阅读的基础知识，又可以使他们获取面向中学语文教学基本的教学能力。

（二）可以使汉语言文学教育专业古典散文的教学形成一个有机的、统一的整体

诚如上所述，通过基础课、选修课、专题课、实践课等方面的密切配合，使大学古典散文的教学，形成一个网状的、具有动态效果的教学体系，改变传统仅由主讲教师单方传授的局面，能够做到教与学、理论与实践、知识传授与人才培养等紧密关联的教学结构。

（三）可以提高学生古典散文阅读的能力，培养古典散文阅读理论层面的意识

传统古典散文的教学一般只就篇章而进行具体讲授，偏于静态地分析，使本科生离开这一篇章而阅读文体相似的其他篇章时，茫然无绪。关键还是在于我们教授时没有进行形而上的提升，传输给他们相类似的古典散文的阅读方法。因此，通过本课题的研究，我们可以帮助本科生树立起古典散文教学中的文体意识，授之以必要的阅读方法，进行动态的教学，这样就会取得同学们在以后自己的中学语文古典散文教学中能够举一反三讲解的教学效果。

（四）可以通过新教学手段和方法的使用，提高教学效果，为中学语文教学起到典范作用

就教学手段而言，主要是改变传统单一的书本讲授法，制作多媒体课件，使用投影仪，使教学富于直观感；就教学方法而言，可以改变过去单纯的作品串讲法，进行文体理论和方法论的提升；就教学实践而言，做到大学与中学的互动，能够使同学们感到所传授知识具有鲜明的应用性，从而更切实地为培养中学语文教学人才服务。

我们的研究目标就是通过本课题的研究，使汉语言文学教育专业古典散文教学和中学语文古典散文教学做到紧密的链接；能充分发挥教师的启发引导作用和学生的主观能动性，充实本科生阅读古典散文的基础知识，传授他们阅读古典散文的方法，培养他们阅读古典散文的基本能力，使之能够胜任以后的中学语文古典散文的教学工作。

五、结　语

总而言之，通过汉语言教育专业中国古典散文教学与中学语文教学有机接轨的研究，就学生主体而论，我们希望能够使他们具有更为扎实的专业基础，更能胜任中学语文教学；就专业建设而言，我们希望能够使汉语言文学教育这样的长线专业在市场经济社会的背景下更具有实用性和针对性，做好学科教育方向的有效转变。

参考文献：

［1］郭预衡. 中国散文史［M］. 上海：上海古籍出版社，2000.

［2］朱世英. 中国散文学通论［M］. 合肥：安徽教育出版社，1995.

［3］袁行霈. 中国文学史［M］. 北京：高等教育出版社，2000.

［4］蓝少成. 中国散文写作史［M］. 南宁：广西教育出版社，1990.

［5］高吉魁. 语文课程研究性学习［M］. 北京：高等教育出版社，2005.

［6］刘淼. 当代语文教育学［M］. 北京：高等教育出版社，2005.

［7］魏国良. 现代语文教育论［M］. 上海：华东师范大学出版社，2002.

［8］王丽. 新讲台：学者教授讲析新版中学语文名篇［M］. 北京：中央编译出版社，2001.

本科生的教学与研究生的培养

——以高师类（古代）文学课程为例

胡传志　叶帮义[*][1]

随着本科生的扩招，近几年研究生的规模也在不断扩大。但随着研究生规模的扩大，研究生的生源和培养质量下降的趋势也逐渐明显，这引起了社会的关注。其间原因是多方面的，有一个因素则是不可忽视的，就是本科生的教学水平有待提高。虽然本科生的教学并不是以培养优秀的研究生为终极目标，但鉴于二者之间的密切联系，我们既可从研究生培养中发现的问题来反思本科生的教学，也可以从提高本科生培养质量入手来确保研究生生源的质量。有了好的本科生，才可能有优秀的研究生。目前，研究生基本上是从本科生中选拔出来的，我们在研究生培养中发现的一些问题，也能折射出本科生教学中存在的一些问题。这些问题若能在本科生的教学中得到应有的重视和及时的解决，相信对研究生的培养是有很大的帮助的。具体说来，这些问题突出地表现在以下三个方面：

一是阅读面太窄。无论是在研究生复试还是在平时的研究生指导过程中，我们常常发现，有些研究生对本学科的一些专业书很陌生，阅读面较窄。相对于本科生而言，研究生的培养显得专业性比较强，但这并非要求他们看的都是那些冷僻的专业书。实际上，他们看的不少书在本科阶段就应该有所涉猎，特别是对一些名家名作应该比较熟悉，因为这些作品在本科生的教学和阅读中都会涉及。而研究生在这些方面显得基础不够扎实（有些古代文学的研究生连古代四大名著也没有阅读过，甚至面对繁体字不知所措），这可能与学生自身某些因素有关，一定程度上也反映出本科教学中存在一些问题——因为本科教学的课时有限，而知识是无限的，因而不可能把所有名家名作都讲出

---

* 叶帮义（1973— ），安徽太湖人，安徽师范大学文学院教授，博士。

来，即使讲，也不可能都讲得很细致深入、让学生留下深刻的印象。如何在有限的课时中扩大学生的阅读面，这个矛盾的处理，直接关系到本科生的培养质量，也影响到他们未来的发展。

二是问题意识不强。研究生在阅读和写作过程中，经常感慨自己读书之后发现不了问题、找不到题目可写。这种情况到他们选择毕业论文选题时更是如此，指导老师有时也和研究生一起为题目发愁。实际上，这个问题存在于所有的研究者身上（不少学者也同样为选题发愁），而不仅是研究生，当然更普遍地存在于本科生当中。在不同的群体当中，问题意识不强的出现当然有着不同的情况，但就研究生与本科生而言，有一些共同的地方：一是阅读面太窄，难以在广泛阅读的基础上通过比较和融通来发现、解决问题，因而问题意识不强、研究能力比较薄弱。二是缺乏提出问题的能力和勇气，以致在阅读面渐渐扩大的情况下仍然为选题而困惑。研究生培养中出现的这种现象，至少折射出本科教学中存在着这样一种缺陷，即我们的本科教学在培养学生的问题意识、提高学生解决问题的能力方面，做得不够。在本科教学中，我们常常鼓励学生提出问题，或是开展课堂讨论，或是要求他们在平时的作业中写出自己的心得或创见。但我们时常感到学生难以提出问题，在讨论中对所讨论的问题缺乏应有的敏感，作业中的闪光点并不多；至于毕业论文，从选题到写作对于不少本科生而言，都存在相当的困难。这些都显示我们需要培养本科生的问题意识，只有这样才有可能让他们学会解决问题，并不断提高解决问题的能力。

三是不懂学术规范。这些既普遍存在于研究生中，又普遍存在于本科生中。在研究生的论文（包括毕业论文）中，我们时常发现引文不够规范的地方，如该注明出处的地方不注或注得不完整，有的材料系转引而不注原始出处；对引用的材料，也很少注意到版本的优劣，有的还不加核对，直接影响到论点的成立与否；更有甚者，把借鉴当抄袭，这种学术剽窃的现象失去了学术规范中最起码的道德底线。不懂学术规范，对于本科生而言，表现的形式更是各种各样，其原因主要还是缺少必要的学术训练和示范。不少本科生是到毕业的时候才第一次涉足论文的写作；如果毕业论文把关不严，有些学生则干脆连这一次机会也放弃，通过网络或其他途径拼凑一篇了事，毕业后根本就不知道论文是何物，所谓的规范更无从说起。这就反映了我们的本科教学，对学生的科研实践重视得还不够——对本科生而言，既缺乏科研的氛围，也缺乏这方面的锻炼机会，因而也就谈不上学术规范的建立，从而影响到他们将来在读研阶段的科研实践。虽然高师生毕业之后大多从事的是中学教学，但教学与科研并不对立，而且教学本身也是需要研究的。因而本科阶段的科研训练即使不是为了未来的考研、读研，单纯从他们将来的工作来看，也是必要的。

要解决这三个方面的问题，概括来讲就是要在本科生的教学中既注重基础性的教学，也注意研究性的教学（即突出基础性，在夯实基础的同时加以提高）。基础性的教学至少能扩大他们的知识面（阅读面），研究性的教学则使他们能从阅读中形成不断发现并逐渐解决问题的能力，同时逐步熟悉学术规范。要做到这一点，需要我们对现有的基础课和选修课中存在的问题引起重视和解决。目前，大学中一些基础课显得过于"基础"，缺乏必要的深度，毫无研究性成分（有些老师的基础课无论从教学内容还是从教学手段，甚至连一点启发性成分也没有）。而一些选修课的研究性成分虽然较强，但成为老师自言自语的学术自留地（未必真是为了解决学生的需要或兴趣而开设），学生不明就里地选了（对于有些学生而言，则是有意或被迫地凑满学分而选修），学完之后收获并不大，发现并不是自己真正希望想学的，而很多学生希望的在基础课之上开设的并适当提高的选修课则很少。一些老师急于把自己的科研结论告诉给学生（这种情况在基础课和选修课的教学中都存在），而对自己为什么要提出这个问题，以及这个问题为什么要这样解决等看似背景却更有启发意义的东西，交代得很少，这也不利于培养学生发现问题和解决问题的能力，失去了在学生面前展示如何进行科研的绝好机会——要知道，教师自己的科研活动对学生而言是最好的科研示范。如果我们在本科生的教学中能适当地培养他们的科研意识和科研能力，相信他们在研究生的就读期间能尽快地进入科研的角色，而不需要过长的摸索和适应时间。当然，研究生的培养更重视研究性的成分，但这首先要有本科阶段的基础才有保障；即使是研究生的问题意识与科研能力，也在很大程度上需要本科阶段的训练才能得到切实提高。究竟如何扩大本科生的阅读面，并不断增强其问题意识和培养其学术规范？对于教师而言，还得从自己的科研与教学来加以思考寻找对策。

　　首先是要注重自身的科研，尤其是要注意选择好适合自己、适合教学的科研对象。教师的首要职责是教学，但教学与科研本身未必就是对立的。这是因为，基础课要尽量与教材有所区别，要避免照本宣科，就必须有教师补充的内容，就必须有教师自己的研究；要把课堂上得生动而有深度，上出每个教师的个性，就更需要教师自己对教学内容本身和课堂艺术有自己的研究。至于选修课的开设，更需要教师有着长期的科研实践与成果积累。但我们也应充分地认识到教师的科研与专门的科研人员是不同的。作为高校教师，他的研究成果最好能服务于教学，最好能部分地转化为教学资源。以科研促教学，是教师从事科研活动的应有之义。如果考虑到这一特点，教师的科研对象就不能随便选择，它既要考虑到教师自身的个性，更应考虑到教学的需要，尤其要考虑到学生接受的需要。单纯从科研本身来看，并没有什么能不能研究的问题；但如果把科研与教学联系在一起，要使科研成果能真正转化为教学内容，就必须考虑到科研对象和教学对象是否协调的问题。从教学的角度来说，并不是所有的科研成果都能直接转化为教学内容。特别是我们面对本科生进行教学，不可能把自己的研究成果都讲给学生，学生也不可能对我们所有的研究对象、研究成果感兴趣。可是目前本科教学中不少选修课是按照老师的科研兴趣和成果来设置的。有些老师的研究领域及其成果非常冷僻专深，即使对研究生开讲也显得枯燥艰深，对本科生的接受能力而言其难可知——毕竟本科生的阅读面和理解能力还是有限的。而那些名家名作因为研究成果太多，学术上不容易出新，不少老师就回避这方面的研究，但这些大作家和那些名篇，往往是学生最渴望了解、也是他们最应了解的内容，这就产生了教学与科研相脱节的现象。教师如何开设选修课，如何把科研与教学结合起来、把科研成果转化为教学资源，真正让科研促进教学，值得每一个教师在科研之前深思。我们以为，以名家名作为研究对象，不仅容易把科研成果转化为教学内容，也使教师自身的科研更大气。学术研究不能追求热门，应注意到一些较少为人研究而不应忽视的领域，这样就能出新，毕竟学术研究的首要目的是创新；但创新并非只能在这种冷僻的领域中产生，相反在一些长期为人关注的研究对象中，还有不少未曾发掘的内涵值得我们研究，我们大可不必以学术研究要出新作为借口而回避对这些领域的研究。我们也相信，教师能在这些方面有自己的研究心得，讲起课来肯定比讲冷僻的内容更能吸引学生。考虑到本科教学主要是一种基础性教学（高师类的本科毕业生将来主要从事教学工作，而其教学的基本内容以作家作品为主），教师的科研对象还是尽量多选取名家名作作为自己的研究对象，至少要以这些内容作为开设选修课的主要参考因素，使我们的选修课能体现本科教学的基础性特点，而不是为了单纯的科研。如果我们考虑到不少研究生将来也以教师为就业的途径，那他们在本科阶段接受的这种教育，不仅使他们未来的科研也使他们将来的教学有所受益。

其次，我们要加强教学各个环节的研究性成分，而且这种研究性的成分不能仅限于课堂。提高教学的研究性成分，我们很容易将其与选修课画等号。诚然，大学的课堂教学以选修课的研究色彩最为浓厚。但这样理解就很容易忽视基础课（有些老师不大注重基础课的教学，与这一认识有关），以为基础课的内容无非是老生常谈甚至照本宣科，这不仅不能吸引学生的兴趣，更不能提高学生的研究能力。其实，基础课的教学同样可以体现研究的色彩，一些教师讲解那些耳熟能详的作品时照样给人新意无穷，这显然是有自己的研究心得。对于课堂教学本身要有一定的研究性成分，有些老师认识得比较浅，以为研究性教学无非就是多提问，但真正高水平的教师，即使一堂课讲下来没有任何提问，也未必就没有启发，因为有些内容讲到引发大家深思的地步，即使没有提出具体问题或一时找不到答案，也是富有启发性的，这比那些无谓的提问效果要好得多，所以课堂教学有没有启发性和研究性，关键是要加强提问本身的启发性，即提问要能引起学生的兴趣和思考。还有些老师以为研究性教学体现在课堂中就可以了，实际上教学中各个环节都可以突出这种研究的色彩，所以我们应努力将课堂教学延伸。毕竟，课堂教学的时间是有限的，教师不能以为"下课铃一响，课就结束了"。要知道，课堂知识的延伸与增殖还有待课下。只要我们充分重视各个教学环节、充分利用各种教学形式，一定能在课下做很多的事情，帮助学生提高科研能力，其效果未必亚于课堂教学本身。首先我们在课堂上布置的作业，就可以充分利用课后的时间。课堂作业是对课堂教学很好的补充，对学生而言，是一次很好的锻炼；对教师而言，是对课堂教学的一次检阅。教师布置的作业，不应是简单地重复教材或课堂笔记中的内容，或是在网上能直接下载到的答案

（或是对一些作品加以简单的串讲或白话翻译，更不是简单的字词练习），要有一定的研究色彩，要努力通过作业来提高学生的问题意识和研究能力，尽量多给学生留下思考和发挥的余地，至少要借机"逼迫"学生阅读更多的著作，使其阅读面不限于教材或笔记，并在阅读中逐步形成自己的观点，在成文的过程中逐渐懂得学术规范。对学生的作业，在指出其不足的同时，教师要发现其中的闪光点，对一些比较好的作业可以鼓励学生加以修改，并推荐其发表，从而激发他们的兴趣，增强他们的信心（当然也要考虑到本科生的兴趣和基础，不能太难，至少得与课堂内容有一定关联，又能对课堂内容有所延伸、有所提高；有时还可以提供几个难度接近的问题供学生选择，只要做到让他们有话可说、能自圆其说即可）。当然，老师还可以在课堂教学中随时提出一些问题，让学有余力的学生课后进行思考，而不必像作业那样要求所有的学生都要完成，这既体现了因材施教的原则，也提升了部分学生的能力；有的学校还有作学年论文的传统，这是提高学生写论文的能力很好的形式，值得保持和推广。其次，我们还可以在课堂上给学生开具适合的阅读书目，让他们根据自己的兴趣在课外阅读，并形成写读书笔记的习惯，这样就将课堂阅读和课外阅读结合起来，从而增加他们的阅读量，增强对作品的感性的认识；也只有在积累了丰富的感性认识的基础上，才能进一步提高他们的理论水平（开具书目的时候，尽量要求他们阅读经典，阅读原著，最好还能划出部分背诵篇目；对于古代的经典，鼓励他们读繁体竖排本；当然考虑到本科生的实际情况，可以不要求他们去看全集总集，可以有选择地看一些好的选本）。

再次，我们还可以为学生开设学术讲座，努力为他们开设各种形式的"第二课堂"——在学术交流渐趋频繁的今天，我们可以利用学校组织各种学术会议的机会，聘请一些名家为学生作讲座；平时则应注意挖潜，让本校那些学有专长、课堂艺术较好的学者多为本科生开讲座，并鼓励青年教师也积极开设类似的讲座。这些讲座对学生而言，能扩大他们的知识面，消除其对学术的神秘感和畏惧感；对教师特别是青年教师而言，又何尝不能促进他们的教学与科研呢？此外，我们还可以指导学生组织学习兴趣小组，或结合校园社团，让他们组织诗词朗诵比赛或古诗、新诗创作比赛，这同样是组织"第二课堂"的好形式。通过作品朗诵和自身创作，可以使学生进一步体验创作的个中滋味，从而提高他们对作品的鉴赏和分析能力。在各种形式的锻炼当中，强化各个教学环节中的研究性成分，我们相信，学生自然能形成科研氛围，科研能力也会相应提高——这对教师而言，固然能体现教学中的研究色彩；而对学生而言，又何尝不是一种研究性的学习，既扩大了他们的阅读面，又将阅读与思考结合起来，增强他们的科研意识与能力，而这对他们将来无论是读研还是从事中学教学都是有益处的。

以上主要是从教师的角度而提出的一些思考（一方面要注意选修课的基础性特点，一方面要提升基础课的研究性成分），但要解决以上所提出的问题，牵涉学校的方方面面。像如何平衡科研与教学的关系，就是学校有关部门需要深思的问题。目前，许多高校普遍重视科研，这本是好现象；但相比之下，科研本身比教学显得更为重要，也显得更实惠，就未必是件好事。科研与教学既有统一的一面，也有矛盾的一面。目前我们对二者统一的一面认识较深——诚然，没有科研的教学是缺乏深度的。但科研上去了，教学就一定跟着上去吗？实则未必。学校有些部门简单地以为，教师多搞科研就一定能促进教学，这是把高校等同于纯粹的科研机构，忽视了高校首先是一个教学实体，因而高校目前的科研体制在很大程度上越来越使教师的科研脱离教学本身。试想，教师要实现以上任务，需要他们在正常的课堂教学之外作出巨大的投入（如课外阅读的指导将花费老师大量的时间，发现学生作业中的闪光点并帮助其提高、发表，同样需要大量的时间）。这些如果不能换来相应的回报，长期下去只能导致更多的教师埋头作自己的学问，而把教学作为副业，甚至使自己慢慢演变成纯粹的科研人员而无心教学，这对一个高校的发展、对学生的成长，到底是好是坏，答案是不言而喻的。在体制上如何平衡科研与教学的关系，如何协调教学与科研的激励机制，无疑是摆在我们面前的一个大课题。另外像如何协调基础课和选修课的关系，如何让那些有深厚学术功底的教师上基础课，如何把那些学生真正喜欢并有价值的选修课开设起来并积极向学生宣传，如何引导青年教师把自己的科研与教学结合起来，如何发挥本科生导师的作用并协调其与辅导员的功能，如何发挥学生社团的作用以开设各种第二课堂，如何给学生创造发表作品的园地，如何保证图书资料的齐全和充分使用，等等，都不是教师自身能解决得了的，而是需要学校有关部门通力合作才能解决。

　　总之，我们从研究生的培养中发现的问题，为我们反思本科教学多了一种参考。这些思考，包括如何认识基础课选修课及其彼此的关系，如何真正将教学和科研结合起来使二者互相促进，老师如何选择自己的科研对象、如何提高教学艺术，从而让基础课不至于过分"基础"、选修课不至于过分"专业"，学校管理部门如何引导并服务本科教学等长期存在的重大问题。对此进行反思，或许能对我们当前的大学教育——包括本科生和研究生的教育，都有一定促进作用。

古典文学教学中的文献运用

叶帮义

　　大学本科阶段古典文学的教学，特别是作品选的教学，既不同于古籍整理，也不同于古典文学的研究，主要是向学生讲出那些经典作品的特色所在、精妙所在，不必把太多的精力放在文献的搜集与征引上。我们要尽量从文本本身出发来分析作品，并带动文学史的教学，使学生对文学史的演进线索和规律也有个大致的了解，大可不必为了炫耀教师的博学而涉及过多的文献学方面的内容，如向学生介绍作品的文字校勘，或是旁征博引作家的背景资料和作品的本事。诚然，古典文学课不能上成文献学课，但古典文学课与古典文献课存在着天然的联系，要在古典文学的教学中完全排斥文献既不可能，也不应该。只要我们恰当地运用有关文献，自能提升教学效果，加深学生对具体作家作品的了解乃至整个文学史的把握。当然，对不同的文献，我们要加以不同的使用。

　　从事古典文学研究特别是古籍整理的学者，大多要考虑到作品在各个版本上的文字差异。古典文学的教学实际上面临同样问题，因为很多作品（包括那些经典作品）有着不同的版本，文字上颇有异同，有些文字的异同直接影响到课堂教学中对作品的分析。我们大可不必每讲一首作品，都去罗列这些异文，那样做不易让学生获得对作品的直观把握，但我们可以适当利用这些异文来品评作品，强化学生细读文本的能力。比如王之涣的名篇《凉州词》首句"黄河远上"四个字，有的本子作"黄沙直上"。这两种异文都有版本上的依据，很难直接根据版本来确定文字的优劣。我们可以通过这些异文，比较何者为宜。从写实的角度来看，"黄沙直上"可能更为恰切一些；但文学本身可以虚构，而且"黄河远上"本身未必全为虚构，而是虚中有实，这种虚实结合的笔触比那种单纯写实的笔墨，更能创造出盛唐边塞诗特有的雄浑壮阔的境界。更何况"黄河远上"较"黄沙直上"在形象上更美一些。从文艺学的角度来看，我们认为"黄河远上"四个字更适合一些，但"黄沙直上"的异文给我们提供了一个参照的对象，何尝不可在教学中使用呢？再如苏轼的名作《念奴娇·赤壁怀古》也有异文："樯橹灰飞烟灭"中的"樯橹"，有的本子作"强虏"。从文献的角度来看，这两种文字都有版本的依据；从文义来看，似乎都能讲得通。但联系全篇和作者本人，我们觉得还是以"樯橹"为宜。因为"强虏"带有一定的感情倾向性，不大符合作者对曹操的一贯态度。虽然这首词在下片是突出周郎这一英雄形象，但不能据此推断作者认为周郎的对手、赤壁之战失败的一方曹操，就成了词人嘲讽的对象。实际上，词的上片"一时多少豪杰"一句，隐含着视曹操为豪杰的意思。如果我们再联系到作者同年所作的《赤壁赋》称曹操为"一世之雄"，就不难体会到作者对曹操的推崇，至少在情感态度上苏轼是把曹操与周郎一视同仁的。从这个意义上说，词人未必会使用"强虏"这样的字眼来描写他心中的英雄。这个教学实例可以让学生学会从全篇的角度，并联系到作者相关作品来分析具体作品，比较文字异同优劣，从而提升学生鉴赏作品的能力。

有些作品往往有它的本事，或是在它的背后隐藏着故事，有些作家在当时和后世也不乏诸多传闻逸事，这些资料在古籍整理中都是很重要的搜集对象。我们讲授文学史或分析作品，当然不必去讲这些故事，讲多了势必影响到对文本的阅读与文学史的分析；但在课堂教学中适当穿插一些故事，不仅能起到调节课堂节奏、活跃课堂气氛、增加趣味的作用，也能帮助学生深入理解作家作品和有关文学史现象。有些故事可能纯属小说家言，却保留着丰富的历史信息，教学中加以适当运用，可以增强学生对作家作品和文学史的感性认识。历史上有关李白的故事很多，这些故事大多难以确证（如高力士为李白脱靴的故事），有些甚至是假的（如李白捞月而死的传说），但在介绍李白的时候，适当穿插这类故事，无疑会拉近这位大诗人与当代读者的关系，因为这些故事从古流传至今，充分说明李白仍然生活在我们中间。一旦拉近了李白与当代读者的距离，学生就更容易、更充满期待地阅读和欣赏李白的诗歌。特别是这些故事本身，对李白的性格作了极为传神的渲染，这对学生理解李白的个性和诗歌的个性很有帮助，如高力士为李白脱靴的故事未必属实，但它传神地刻画了李白的傲骨；又如李白捞月而死的故事，也很能传达出李白和自然融为一体的飘逸个性。在讲王之涣、高适、王昌龄等人的诗歌时，很多时候都会提及"旗亭画壁"的故事。其实，这个故事也未必是真的，但仍然值得在课堂教学中使用。首先，故事本身富有趣味性，讲出来能够活跃课堂气氛，调节课堂节奏，使有关文学史的讲授充满了趣味；其次，这个故事充分说明了王之涣、高适、王昌龄在当时的知名度，以及他们的诗歌在当时传播之广泛，对我们的作家作品教学颇有帮助；最后，可以让学生感性地了解到唐代诗歌的传唱风气，以及部分声诗（特别是绝句）充当歌词的角色，这也为其后讲授词的起源和发展作了一个铺垫，教学活动因此形成一种前后照应的关系，显得浑然一体。再比如，我们向学生介绍柳永的时候，不能不讲柳永的生平、性格与他的词作的关系，而这就难以回避他跟歌妓的关系。这一点也许有人觉得还是回避不讲为好，实则不必。只要我们不以那种猎奇的口吻去讲，而是以客观严肃的态度讲到他与歌妓的交往，以及这种生活与他的创作的关系，学生不难理解柳词当中为什么那么多艳情之作，甚至还由此认识到词这种文体与歌妓之间的关系何等密切。

古典文学作品因为产生的时代比较远，在漫长的历史中，古人对它有过很多的研读，留下不少精当的评论，有的作品还产生过激烈的争论。这些评论资料也是很重要的文献，颇为古籍整理者所重视并加以搜罗。文学史和作品选的讲授，固然不能罗列这类材料，但我们也不必回避这些材料，完全可以有所选择地将其运用在课堂教学中，这是因为今人的分析难以做到一空依傍，更何况前人的评论无论正确与否，只要运用得当，都不失为有价值的教学材料。有些材料在研究中有时都未必用得着，但在教学中不乏用武之地，或可用来导入对作家作品的分析，或直接作为一个要点而需要教师作出进一步的阐释，从而帮助学生深入理解某些文学史现象或具体作品。比如，明人陆时雍针对杜甫《石壕吏》的剪裁艺术，曾有过一句极其精要的评论："其事何长，其言何简"（《唐诗镜》卷21）。但他并未对这个观点进行具体分析，我们的课堂教学不妨由此引出对该诗剪裁艺术的分析。这不仅具体分析了陆时雍的这个论断，也借此深化了对该诗艺术的分析。即使是前人不大正确的论断，我们在教学中也未尝不可以使用。比如王安石曾经编选《四家诗选》（杜韩欧李），"以李白最下"，说李白的诗

"识见污下,十首九说妇人与酒"。王安石是个大文学家,他对李白这个激烈的批评,有没有道理呢?我们认为,他的这个看法是偏颇的,但其中也透露出一个非常重要的信息,那就是李白的诗特别喜欢写"妇人与酒"。我们不同意的只是这样的论断:"识见污下。"但我们正可以借此导入对李白的名篇《将进酒》、《长干行》思想性的分析,因为这两首作品都是李白的代表作,且分别代表李白写酒和妇人的风格。而在具体分析这两首作品时,我们可以分别就李白是如何表现纵酒的感情、如何描写女性形象来加以分析,最终自然让学生明白王安石所谓"识见污下"的看法是偏颇的。有些作品在古代一度引起过很大的争论,这些争论有时也可以作为课堂教学的重要资料。如对杜牧《赤壁》诗的主题,古人有很多看法,宋人许顗《彦周诗话》曾说:"杜牧之作《赤壁》诗……社稷存亡、生灵涂炭都不问,只恐捉了二乔,可见措大不识好恶。"但清人冯集梧对此加以反驳:"诗不当如此论,此直村学究读史见识,岂足与语诗人言近旨远之故也?"(《樊川诗集注》)到底谁的说法正确呢?讲解这首诗的主旨时,我们可以先引用这两则材料,让学生来思考并作出自己的判断,或和学生一起来分析作品的主旨,这比我们直接概括出本诗主题,可能更容易给学生以启发,因为这时学生有了一个偏颇的观点与之形成对比,认识自然会深入些。再如对王之涣《凉州词》末尾二句,自古到今就存在着不同的理解。有人认为"春风"是一语双关:既指大自然的春风,极言关外的荒凉;又指代朝廷的恩泽,是在讽喻朝廷的"春风"吹不到长年累月在外流血牺牲的戍边将士。但也有人认为是单纯的写景,在再现北疆那种壮阔景象的同时也写出了它的荒寒之美。到底哪种看法更为合理呢?我们可以在课堂上举出这两种有代表性的说法,再让学生从中作出自己的抉择,或是给出新的解释。这不仅使学生认识到前人的看法亦有谬误之处,不必尽信,也使学生在学会批判地接受前人结论的同时加深对有关作品的理解,效果自然比老师单纯给出结论要好。

古代文学教学随想

江增华[*1]

　　近年来，随着新一轮教学改革的展开，受自主性学习教学理念不断熏化，古代文学教学课时数全面压缩，教学中古代文学作品选的讲读与文学史的讲解时常呈现着紧张与背离现象。在这样两难的情况下，尽管可采用以作品为"点"、以史为"线"的串联方式尝试性教法，交代文学发展中的上承下启的脉络。但既不可求精深而陷入褊狭，也不能贪全务广便转为泛泛概述而浅尝辄止。

　　故教学中必须选讲具有代表性的作家、作品分析、阐解。注意教学中相关性原则非常重要，通过一位作家、一篇作品，上挂下联、举一反三，让学生掌握一个作家群及其作品的整体风貌，这样处理学时紧张问题不失为一种较为妥善而可尝试的方法。但如何调适、处理好这种两难境况，如何教？如何取得最好的教学效果，一直困扰着我，对我而言，这是一个有待学习与亟待解决的问题。

　　尽管我们认为中国古典文学是中国文化、思想、艺术和语言文字的宝库的重要组成部分，从事古代文学教学与研究工作者担当对它的继承和弘扬，责任最重大。而现实是现代化与商品经济的冲击，古典文学似乎与一般"现代人"渐行渐远，读图时代的到来渐渐取代了经典的解读与赏析的心灵对话。社会越来越"现实"，技艺的"操作技巧"取代了"人文关怀"。学生不得不关注就业，古代文学对个人的择业与发展没有直接的作用，学习的热情有限，对计算机、外语的学习兴趣盎然。漫步在校园，很少听到学生诵读古典文学的经典作品之声，只是悉闻背诵外语之音。

　　自我感觉，目前古代文学教学的教师虽然认识到古代文学的人文学科特性，但往往受到社会注重应用价值观的局限，难以很好地调动

---

　　* 江增华（1964—　），安徽芜湖人，安徽师范大学文学院副教授，博士。

学生的学习积极性。其教学似乎存在着教师和学生之间的隔膜，教师"一厢情愿"，按精英化、学者化的方向培养学生，那么学生到底在想什么？教学效果怎么样？这确实是一个教师自身教学素质、修养与魅力的问题，也是一个现实的问题。

诚如上海大学文学院董乃斌先生所言：在现代化、全球化的浪潮下，古典文学还有什么用？大学的古典文学教学和研究，将如何自处？……从事古典文学教学和科研，既是我们的工作和职业，也是我们的信念、事业和理想。

选择就意味着一种责任。从事古代文学教学是我的工作和职业，唯有走出困惑，展望未来，从自我做起，在教学中不断提升自己，以适应时代的变化，除此必无选择，必须以积极进取的态度从事教学工作。

中国古代文学史，是文学的历史、也可说是作家作品史，作品在文学史中处于核心地位。只有通过文学作品的讲解来带动文学史的串联，但对文学院的学生而言，更要注重培养学生对文学作品的鉴赏能力、审美能力。通过老师的分析，使学生理解作品的语言美、艺术风貌、诗歌的意境美，艺术形象美，让学生真正走进艺术的审美殿堂，接受美的熏陶，感受艺术的魅力，得以人生的启迪。

中国古代文学在不同时期显然有着不同的整体风貌。如先秦文学文史哲不分，作品的审美性、艺术的形象性相对欠佳，作品中蕴含哲人丰富的理性睿智和对社会的关切，故有"以立意为宗，不以能文为本"之说。

教学中，对一些基本知识还是做一些适当的讲解，即所谓的知识性传授。如字词的讲解、背景的介绍，提醒学生注意、掌握，这也是最为基本的、必要的。

先秦文学如何讲解？我觉得先秦文学的讲解还是要回归文学的本位，更要注重文学的审美性，语言的审美、意境的审美、文学的趣味性、论辩艺术的内在逻辑性等等。但必须注重文化思想史知识的方面的讲解，这对准确地理解、把握作品的内涵是非常必要的。如《关雎》的讲解，我认为必须讲清为什么会有"咏后妃之德"之说，依据是什么？从礼仪文化的视角讲"钟鼓乐之"，推断主人翁的身份。《齐桓晋文之事章》虽然着重讲解孟子散文的论辩艺术（内在的逻辑性），而孟子的哲学思想我觉得必须讲解，人性说是他整个学术的逻辑起点，让学生有个初步的掌握，使之较好的理解孟子主张的根据所在，这样对理解文本有一定的辅助价值。讲左思的《郁郁涧底松》不能不对其身世、当时的选官制度、门阀观念作简单的讲解，否则学生难以很好理解左思的郁闷不平之气根由所起。所以我认为先秦文学乃至其他一些作品的讲解，离开文化思想史方面的知识，会使先秦文学等作品的讲解失去一把非常重要的开启钥匙。

但文学作品的讲解千万不能偏离"文学本位"的教学原则，否则过于纯粹的知识性、理性的教学风格，必然会使文学作品中性灵闪耀与情趣横生的境界的黯然失色，从而只剩下干巴巴的纯条理化知识形式，学生很难得以传承到的文学灵魂的内核，失去了与作者的心灵对话、交流，少了审美的共鸣与愉悦。

古代文学教学仅注重知识性传授是远远不够的，这就要力求讲授者具有审美眼光，充分挖掘丰富的古典文学名作的美，以培养学生的审美能力。

文学作品的讲读、欣赏是提高学生审美能力的主要阵地。通过语言文字的讲析，培养学生的语言文字的审美能力，通晓用词的准确与恰当、含义的丰富与语言张力。艺术形象的审美赏析，要调动学生的情绪、再创造的能力，使学生通过联想和想象，将作品中的人物形象再现，在自己大脑中浮现出来，栩栩如生，其音容笑貌、举手投足如在眼前，充分欣赏其形象美、细节美、环境美等，在此基础上分析其性格特征、艺术特色，概括其形象所蕴涵、代表的社会意义与普遍的价值。古典诗词中优美的艺术意境，散文的典雅、庄重，元曲的热情无拘与洒脱等等，无不充满无穷的艺术魅力，通过古代文学的学习，使学生在经历审美的一次次洗礼中提升自己审美的艺术修养。

古代文学的教学以知识启迪智慧、以审美成就修养，以陶冶学生的性情，培养健全的人格和高尚的情操、精神提升为引导，我认为这便是人们常说的人文性教育。

我国历史悠久，文化灿烂，丰富的文学遗产，古代文学作品是我们民族优秀文化的精华之一，蕴含着宝贵的民族与人文精神。阅读、欣赏经典，领略古代仁人志士、先贤的"天行健，君子以自强不息"、"敢为天下先"、"不可为而为之"、"路曼曼其修远兮，吾将上下而求索"等进取精神，"富贵不能淫，贫贱不能移，威武不能屈"、"独立不迁"的高尚人格，"留取丹心照汗青"的爱国情怀，"饥者歌其食，劳者歌其事"的社会关切，"己所不欲，勿施于人"、"老吾老以及人之老，幼吾幼以及人之幼"、"先天下之忧而忧、后天下之乐而乐"的宽广胸怀，"言必信，行必果"的诚信品质，以及道家庄周的旷达人生、司马迁的正直精神、杜甫的铁肩担道义的历史使命感、儒家重精神轻物质的价值取向。古典文学中蕴含着人对社会、人生的深层思考，渗透着无数人类共有的历史人生感慨。"对酒当歌，人生几何？"面对美酒佳肴理应开怀畅饮，怎奈感慨人生忧伤来？这是一种多么矛盾悲凉的情怀。"生民百遗一，念之断人肠"是何其悲凉慷慨。左思的"地势使之然，由来非一朝"，既对自己人生的绝望，又是对历史现实的哲理性的人生感慨等等。无不对学生产生深刻的影响，潜移默化地熏染着学生的思想、言行，使学生一次次接受心灵的洗礼，陶冶性情，培养健全的人格和高尚的情操，提升学生的精神修养与人格品质。

中国古代文学是高等学校教育中人文社会科学的一门基础性学科，是汉语言文学中文专业的主干课程，也是一门长线传统学科，它历经中国人民数千年的积累、历史浪潮中大浪淘金的传承，成为弘扬传统，崇尚经典，建设社会主义精神文明不可或缺的文化基础。

四川大学中文系周裕锴曾忧心忡忡道：进入 21 世纪以来，古典文学界的老一辈学者渐次凋零殆尽，而以新时期培养的博士为主体的学者全面占据学术舞台。整体而言，学术的传承完成了顺利的交接。然而展望未来，我们却对古典文学的命运仍有一丝隐忧，担心在当今学术体制的制约下古典文学的内在精神逐渐消亡，担心未来古典文学界的话语霸权被毫无古典情结的学科带头人所占据，担心未来的博士最终以现代学科建设的名义"革"掉古典文学的"命"。

从事古代文学教学与研究工作，不自觉地担当着承传历史文化之重责，是中华历史文明传承历史环节的一个环节中的一个因子，我们责无旁贷，不可推卸。

面对当下古代文学教学的问题及其上述教学原则的实施，对我而言，在从事古代文学教学与研究中必须不断地提升自己。古代文学教学与研究，既是我的工作和职业，也是我们的信念、事业和理想。自己深深感慨当教师易，当好教师难，当个受学生欢迎的好教师更难。

要使自己成为学生欢迎的好教师，备课一定要下工夫，要深入研究、及时跟踪学术前沿，从自己思索中来，要有自己的新意，这是当好教师的必备条件之一。自己还要有广博的学养，积极、乐观的态度，崇高的敬业精神。

"大家难得，真正博通的人不多，我身虽不至，心向往之。"以此自勉。

指导一篇毕业论文的全程记录

吴振华

  我在完成常规的教学科研任务之余，一直在思考一个问题："我们古代文学教学的最终目标到底是什么？"如何使学生将课堂上听到的有限的知识转化成他们终身受用的东西，是我努力的方向。一次意外的毕业论文指导经历，使我困惑多年的问题有了较为清晰明确的答案。

  还得从去年收到的一封邮件说起。一名叫黄金灿的大三上学期学生忽然给我发来一封邮件，询问"李贺诗歌中的'和'能否研究"。这是我在上课时留下的一个问题，当年杜牧在给李贺诗集作序时，对李贺诗歌风格的评价是一个融合多种风格的综合体，其中一句是"春之盎盎，不足为其和也"，但是后代接受李贺时，过多地强调奇诡怪异、冷峭幽微的一面，而忽略了李贺诗歌充满生机活力、圆润柔和的另一面。他是在征求了两位老师的意见之后，不抱希望地给我发邮件。我看出这个题目可以做，就问他："你真有勇气做这个题目吗？你得先看一批课外书。"他对我的鼓励很有信心。于是我给他第一个任务："阅读清代王琦《李贺诗歌集注》及王友胜、李德辉校注的《李贺集》，将可能与'和'有关系的例证及其相关的评价收集辑录，再给我看看。"

  没有想到，三个月后的 2011 年春天，他交来一份 40 页的笔记，详细抄录了相关诗歌及其评论资料，还在网上收集了大量的论文资料。我为学生的努力所感动，于是耐心帮他分析，将材料进行分类，然后确定题目并提炼出 4 个小标题。题目为：《"晴春烟起连天碧"——试论"和"在李贺诗中的表现》。分"语言形式之和"、"心灵世界之和"、"融入自然之和"、"对立统一之和"四个方面进行论述。因为前期准备工作做得很充分，所以一个月之后我就收到了他的论文初稿。初稿虽然有他自己的一些独到的体会，但是与一篇真正像样的论文还有很大距离。

  我找到他，首先让他阅读袁行霈先生关于李贺的论文，告诉他论文的相关学术规范，比如：引用文献要注明出处，排列后人评价意见如果没有特殊原因一定要按照时间先后顺序，所做的统计分析要尽量客观准确，尽力将可有可无的字词句删去，等等。他很认真听取了我的意见，对论文作了修改。二稿虽然有一定的进展，但是还缺少开阔的视野。于是我给他一本专门论述"和"这种审美观念的书籍，让他看过后再修改论文。他很认真地读了一些美学方面的书籍，一个月后交来了第三稿，进步很大。我鼓励他："还要加把劲，快接近成功了！"我们再见了一次面，一起逐词逐句推敲了全篇论文，努力将没有用处的例子去掉，将那些学生腔去掉。并让他将李贺的重点作品再阅读一遍，不要急于定稿，我们的目的是借这次写论文的机会，尽量将李贺理解得深刻些、全面些。他阅读了大量的李贺诗歌鉴赏方面的书籍，提高了鉴赏能力，写出的句子比较有表现力。一个月后，他交来第四稿。原文如下：

"晴春烟起连天碧"
——试论"和"在李贺诗中的表现
黄金灿

（安师大文学院 2008 级汉语言文学专业）

摘要："和"，是一种圆融和谐的审美形态，是李贺诗歌的重要审美特征。在李贺诗歌中主要表现为语言形式之"和"、心灵世界之"和"、融入自然之"和"、对立统一之"和"四个方面。这说明李贺诗歌在奇诡峭拔、冷艳幽微之外还具有多样的风格。

关键词：李贺诗歌　语言形式之和　心灵世界之和　融入自然之和　对立统一之和

杜牧在评价李贺诗歌时曾说："春之盎盎，不足为其和也。"[①]"和"是指春天生机盎然、充满活力的和谐圆融形态。历来研究李

---

① 王琦等：《李贺诗歌集注》，上海人民出版社 1977 年版，第 4 页。（以下引文凡系出自本书的皆不再出注。）

贺的诗歌多注重其奇诡峭拔、冷艳幽微的主体风格，探讨怪丽的想象和奇诡的语言表象下面，诗人独特的生命体验和心路历程。但是任何事物都会有多棱镜一样的各个侧面，当年杜牧眼中的李贺就是多种风格的融合体，"和"作为李贺诗歌的重要审美特点之一，并没有引起研究者足够的重视。本文试图通过探讨"和"在李贺诗歌中的表现来揭示其诗歌主体风格之外的另一面，以求教于通家。

一、语言形式之"和"

李贺的诗歌在形式上往往有雕琢的痕迹，而且意象之间的跳跃性很大，结构也显得松散。李东阳《麓堂诗话》说："李长吉诗，字字句句欲传世，顾过于刿鉥，无天真自然之趣。通篇读之，有山节藻棁而无梁栋，知其非大道也。"① 袁行霈先生也说："他有的诗歌缺乏完整性，只有片段的印象而没有完整的构思。"② 这些评价无疑抓住了李贺诗歌语言的主体特征，若认为李贺所有的诗歌都是这样那就不够妥当。事实上，李贺有一部分诗歌具有质朴平易、温润清和的特点，这一特点即是本文下面要讨论的语言形式之"和"。

（一）选词造句的质朴平易

谭嗣同在《石菊影庐笔识》中说："语意明白如话，不烦解释，亦惟昌谷。"③ 明人徐渭在评价李贺《示弟》一诗时亦云："平易似不出贺手。冲淡拙率，尤贺之佳处。"（《唐李长吉诗集》卷一）④ 可见，在李贺的诗作中有一部分是语言生动浅显、通俗易懂的。这主要归功于他选词造句的质朴和平。例如李贺的咏马组诗就几乎没有晦涩难懂之处，如"此马非凡马，房星本是星。向前敲瘦骨，犹自带铜声"（《马诗》其四）、"大漠沙如雪，燕山月

---

① 吴企明：《李贺资料汇编》，中华书局1994年版，第102页。
② 吕慧鹃等：《中国历代著名文学家评传》（第二卷），山东教育出版社1983年版，第620页。
③ 吴企明：《李贺资料汇编》，中华书局1994年版，第388页。
④ 王友胜，李德辉：《李贺集》，岳麓书社2003年版，第10页。

似钩。何当金络脑，快走踏清秋"（《马诗》其五），诸诗都能以朴实、平易的语言表现出马的骨力与神俊。此外，李贺的《南园》组诗也具有这样的特点，如第八首："春水初生乳燕飞，黄蜂小尾扑花归。窗含远色通书幌，鱼拥香钩近石矶。"诗人以简洁明快且极具表现力的语言，准确地抓住春天各种景物的特点，营造出了一种冲和淡远的境界；再如他的乐府诗《将进酒》中有"况是青春日将暮，桃花乱落如红雨"之句，被沈德潜评为："佳句，不须雕刻。"（《唐诗别裁集》卷八）① 这说明李贺的诗歌自有它的清新平和之处，并不全是"字字句句"都"过于刿鉥"的。正如袁行霈先生所言："他的语言乍看似乎是不可解的，细细琢磨却不是不可以理解的。他在艺术的道路上苦心孤诣地追求着、探索着，终于走出了一条不凡的道路。"② 清人朱庭珍《筱园诗话》说："长吉奇伟，专工炼句。"③ 如果非要说李贺"专工炼句"的话，那他不仅在"奇诡"的字句上下工夫，同时也致力于质朴和平之作的字斟句酌。刘勰在《文心雕龙·声律》篇中说过："吟咏滋味，流于字句；（字句）气力，穷于和韵。"④ 意思是说诗歌的滋味要通过对字句的品咂来体会，并且字句之间的文气与骨力要达到像音乐一样的和谐。韩愈在《荆潭唱和诗序》中说："夫和平之音淡薄，而愁思之声要妙；欢愉之辞难工，而穷苦之言易好也。"⑤ 正因为"欢愉之辞难工"，所以李贺在这方面所用之力甚至可能超过那些"鲸吸鳌掷，牛鬼蛇神"的作品。

（二）音调韵律的温润清和

许学夷在《诗源辩体》中说："李贺乐府、七言声调婉媚，亦诗余之渐。"⑥ 清人叶矫然也认为"李长吉文奇而调合"，是"乐

---

① 王友胜，李德辉：《李贺集》，岳麓书社 2003 年版，第 347 页。
② 袁行霈：《中国诗歌艺术研究》，北京大学出版社 1987 年版，第 315 页。
③ 陈伯海：《历代唐诗论评选》，河北大学出版社 2003 年版，第 890 页。
④ 范文澜：《文心雕龙注》（下册），人民文学出版社 1958 年版，第 553 页。
⑤ 陈伯海：《历代唐诗论评选》，河北大学出版社 2003 年版，第 129 页。
⑥ 吴企明：《李贺资料汇编》，中华书局 1994 年版，第 205 页。

府妙手"（《龙性堂诗话·初集》）①。他们的评价说明李贺的一部分诗歌尤其乐府诗并不都是一味追求奇险诡怪的，而是有着像"诗余"一样婉媚、柔和的风格。如他的《大堤曲》就是音韵和谐、朗朗上口的佳作，颇具古乐府的遗风。在李贺之前，沈佺期、李端等人的乐府诗都是工丽整饬的律体，而李贺却转律为古，把整齐的五言句式改为三字句和七字句相间的杂言，这种创变一扫五言乐府的呆板和凝滞，赋予了乐府诗一种自然、飘逸的生命力。明人徐献忠也说："长吉陈诗藻缋，根本六代，而流调宛转，盖出于古乐府，亦中唐之变声也。"② 关于诗歌的韵律，沈约曾说过："一简之内，音韵尽殊；两句之中，轻重悉异"的话，就是主张诗人在创作时要追求抑扬相间、"和而不同"的声律之美。③ 对于李贺诗歌的用韵特点，吴企明先生进行过很好的总结："李贺喜欢运用繁密的韵脚，以造成韵律和谐，读来朗朗上口。有些诗，甚至句句用韵，一韵到底……"④ 吴先生接着列举了《杨生青花紫石砚歌》、《李凭箜篌引》、《始为奉礼郎忆昌谷山居》、《将进酒》等诗的用韵情况来论述，他说："李贺很少写近体诗，他运用古体诗叶韵比较自由的规律，将韵母相同或相近的字用于句尾，不断地反复出现，间距很近，互相呼应，使全诗在音响上构成一个谐和的整体。"明人王祎《练伯上诗序》认为："蔼然和平之音，有融畅之工，无藻饰之态，凡出处离合欢欣忧戚跌宕抑郁之思，无不托于是焉。"⑤ 李贺的一部分诗歌正是这样，它把"蔼然和平之音"通过极高的艺术技巧融会贯通，无论喜怒哀乐都能以清和融畅的形式表现出来。

二、心灵世界之"和"

李贺诗歌"和"的审美特点在诗人内心情感的表现上也有所反映，可称之为心灵世界之"和"。人们一谈到李贺的性格，很自

---

① 吴企明：《李贺资料汇编》，中华书局1994年版，第334页。
② 吴企明：《李贺资料汇编》，中华书局1994年版，第109页。
③ 濮之珍：《中国语言学史》，上海古籍出版社1987年版，第317页。
④ 吴企明：《李贺》，上海古籍出版社1985年版，第61页。
⑤ 陈伯海：《历代唐诗论评选》，河北大学出版社2003年版，第523页。

然会想起"抑郁"、"躁动"、"病态"等词，不否认李贺具有这方面的气质，但也不能因过分关注这些而忽视了李贺性格中的积极成分。李贺性格中的积极成分主要表现在以下两个方面：

（一）哀而不伤的中和之美

首先，这一点表现在李贺部分讽刺诗的创作上。如在《追和何谢铜雀妓》一诗中，李贺讽刺曹操生前叱咤风云，死后却寂然无知，只用了一句"歌声且潜弄，陵树风自起"，意为现在我在铜雀台上浅斟低唱，但曹操你却寂然不能闻，只有陵墓周围的苍松的萧萧声为我伴奏。清人杨妍评价说："此贺得讽刺体而卒归温厚者也。"（《昌谷集句解定本》）① 也就是说李贺这首诗虽有讽意，但并没有违背温柔敦厚的"中和之美"。

其次，还表现在李贺虽然反复哀叹自己的不幸遭遇，但并没有颓废堕落、一蹶不振。在《示弟》一诗中李贺对自己的不得意有过这样的讲述："别弟三年后，还家一日余。醑醽今夕酒，缃帙去时书。病骨犹能在，人间底事无？何须问牛马，抛掷任枭卢。"据朱自清先生《李贺年谱》的考证，元和二年丁亥（807年）李贺年十八岁，到东都洛阳以歌诗谒见韩愈，受到韩愈的赏识，因而名震京师，但最终因不得意而返乡。② 这首诗就是作于元和五年（810年）他归里后的第二天，回顾三年的东都生活，他不禁感慨万千，庆幸自己多病的身体经过这么久的劳顿竟然还能支持。不能否认，李贺在这首诗里是有怨言的，清人姚文燮就认为李贺在此诗中有抱怨主司"颠倒英雄"（《昌谷集注》卷一）③ 之意，但以"英雄"自居说明他还是颇自信的，并没有妄自菲薄。可见，他并没有违背"怨而不怒"的创作原则。

再次，虽然李贺有一种天生的偏执，但他也时常流露出全真保性的超脱与旷达。在一首《咏怀》诗里他说："日夕著书罢，惊霜落素丝。镜中聊自笑，讵是南山期？头上无幅巾，苦蘗已染衣。

---

① 王友胜，李德辉：《李贺集》，岳麓书社2003年版，第184页。
② 朱自清：《朱自清古典文学论文集》，上海古籍出版社1981年版，第503页。
③ 王友胜，李德辉：《李贺集》，岳麓书社2003年版，第10页。

不见清溪鱼，饮水得相宜。"李贺年纪轻轻就有了白发，心中难免有人生易逝的哀伤。他知道"呕出心乃已尔"（李商隐《李贺小传》）的执着不是养生致寿之道，所以就警告自己不能走向极端，否则只能"役役而槁死于文字之间"（王琦《李长吉歌诗汇解》）。只有像鱼儿一样自由自在，才是合乎自然的生命之道。沈德潜以"达人之言"（《唐诗别裁集》卷八）来评价李贺"劝君终日酩酊醉，酒不到刘伶坟上土"（《将进酒》）之句也正是体会到了李贺这种超脱的心态①。史承豫评价《将进酒》一诗时也认为："此长吉诗之最近人、最可法者，风调从太白来。"（《唐贤小三昧集》）②在他看来李贺诗歌中"最近人、最可法者"恰恰是那部分具有李白的超旷风调的作品。这种作品看似平淡无奇，但却蕴含着深远的韵致。它们是诗人深沉的人生体验凝结的产物。

（二）爱情、友谊的和洽之乐

虽然李贺生性敏感、孤僻而且自幼体弱多病，但家庭的温暖又多少弥补了这一缺憾。母亲郑氏无微不至的关怀，夫妻之间的幸福甜蜜；兄弟之间也手足情深，在李贺的诗集中仅寄给弟弟及从兄的诗作就占了很大比重。况且他家境初时还宽裕，在这充满浓浓亲情的家庭中，诗人自由地成长。大约在十九岁这年，李贺与一位秀外慧中的女子喜结连理，美满的姻缘使李贺的诗作增添了许多积极欢乐的色彩。《后园凿井歌》虽然据钱仲联先生《李贺年谱会笺》考证可能是李贺悼念亡妻之作，但也可以从中看出他们曾经甜蜜生活的影子："井上辘轳床上转，水声繁，弦声浅。情若何？荀奉倩。城头日，长向城头住，一日作千年，不须流下去。"③这首乐府诗，借井架与井绳的两相依倚，来比喻自己与妻子的恩爱厮守，幸福往往是短暂的，因为担心情长世短，所以内心不禁要祈祷：挂在城头的太阳啊，你为什么要落下去呢，你挂在那里一千年该多好啊！从字里行间体现出的缠绵情意中，我们

---

① 吴企明：《李贺资料汇编》，中华书局 1994 年版，第 299 页。
② 王友胜，李德辉：《李贺集》，岳麓书社 2003 年版，第 347 页。
③ 钱仲联：《梦苕庵专著二种》，中国社会科学出版社 1984 年版，第 55 页。

能感受到沉浸在温柔缱绻的新婚生活中的年轻诗人的幸福。

此外，李贺与朋友的深情厚谊与亲密交往也在他的诗中有许多体现。如朋友沈亚之落第后，他作诗相送，既有"白藤交穿织书笈，短策齐裁如梵夹"的同情，又有"请君待旦事长鞭，他日还辕及秋律"的勉励，读来感人至深；有时候李贺也会和朋友开开玩笑，如他的诗集里有这样一段记载："谢秀才有妾缟练，改从于人，秀才引留之不得，后生感忆。座人制诗嘲诮，贺复继四首。"朋友与旧情人的绯闻已经传得沸沸扬扬，李贺还要"复继四首"对他们戏谑一番，可见他的幽默与放诞，同时他与朋友的那种亲密、融洽也跃然纸上。不仅如此，李贺连曾对他有过提携之恩的皇甫湜也不"放过"，因为皇甫湜身居闲职，所以常常门庭冷落，李贺便作诗一首嘲笑他说："官不来，官庭秋，老桐错干青龙愁。书司曹佐走如牛，叠声问佐官来否？官不来，门幽幽。"（《官不来题皇甫湜先辈厅》）虽说是戏言，但我们也能感受到师友之间的和洽自然的情谊。

从艺术创作的过程来说，生活中的和谐融洽营造了诗人"和谐恬淡"的心境，而诗人把这种心境用高超的艺术技巧变现出来，就产生了这些具有心灵之"和"的作品。

三、融入自然之"和"

李贺诗歌"和"的审美特点还体现为他善于把美好的自然景物转化成内涵丰富的审美意象，并借以营造引人入胜的艺术境界，可称之为融入自然之"和"。《苕溪渔隐丛话》曾引王直方的评论说："李贺《高轩过》诗中，有'笔补造化天无功'之句，予每为之击节，此诗人之所以多穷也。"宋人周必大《平园续稿》亦谓："昔人谓诗能穷人，或谓非止穷人，有时而杀人。盖雕琢肝肠，已乖卫生之术；嘲弄万象，亦岂造物之所乐哉？"可见，前人在谈到李贺诗歌对自然的表现时多关注他"嘲弄万象"的特点。当然，李贺"嘲弄万象"的行为在他的诗作中随处可见。如"酒酣喝月使倒行"（《秦王饮酒》）、"踏天磨刀割紫云"（《杨生青花紫石砚歌》）等诗句。虽然如此，李贺的诗歌中也有不少表现大自然旖旎风光的部分。含笑的兰花、茂盛的蒲叶、呢喃的燕子、舞动的杨柳……如此种种在李贺的诗歌中也并不是没有。下面就从两个方面论述李贺诗歌融入自然之"和"：

（一）自然景物的清新和畅

李贺在他的一部分诗作中表现了自然景物的清新和畅。如《春昼》有"朱城报春更漏转，光风催兰吹小殿"之句，"光风"是化用自《楚辞·招魂》"光风转蕙，氾崇兰些"之句，意谓雨止日出，风和日丽的景象，"催兰"意谓春风和煦，充满催促着兰花绽放的生命力。① 对于这首诗清人董伯音有过这样的解读："首十句咏北地逢春之乐，'越妇'五句，咏江南逢春之乐。"（见《协律钩玄》）② 也就是说在诗人眼中无论是"江南"还是"塞北"，都有无限的春光，都充满着欣欣向荣的生机和活力。他的《昌谷诗》对这一特点也有较好的表现，他在诗的起首就赞美昌谷的美丽风景说："昌谷五月稻，细青满平水"、"光洁无秋思，凉旷吹浮媚"。五月的田野，稻浪在和风的吹拂下微微颔首；景物光洁，不会让人有秋天的衰飒之思。诗人由于心情的舒畅，甚至产生了幻觉："莺唱闵女歌，瀑悬楚练帔。风露满笑眼，骈岩杂舒坠。"他把夜莺的鸣叫误认为闵女的歌声，把岩石间的花儿当成了一双双含笑的眼睛。《李贺年谱会笺》认为这首诗是二十四岁的李贺从长安初归故乡时创作的。当仕途受挫的李贺嗅到了家乡自由与清新的空气时，久被压抑的内心得到了舒展，从这首诗我可以看出他又重新找回了内心的幸福和宁静。除此之外，像他的《竹》诗："入水文光动，抽空绿影春。露华生笋径，苔色拂霜根。织可承香汗，裁堪钓锦鳞。三梁曾入用，一节奉王孙。"前四句描写了竹子高洁的生存状态，后四句写了它们非同一般的功用。全诗笔调温婉、语言质朴，对竹子的自然特点和文化意蕴都进行了恰当的表现。再如他的一首《南园》诗："花枝草蔓眼中开，小白长红越女腮。可怜日暮嫣香落，嫁与春风不用媒。"（《南园》其一）在春风和煦的春天，盛开的花儿或红或白，就像越国的美女一样晶莹剔透，

---

① 马茂元：《楚辞选》，人民文学出版社 1958 年版，第 193 页。
② 王友胜，李德辉：《李贺集》，岳麓书社 2003 年版，第 238 页。

美艳动人；即使凋落了也不用忧伤，因为已经有了"春风"这个如意郎君做自己的归宿。诗人用奇妙的想象赋予花草以人性，也成功地为读者营造了一个清新和畅的诗境。

（二）人与自然的和谐交融

这种和谐交融首先表现为人在自然中和洽的生存状态。如《昌谷》诗："高眠复玉容，烧桂祀天几"、"竹薮添堕简，石矶引钓饵"、"泉樽陶宰酒，月眉谢郎妓"等诗句，无论是写"烧桂祀天几"的高人、还是写"石矶引钓饵"的隐士、又或者是写携妓载酒而游的文人雅士，都能适性而为、自由自在，丝毫没有俗世的纷纷扰扰，这就很好体现了人与自然的和谐交融。又如李贺《题赵生壁》一诗："大妇然竹根，中妇舂玉屑。冬暖拾松枝，日烟生蒙灭。木藓青桐老，石泉水声发。曝背卧东亭，桃花满肌骨。"明人曾益评曰："然竹根以供炊，舂玉屑为饭，此家人之可乐。拾松枝以续薪之不足，冬暖时寒而气和，故日与烟互蒙而互灭，此天时之可乐。木有桐而藓生则老，溪有泉而石击则声发，此林泉之可乐。"（《昌谷集》卷三）[1] 也许在李贺看来无论是"家人之可乐"、"天时之可乐"还是"林泉之可乐"都离不开自然为人类提供的丰富的资源，而人类对这些资源如果能加以合理的利用就能为自己营造一种和洽的生存状态。

其次，这种人与自然的和谐还体现在自然之美对人的心境的熏染上。在《蝴蝶舞》一诗中李贺写道："杨花扑帐春云热，龟甲屏风醉眼缬。东家蝴蝶西家飞，白骑少年今日归。"在这首诗里，李贺用"杨花"、"春云"、"蝴蝶"这些春天特有的景物衬托出了一个少女躁动的内心世界，因为她的"白骑少年"今天会回到她的身边。正如姚文燮所说："春闺丽饰，以待良人。乃走马狭邪，如蝴蝶翩翩无定。今忽游罢归来，喜可知已。"（《昌谷集注》卷三）全诗被一种青春的羞涩和喜悦的情绪笼罩，给读者带来了一种甜蜜而又朦胧的美感享受。这种自然之美对人的心境的熏染在《追和柳恽》一诗中也有体现："汀州白蘋草，柳恽乘马归。江头

① 吴企明：《李贺资料汇编》，中华书局1994年版，第173页。

楂树香，岸上蝴蝶飞。酒杯箸叶露。玉轸蜀桐虚。朱楼通水陌，沙暖一双鱼。"诗人巧妙地让自然景物与人物交替出现，使乘马而归的人与翩飞的蝴蝶、畅游的鱼儿融为一体，给人造成了一种在美丽的大自然中穿行的惬意与愉悦。这些充满生机与活力的景物伴随着嗒嗒的马蹄声所产生的节奏感，不仅会使景中人陶醉不已，甚至也会令诗歌的欣赏者在内心产生生命的律动。

明人陈献章在《认真子诗集序》中曾用"发乎天和"来呼吁自然之美，他说："言，心之声也。形交乎物，动乎中，喜怒生焉。于是乎形之声，或疾或徐、或洪或微，或为云飞，或为川驰。声之不一，情之变也。率吾情，盎然出之，无适不可。"① 这样的论述正好可以用来评价李贺融入自然之"和"的这部分诗，因为它们都是诗人"率吾情，盎然出之"的结果。在李贺的这部分诗作里，宇宙是一个和谐相生的大系统，而人类已经完全融入了这个系统。

四、对立统一之"和"

对于"和"在李贺诗歌中的表现，上面已经进行了三点论述。第一点是针对李贺诗歌的形式而言的，后两点是针对李贺诗歌的内容而言的；但无论从形式上还是从内容上所展开的论述，笔者的视域都只锁定在李贺的那部分明显具有"和"的特点的诗歌上。事实上，李贺的那部分以奇诡峭拔、冷艳幽微而著称的诗歌也具有一些"和"的特质，但它们是隐含于李贺诗歌各种不同风格既对立又统一的辩证关系中的，因此可称之为对立统一之"和"。

《论语·子路》篇中有"君子和而不同，小人同而不和"的论断，在《论语》中"和"多与"同"作为一对相反相成的概念出现。② "同"是事物之间毫无个性的绝对一致，而"和"却是各具特色的不同事物在矛盾对立诸因素的作用下达到的一种和谐的状态。这种对立统一之"和"在李贺的诗歌中有着比较明显的体现。如《听颖师弹琴歌》一诗，李贺时而写琴声的幽忽激楚，时而写

---

① 陈伯海：《历代唐诗论评选》，河北大学出版社2003年版，第561页。
② 杨树达：《论语疏证》，上海古籍出版社1986年版，第327页。

琴声的清肃缥缈，猛烈时如周处斩蛟，舒展处如张旭草书；诗中既有"凤语"、"春竹"这样充满生机与活力的意象，也有"病客"、"药囊"这些病态、凄厉的意象。这些意象表面上是对立的、不兼容的，但事实上正是这些繁多的对立意象构成了这首诗整体意境的和谐。难怪黄陶庵会在"暗佩清臣敲水玉，渡海蛾眉牵白鹿。谁看挟剑赴长桥？谁看浸发题春竹？"下面写上"凄和幽壮"（清黎简《黎二樵批点黄陶庵评本李长吉集》卷四）的批语，"凄"与"和"、"幽"与"壮"这两组对立的风格同时被短短的几句诗所容纳，并且毫无拼凑、刻意之感，这正是我们所说的不同事物在矛盾对立诸因素的作用下所达到的那种和谐的状态①。再如他的《梦天》一诗："老兔寒蟾泣天色，云楼半开壁斜白。玉轮轧露湿团光，鸾珮相逢桂香陌。黄尘清水三山下，更变千年如走马。遥望齐州九点烟，一泓海水杯中泻。"诗的第一句就用"老"、"寒"、"泣"诸字营造了一个凄冷的氛围，使人误以为接下来肯定会有一连串的谲怪意象出现，然而诗人却笔锋一转变"鬼语"为"仙语"，用"玉轮"、"团光"、"鸾珮"等意象把读者带进缥缈的月宫；当读者从那里俯视下界的时候，发现陆地只是一片黄尘，大海只是一泓清水，人世变化如沧海桑田，迅疾无常，读者自然地就产生了对那个泯灭了时空界限的世界的深深向往。"诡异"与"平和"、"凝重"与"飘逸"种种对立的因素被融化在一起，构成了这首诗醉人的艺术特质。这首诗之所以能有如此神奇的艺术效果，与诗人熔铸杂多的对立意象为统一的和谐诗境的艺术手腕是密不可分的。除此之外，这也与李贺复杂、微妙的精神世界息息相关。陈允吉先生在《〈梦天〉的游仙思想与李贺的精神世界》一文中认为："李贺又是一个企美离绝现世的臆想者，他在这首诗中展示的神仙境界，是要通过艺术形象来说明，到达此间的人们可以摆脱自然规律的限制，没有衰竭和死亡的胁迫，一切都是充满着青春的活力和美的和谐。"② 也就是说，由于内心的苦闷和对

---

① 王友胜，李德辉：《李贺集》，岳麓书社 2003 年版，第 397 页。
② 陈允吉：《〈梦天〉的游仙思想与李贺的精神世界》，《文学评论》1983 年第 1 期，第 99—106 页。

现实的不满，李贺产生了对虚幻缥缈的"彼岸世界"的向往，并希望借此来摆脱俗世的羁绊，所以在李贺的诗歌中才有许多对那个充满"青春的活力和美的和谐"的仙境的描摹。而李贺这种徘徊于人世与仙境间的游移心态也使他的诗在"谲怪"、"瑰伟"中糅入了"和谐"的因子。

古希腊哲学家赫拉克利特指出："自然是由联合对立物造成的和谐，艺术也是这样。如绘画混合着白色和黑色、黄色和红色，音乐混合着不同音调的高音和低音、长音和短音。"在他看来自然就是各种对立物融为一体而造成的和谐，只有在各种相反相成的因素的共同作用下，才能产生卓越的艺术作品。① 对于这一点，中国古人也有类似的认识。春秋时期齐国大夫晏婴认为："和如羹焉，水、火、醯、醢、盐、梅，以烹鱼肉，燀之以薪，宰夫和之，齐之以味，济其不及以泄其过。"也就是说厨师只有把鱼肉配和各种调料以精到的厨艺加以烹制、使各种味道达到和谐相容，才能做出美味佳肴；同时晏子也认为音乐的和谐就是在于将声音的"清浊、大小、短长、疾徐、哀乐、刚柔、迟速、高下、出入、周疏以相济也"（《左传·昭公二十年》）②。总而言之，无论色彩的白与黑、味道的咸与淡还是音乐的哀与乐，虽然表面看是对立的，但实际上只有把它们融为一体才能构成真正的和谐之美。李贺的一部分诗歌中所体现的对立统一之"和"亦是如此。

综上，通过对李贺创作实际的考察，基本上可以断言"和"在李贺多样性的诗风中确有一席之地。但这里对"和"的地位的强调，并不是想把它抬高到无以复加的地位，只是因为它有被李贺诗歌的主体风格掩盖的不利趋向。清人王琦就曾对这种趋向表示过不满，他说："樊川序中反复称美，喻其佳处凡九则。后之解者，只拾其'鲸呿鳌掷、牛鬼蛇神、虚荒诞幻'之一则，以为端绪，烦辞巧说，差爽尤多。"（《李长吉歌诗汇解序》）在王琦看来，杜牧是肯定了李贺诗歌风格的多样性的，只是后人只执其一端，过于强调李贺诗歌的主要特征而忽视了其诗歌的其他特质。

① 袁济喜：《和：审美理想之维》，百花洲文艺出版社2001年版，第209页。
② 徐中舒：《左传选》，中华书局1963年版，第259页。

近年来李贺诗歌风格的多样性逐渐引起了研究者的重视，而对"和"这一重要风格特点的探讨却相对不足；因此，笔者在这里对其进行了一些粗浅讨论，以期进一步加深对李贺诗歌风格多样性的认识。

我将论文投给《广东技术师范学院学报》（原《广东民族大学学报》），很快收到用稿通知，已经发表在2011年第6期上。我认为这是一次师生合作都愉快的毕业论文写作过程，与过去的论文指导相比，有几点不同：过去我们搞论文指导，尽管有各种动员，尽管讲论文写作有怎样怎样的重要意义，但是学生总像迫于无奈似的接受这个任务，为了拿到学位证书，他们像了差事一样对待论文的写作。要么交不出开题报告，要么拖拖拉拉，逼到火烧眉毛时，东拼西凑或干脆网上下载论文交给老师，老师又要辨别真伪，还要殚精竭虑提出各种修改意见，推荐阅读一些相关书籍，但是一概付诸东流，每次论文指导都成为老师们烦恼困惑的事情。学生们通过论文写作也未必能够提高多少表达能力和科研水平。而这次论文指导则不同，是学生兴趣所在，是他愿意研究的课题，他围绕课题阅读了大量文献资料，并且尝到了写论文的辛苦与快乐，拓展了视野，训练了思维，锻炼了写作能力，老师也很轻松愉悦。最终成为师生双方合作的骄傲。黄金灿不无感慨地说："学生通过论文的写作，知道了写作的艰辛，在反复磨炼中我提高了自己的阅读与写作水平。这段时间以来，在您的指导下我学到了许多在书上甚至在平时的课堂上都无法学到的东西，对我将产生永远的影响。我决心继续努力，打好基础，作出更出色的成绩。"该生果然没有就此止步，而是继续发奋学习，已经读完了《杜诗镜铨》和《读杜心解》等著作。我突然觉得，这不正是我们教学所要的教学效果吗？

教给学生终生受用的东西，应该是所有教学的终极目标。我们离那个目标还很远，需要继续付出艰辛的努力。

下 编

一切从实际出发
——中文系 77 级古代文学课的教学

姚国荣[*][1]

文学课教学在中文系专业课中具有举足轻重的地位，如何提高它的教学质量是领导和师生极为关心的问题。担任此门课教学的老师在实践中积极地进行着有益的探讨。期中教学检查时，77 级古代文学的任课教师余恕诚讲师谈了自己的体会：文学课教学必须从学生原有的知识基础出发，必须从作品的实际出发。

77 级古代文学本学期讲授的是唐代部分。唐诗的不少名篇，学生都比较熟悉，似乎一看就懂，学生手中至少都有两种不同版本的文学史和作品选注之类的教材。面对这种情况，如何教才能使学生在现有基础上得到进一步提高呢？对这个问题，余老师是经过一番思索的。他认为，现在对象不同了，教师就不能照搬前几年老章程了，而必须适应学生的实际水平，使教学内容建立在更高一些的基点上。余老师本学期在教初唐和盛唐的诗歌时，便从阅读作品和介绍必要的文学史知识入手，着重向培养学生的分析和欣赏能力方面提高。他把介绍文学史和串讲作品的时间压缩到最小的限度，赢得时间，在分析和鉴赏作品方面下工夫。谈到分析作品，有的教师担心会陷入架空分析的泥坑，目前的文学课教学也确实或多或少仍然有这种架空现象。余老师

---

* 姚国荣（1937—　），安徽歙县人，当时担任安徽师范大学中文系教学秘书工作，后任安徽师范大学中文系副主任、党总支书记。

分析作品，既不是旁征博引，也不是每篇作品都程式化地大谈什么历史背景、主题思想以及在文学史上的地位等等，而是从每篇作品本身的语言文学因素出发，分析其内容和艺术。如在讲授杜甫的《闻官军收河南河北》时，他重点分析诗人如何通过奔迸和递进相结合的抒情方式，表达自己极度兴奋喜悦的思想感情。他抓住三个细节，即"泪满衣"、"看妻子"、"卷诗书"，分析诗人感情的第一次爆发；又抓住诗人"向洛阳"的回家之想，分析感情的第二次爆发。向学生介绍，这种表达感情的方法，是在奔迸中包含着递进。他还从作品的语言因素着眼，指出诗人创造性地在每句中用一个虚字，构成紧凑呼应的语气，与细节描写相结合，准确地表现出作者在一刹那感情爆发、喷涌和变化的脉搏。这样分析作品，很受学生欢迎，他们说："余老师讲课，不是以华丽的辞藻取胜，而是用深刻独到的分析服人。"

课堂上的50分钟是宝贵的。由于余老师能从学生原有的知识基础出发，比较好地处理了教学内容的详略关系，所以能在有限的时间内传授给学生多一点的知识。他算了一笔账：给上届学员讲唐诗，从开始讲到李白，只讲了五个作家的十首诗；这一届，讲到李白时则比较详细地分析了十一个作家的四十多首诗。

余老师讲唐诗的另一特点是能够从作品的实际出发。他分析作品不面面俱到，不用固定的模式去套，而是抓住其主要特点讲深讲透。如讲杜甫的《春望》，他抓住"情景交融"这一点，层层剖析，步步加深。从探讨反衬和"加倍"的艺术手法着手，着重把诗的思想和艺术综合起来分析。提出：这首诗不是一般的情景交融，而是情景与时事的交融，痛苦和希望的交织。在讲杜甫的《咏怀五百字》时，侧重点分析诗作的思想内容，思想内容搞清楚了，杜甫作品的思想价值和局限也就基本搞清楚了。有的唐诗，读者大有"只可意会，不可言传"之感，教师则必须尽可能把它"言传"清楚。余老师讲授此类作品，经常运用学生所熟悉的生活现象作比较说明，或借用其他手段来帮助学生理解诗的意境。如陈子昂《登幽州台歌》，字面上没有背景描写，但细细体味全诗，它是以中国北方空旷的天际和原野为背景的。这样一种背景，更加衬托出诗人虽有远大抱负，但又怀才不遇，不逢知音的孤独感。为了说清这一点，余老师在黑板上挂出了徐悲鸿的名画《群马》，画家也几乎没有画背景，但是通过骏马翘首远望，却令人想到画面上留下的一片空白，正是辽阔的天空和无边的草原。借用这幅画来分析《登幽州台歌》是有启发的。学生反映，余老师讲课，真正把我们带入了诗的意境，是艺术享受。

余恕诚老师讲唐诗的经验，集中到一点，就是一切从实际出发。这对中文系提高文学课的教学质量，是有一定借鉴价值的。

（原载《安徽师大报》1980 年 1 月 15 日）

一语惊天

刘人云[*][1]

　　"一语惊天"，《现代汉语词典》上没有解释，我想它是指那些含有独立、新颖、深刻的思想却以简明扼要的话语来表达，而对闻者造成很大的冲击力，或使人如闻天语，或使人豁然开朗，从而使人的思想认识产生了一个飞跃，上一个台阶，使人有"听君一'句'话，胜读十年书"之感，实为知识者人生中的幸事。

　　笔者就时有这种感觉，说起来话长。记得 60 年代初期，我的一个舅舅来我家跟我们谈心，他说右派里面也有好人，对我这个初中生来说，当时是大吃一惊！如此"反动"的言论竟出自亲人之口，在当时充满阶级斗争气息的环境中真是如闻天语。

　　但就读书评书范围内的"一语惊天"来说，在 80 年代改革开放以后，才听得越来越多。笔者当时正在安徽师范大学中文系读书，听到教唐代文学的余恕诚教授的课，就常有"一语惊天"之感，精神亢奋，获益非凡。

　　如有次他讲到郭沫若先生在"文革"中写的那本颇有影响的《李白与杜甫》时说："如果你要研究李白与杜甫，就不必读此书；但你要研究郭先生，此书你则非读不可。"真是独具慧眼，一针见血！它既使我们明白了该从怎样的角度去读此书，更使我们明白了一个重要的读书方法，那就是读书时还要读"时代"，读"作者"，才能准确地把握作品的思想倾向。

　　又如评价大诗人杜甫的名作《兵车行》，余教授又发出"惊天"之语。他说："过去我们有很多评论，平时就说《兵车行》是反对黩武、忧国忧民的作品；而到'左'的思想抬头，猛烈批判封建主义，以及

---

　　* 刘人云，安徽芜湖人，安徽师范大学中文系 1977 级毕业生，曾发表新诗多首；教育部首届全国中学语文骨干教师，曾任深圳市罗湖区翠园中学副校长。

修正主义'三和''两少'路线的时候，就说《兵车行》是宣扬和平主义的反动作品，真是因时而异，失掉了实事求是的态度。"这番话使年青的我们深切地懂得了，对诸多文艺评论文章也不能盲信盲从，要有自己的独立思考和实事求是的科学态度。

还有一次评论大诗人李白。在谈到李白的世界观时，余教授说，历来的评论家对此说法不一，文学史上的评价也各不相同，有人说他以儒家思想为主，有人说他以道家思想为主，有人说他以佛家思想为主。其实，李白的世界观跟一些敏感而热情的大学生倒相似，今天崇拜萨特，明天又去读尼采，再过几天又是罗素，学得快，换得也快。从这个意义上说李白之所以能始终具备诗的激情，正因为他始终保持了年轻人的一些天性。

当时听了余教授的这番话，大家禁不住在课堂上鼓起掌来。如此实事求是的新颖独到的见解，真使我们茅塞顿开，如沐春风。

大学毕业后，我曾去余教授家拜访，表达我们念念不忘的感激之情，余先生也动情地说："我在你们这班老三届大学生中得到了不少'知音'，我也因此而感到欣慰。"对一位教师来讲，恐怕没有什么能比学生对他学问的由衷敬佩更叫他高兴的事了。

这么多年来，在茫茫书海中，在森森人海中，我始终努力地寻求那些"惊天"之语，并对这些陌生的或熟悉的"天语"制造者充满了敬意，因为正是他们酿造了我精神食粮中的"高蛋白"。另外，我自己也努力制造着那些"惊天"之语，在自己的文章中，在自己的教学中，在与朋友的思想碰撞中，努力使自己保持对真理以真诚的爱和实事求是的独立的科学态度。我感到，只有这样，才能使自己一步一步接近真理，一步一步接近世界和人生的真谛。培根说得好："研究真理（就是向它求爱求婚），认识真理（就是与之同处），和相信真理（就是享受它），乃是人性中最高的美德。""惊天"之语之所以得到明智者的酷爱，正因为它当中含有新鲜独特的真理。

（原载《深圳特区报》1995 年 10 月 30 日）

严谨治学 谦虚为人

——记余恕诚教授

张智华[*][1]

余恕诚先生是我国著名的唐代文学研究专家。现任安徽师范大学中文系教授、硕士生导师、古籍整理研究室主任。为省级重点学科中国古代文学专业点学科带头人、安徽省学位委员会委员、八届全国政协委员。1991 年获"全国优秀教育工作者"称号。

余先生出生于 1939 年，安徽省肥西县人。1951 年入肥西初级师范读书，成绩优异，1954 年被保送进六安师范学校。1957 年，又以全年级第一名被保送进安徽师范学院（今安徽师范大学前身）。1961 年留校任教。自小学毕业后，历经初师、中师、高师，然后又一直在高师任教，首尾四十余年。余先生曾戏称自己有"师范情结"。由于长期在师范学校学习、任教，余先生对教育理论与实践非常重视，教学和科研都取得突出成就，为人所称道。

余恕诚先生在中国古代文学特别是唐诗研究方面，既有坚厚的文献基础，又有较高的理论水平，合二者之长，做到了严谨求实而又富有创新精神，被同行专家认为是"多所建树"且又富有潜力的学者。他的理论修养，包括在辞章方面的修养，基于在中师和大学学习阶段，阅读了大量中西文艺理论书籍和文学作品。大学阶段，他发表过诗歌、特写和现代文学以及外国文学论文，使他在理论和辞章方面，培养起浓厚的兴趣，并得到了良好的锻炼。他的文献基础，则主要是在 1963 年以后逐步建立起来的。这一年，比他长六岁的刘学锴先生从北京大学中文系文献专业调至余先生所在单位。刘先生对典籍的熟悉，令他佩服，开始注意加强文献方面的功底。此后，他的学术研究，基本上

---

　*　张智华（1963—　），安徽肥东人。1985 年毕业于安徽师范大学中文系，后师从南京大学周勋初、莫砺锋教授，获硕士、博士学位。现为北京师范大学艺术与传媒学院教授、博士生导师。

沿着文献材料与理论思维并重的路子向前发展。他与刘学锴先生长期从事合作的李商隐系列研究，突出地体现了文献实证之学方面的功力；他所进行的唐诗风貌及其文化底蕴的系列研究，则发挥了理论分析之长。

余先生与刘先生合作进行的李商隐系列研究，目前已经出版和完成的著作有：《李商隐诗选》（人民文学出版社，1978 年初版，1986 年修订再版）、《李商隐》（中华书局，1980 年版）、《李商隐诗歌集解》（中华书局，1989 年版）、《李商隐研究资料汇编》（中华书局，待出）。这一系列著作的陆续问世，受到学界重视。《李商隐诗选》是新中国成立后出版的第一部义山诗选。论者认为：该书"选目精当，注释详博"。（董乃斌《李商隐研究述评》，载《唐代文学研究年鉴》1983 年版）已重印五次，获安徽省 1978—1985 社科优秀学术成果二等奖。《李商隐》则是国内首次出版的李商隐评传。"第一次系统地论述了李商隐的生平和创作道路，对他的政治诗、咏怀诗和无题诗的思想内容作了重点的举例介绍，相当细致精辟地分析了李商隐诗歌的艺术特色，阐明了它们在文学史上的地位和影响。"（董乃斌《李商隐研究述评》）《李商隐诗歌集解》则不仅系统地总结了历代李商隐诗歌研究成果，为研究者提供了一部经过全面整理的最完备的李商隐诗歌版本，而且总体上代表了 80 年代国内李商隐研究的先进水平，也体现了古籍整理与研究相结合的方向，获得学界的高度评价。傅璇琮先生在《古籍整理应力争高质量》（《书品》1990 年 2 期）中称此书是"为学术界称道的好书"，"是近年来古典文学研究的新收获"，誉之为"扛鼎之作"。周勋初先生在《中国大陆唐代文学研究的回顾与前瞻》中称此书为近十年来"规模庞大的经意之作"。1992 年，该书获全国首届古籍整理图书三等奖。1995 年，又获国家教委全国高校人文社会科学优秀成果二等奖和安徽省高校人文社会科学优秀成果特别奖。

李商隐不仅是唐代诗人中的大家，同时是骈文大家。他的"四六文"被认为是"今体之金绳，章奏之玉律"（孙梅《四六丛话》）。其散文亦以思想深刻和富有艺术个性见称。深入研究樊南文，不仅可以从文的角度总结其艺术经验，而且有助于揭示其诗、文创作的相互联系与总体成就。玉溪诗的研究，自清初以来，向为热门课题；樊南文的整理研究，则相对沉寂。冯浩《樊南文集详注》、钱振伦兄弟《樊南文集补编》在校笺注释及系年考证等方面用力甚勤，堪称双璧。张采田《玉溪生年谱会笺》、《玉溪生年谱会笺平质》，对冯、钱、张、岑之说也有不少须加辨正。且一人之文分置两集，同时之作，往往分割（钱振伦《樊南文集补编》自序即曾希望有人"更合本集以成完书"）；诸家之说散在各书，寻检查核既费时间，又易遗漏。兼之按体编次，难以反映创作历程。有鉴于此，余先生又与刘先生商订，将李商隐所有存世之文（包括《樊南文集》、《樊南文集补编》及新辑佚文）合为一编。按年编次，辑录诸家笺校注释、系年考证，并加上编著者的考订补正成果，编成一部新整理本《李商隐文编年辑注》。这一计划，得到了全国高校古籍整理工作委员会和中华书局的支持，目前已完成文集编年和佚文收集。这部《李商隐文编年辑注》，将与《李商隐诗歌集解》、《李商隐研究资料汇编》等书配合，形成完整系列。给学界及广大读者，提供最全备的李商隐著作文本及研究资料。

余先生所进行的"唐诗风貌及其文化底蕴"系列研究，目前已发表长篇论文十多篇，完成专著《唐诗风貌》一部。新中国成立以来唐诗研究取得巨大成绩，但理论研究相对薄弱。50 年代至 70 年代，从政治经济背景和阶级斗争方面，对唐诗加以诠释研究，虽有一定的合理性，但做法却相当机械、粗糙、狭隘，未能充分揭示唐诗丰富多彩的面貌，更未能深入揭示诗歌与社会生活之间有机联系与转化基因。80 年代，学术思想趋于活跃，同时受西方文论影响，研究方法有很大转变，取得不少可喜成果。但有些人仅着眼于所谓"内部规律"，忽略社会生活对文学创作的推动制约作用，甚至任意编造"规律"，有以"六经注我"的文化唯心主义之嫌。针对以上两方面偏颇，余先生的"唐诗风貌及其文化底蕴"系列研究，坚持历史唯物主义观点与方法，注意"知人论世"，注意在诗歌风貌与社会生活之间，寻找和把握它的中间环节。专著《唐诗风貌》，分别就唐诗总体风貌、唐诗各阶段风貌、唐诗主要流派和主要体裁的风貌展开论析。从精神内质到外在表现，指出风貌特征，并从根源上加以分析探讨。每章在集中揭示某一方面特征的同时，联系当时文化背景、诗人生活与创作心态，指出这种风貌特征出现的基因。该书可以说是紧扣唐代文化背景与唐诗创作之间的关系，对唐诗所作的一种文化学与文艺心理学的阐释，并进一步把对唐诗的审美，引向对唐代精神文化的吸收与借鉴。余先生的有关系列论文，取径与专著《唐诗风貌》相近，文章分别选择唐诗中一些有意义的课题，把种种文学现象、文学特点，与社会政治经济的变迁、社会文化思潮的演化以及文人自身的情感体验结合起来进行剖析，予以追本求源。如唐代贞元末至元和年间，韩愈和白居易在诗坛上各树一帜。韩奇险，白平易，成为两种极端。同一时期之诗，平易与奇险之间拉开那么大的距离，原因究竟何在？叶燮《原诗》云："开宝之诗，一时非不盛。递至大历、贞元、元和年间，沿其影响字句者且百年。此百余年之诗，其传者已少殊尤出类之作，不传者更可知矣。必待有人焉起而拨正之，则不得不改弦而更张之。愈尝自谓陈言之务去，想其时陈言之为祸，必有出于目不忍见，耳不堪闻者……排之者比于救焚拯溺，可不力乎？"叶燮所说的"百余年"，把大历、贞元、元和都包括在内，这一阶段的重要诗人元稹、白居易自然也在其中。如此一来，韩愈"起而拨正"的对象，就难免没有元、白在内。后来，史家复加以发挥，说"（元白）通俗化的诗，被新进小生转展仿效，变成支离褊浅的庸俗化的诗，陈词滥调，充满诗苑……要挽救庸俗化的弊风，需强弓大戟般的硬体诗，来抵消元白末流的软体诗。韩愈一派人，很好地负起了挽救的责任。"这样一个"通俗诗—庸俗诗（软体诗）—硬体诗"的推移顺序，在逻辑上似乎非常顺理成章，几成定论。余先生的《变奏与心源》（《江淮论坛》1990年第3期）、《韩白诗风差异与中唐进士阶层思想作风的分野》（《文学遗产》1993年第5期）等文指出，韩愈、孟郊的生活年代、韩孟诗人集团的形成及其开始创作的时间，都早于元白，从而有力地否定了韩孟纠元白之偏的臆说。余先生又论述中唐进士阶层有两类人物：一类是深于儒学，并坚定地以儒学从事政治活动和思想教化的人物；一类是世俗气比较重的文学才士。前一种人在创作上有通之于儒学政教的雄杰瑰伟，后一种人有俊才达士的通俗自在。通过这样的分析，就从创作主体的思想作风和心理特征上回答了韩、白诗风所以存在巨大差异的根源。余先生的《初唐诗坛的建设与期待》（《文学遗产》1996年第5期）针对初唐诗歌经过上百年的徘徊，始终未出现诗歌高潮和一流作家的现象，从创作主体上进行探源，指出陈子昂虽然从理论上提出了风骨问题，但风骨离不开性情。而诗人性情的充分发展，是要到开元之世才有可能。文章着重考察了从武后时期到开元年间的思想文化发展和诗人身份的变化。论证伴随盛唐到来的各种社会条件，多方面催发诗人的性情，推动了盛唐诗歌高潮的出现。这一论述，也是在诗歌风貌与社会背景之间寻求中介，从诗人的性情方面回答了唐诗何以经过百年的徘徊和期待，才迎来盛唐高潮的问题。

余先生的研究，在一些领域里曾起了领先和带头的作用。《唐诗所表现的生活理想和精神风貌》（《文学遗产》1982年第2期）"突破了'只有揭露黑暗才算进步文艺'这样一种狭隘的观念"（周寅宾《也谈唐诗的生活美与精神美》，《文学遗产》1983年第1期），被认为"对开创盛唐文学研究新局面"（吴庚舜《盛唐文学研究》，《唐代文学研究年鉴》1983年）有推动作用。《战士之歌与军幕文士之歌》（《文学遗产》1985年第1期）论证盛唐两类边塞诗之所以不同，原因在于岑参、高适是边帅幕府中的文士，而另外一些诗人并未进入边镇幕府。这一论述，即为近年来一些学者研究唐代幕府与文学关系开了先声。周勋初先生谓其"视野开阔"，"扩展到了幕府与文学多种关系的探讨，其意义不是单纯文学研究可以包容"（《中国大陆唐代文学研究的回顾与展望》）。唐代诗歌与政治之间关系，本是唐诗研究中最具关键性的问题之一。但在80年代至90年代前期却一度被淡化，最近学界在这方面的研究又得到了加强。而余先生在探寻唐诗风貌的根源时，一直把政治背景作为关注点。《政治对李杜诗歌创作的正面推动》（《江淮论坛》1994年第2期）、《杜甫在肃代之际的政治心理变化》（《文学遗产》1992年第4期）等文，堪称深入探讨政治与唐诗创作之间关系的力作，前一篇文章获安徽省社科优秀成果奖。这些表现了余先生在唐诗理论研究方面，往往看得比较长远，走在风气之前。

余恕诚先生在治学上，特别注意以下几点：

（一）建立据点，点面结合

认为治学须有自己的立足点。从事唐诗学研究，首先需精读、精研一两位大作家著作，作为根据地。务求有所心得，超越一般水平。这样，才不致浮泛，不致貌似广博，而实际上没有任何一点突破别人之处。当然，建立据点不是死守一经，囿于一点，而是由一些关键性的作家作引导，获得对其他作家作品、对文学史发展脉络更深入的体会与了解。"点"可以不断增殖、扩展，通过点的辐射、旁通，逐渐达到点面结合。余先生研治唐诗学的"点",先是李白、杜甫,然后是李商隐、韩愈,通过对四家的研读,占领唐诗研究的"制高点",进而纵览全局。

(二) 实证研究与理论研究结合

余先生把资料考证理论分析比喻为"彩凤双飞翼"的两翼。他在气质上是倾向于理论型的,但他认为如果没有新材料,或对于材料的新认识,就不可能有新学问。要求一切理论都必须有坚实的材料作依据。1963年3月3日,余先生在《光明日报·文学遗产》专栏发表了《读〈李白欣赏池塘生春草〉一文后》,对一位前辈在一篇短文中五处材料错误和一处重要遗漏进行订正。这是余先生发表的第一篇唐诗研究文章,标志他跨入学人生涯的第一步,就非常重视对材料的掌握。1973年,余先生发表了《李白出生于中亚的又一确证》(《安徽师大学报》),指出李白《江西送友人之罗浮》诗中有未曾被学者注意到的"乡关眇安西"之句。关于李白出生地,学界一直争论。但所据材料,出自李阳冰等人之手。从李白自己作品中找到出生西域的证据,这是唯一的一处。余先生的发现,后来通过郁贤皓先生关于李白出生地的评述,见于《新华文摘》(1983年第4期),得到学界重视。1985年余先生发表《战士之歌与军幕文士之歌》,当时边塞诗问题为学界争论热点,而争论各方,或认为边塞诗具有爱国主义精神,或认为边塞诗宣扬黩武,都有把边塞诗笼统地一锅煮的偏颇。余先生则从细致具体地排比材料入手,分析岑参、高适边塞诗与李白、王昌龄等人边塞诗,从思想内容到艺术风貌的差别,从而在边塞诗中划分出两大不同类型的作家群,"提出了不同于前人的看法"(《文学遗产》"编后记"),为边塞诗研究开出一条新的思路。这些论文以理论研究为主,利用实证研究为其提供坚实的依据。而余先生侧重实证研究的著作,则又经常融入大量理论研究。义山诗素称难懂,单凭文献、训诂之学,许多问题难以解决。余先生在征引材料、进行笺释校注的同时,运用多学科知识,将实证与理论研究相结合。义山诗集的笺释,不仅在古籍整理中达到了新水平,而且代表了新方向。

（三）量力而行，不断拓宽

确定课题，主张从实际能力和条件出发。余先生认为如果盲目追求大课题，力不从心，很难形成有质量的成果，对人对己，均有害无益。他引用孟子的话："五谷者，种之美者也；苟为不熟，不如荑稗。"认为如果条件不具备，宁为荑稗，不可为不熟之五谷。李商隐研究，从诗选，到小型评传，到集解，到形成完整系列，就体现为量力而行、不断扩宽的过程。在《李商隐诗选》刚刚脱稿的时候，中华书局编辑马蓉先生曾约请承担李商隐全集整理注释的任务。余先生和刘先生认为一时非力所能及，决定先从前人已有相当研究基础的诗歌做起，编著《李商隐诗歌集解》。1994年，《新编全唐五代文·李商隐文》校勘编年任务完成，余先生觉得整理全部樊南文的条件已经成熟，于是立即和刘学锴先生拟定了从事《李商隐文编年辑注》的计划。余先生实事求是而又不断进取的精神和思想方法，值得学习。

数十年来，余先生在研治古代文学的同时，一直从事古代文学教学工作。1978年起，又担任指导唐宋文学专业硕士生的任务。先生的课堂教学，不仅厚重扎实，而且深入浅出，新颖独到，生动而富有启发性。他善于辩证地处理各方面的关系，包括史与作品的关系，考据与一般阅读的关系，基础知识与理论分析、艺术鉴赏之间的关系，利用以往研究成果与吸收科研新成果的关系，总结文学史规律与贯彻文艺思想教育的关系，等等。余先生的讲授，在课堂上能形成一种浓厚的文学气氛，产生强大的感发力量，受到历届学生的高度评价。他担任导师的硕士点，在国家教委组织的质量评估中，被评为A等甲级。余先生严于律己而待人宽厚。他与刘学锴先生精诚合作，共事三十余年，在学界传为佳话。他乐于为课堂教学奉献大量的精力和时间，并热忱帮助青年教师。

（原载《古典文学知识》1997年第5期）

人品高尚　才学精深
——记余恕诚

袁晓薇[*1]

余恕诚是以长期从事唐宋文学研究和教学而享有盛名的专家，现任安徽师范大学文学院教授、硕士生导师。为省级重点学科中国古代文学专业学科带头人、安徽省学位委员会委员、八届全国政协委员。1991年获"全国优秀教育工作者"称号。执教数十载，不仅以其学术上的突出成就为人称道，而且以其高尚的品德修养和精神风范深刻影响同事和学生，成为公认的教坛良师。此次，荣获曾宪梓教育基金会1997年高等师范院校教师二等奖实属众望所归，名副其实。

情系师范　诲人不倦

余恕诚教授生于1939年，安徽肥西人。1951年入肥西初级师范读书，成绩优异，1954年被保送进六安师范学校。1957年，又以年级第一名被保送进安徽师范学院（今安徽师范大学前身）。1961年留校任教至今，前后长达四十余年。余先生对师范教育有着深沉的挚爱，心怀"师范情结"，始终把服务于师范教育作为唯一的人生选择。

余先生对所从事的古代文学教育有明确的教改主张，主要体现在几方面重大关系的处理上：包括文学史与作品的关系；基础知识与理论分析、艺术鉴赏之间的关系；利用以往研究成果与吸收科研新成果的关系。他认为，关键是要以作品为中心，以基础知识为立足点，讲清文学史发展线索和主要作家风格。通过精读原著，切实提高学生的分析鉴赏能力。在教学实践中，他力求把精深的学术研究成果转化为

---

*　袁晓薇（1974—　　），安徽合肥人。2007年毕业于安徽师范大学文学院，获博士学位。现为合肥师范学院中文系副教授、副主任。

学生易于和乐于接受的雅俗共赏的"高山流水"和"阳春白雪"。为此，他在备课中倾注了大量心血。他的"唐宋文学"基础课和"唐诗风貌"选修课讲稿在多年的教学实践中本已日趋完善，但他仍坚持每讲一次都要补充新的研究成果，并根据学生班级的情况，潜心研究怎样用易于接受的语言和方法加以表述。他总是把深奥的问题讲得易懂而不失深度，把枯燥的问题讲得饶有兴味，把错综复杂的问题讲得清晰明了。学生们说："在课堂上好像被余先生牵着，换了一个世界。""学起来轻松，听起来畅神……恬淡、诚恳、简单却又是那样机智、有趣、恰当，令人叫绝。""听余老师的课，常有一语惊人之感……认识上迅速产生飞跃。"

在教学内容、方法以及各个环节的安排上，余先生也细心设计、精益求精。尽管他在课堂上营造气氛，语言生动，波澜迭起，但从不无节制地讲述，而是穿插问答和讨论，甚至组织大规模课堂讨论与研究。1981年，在给79级学生讲王之涣诗"白日依山尽"时，学生们对前辈学者关于为什么用"白日"而不是用"红日"的解释感到怀疑，他就建议学生分工合作对唐以前的诗文作一次普查。一些学生在余先生的带领下真的做了，结果发现"白日"一词资格很老，而"红日"直到盛唐时才有两三个用例。这就从语词演变发展上搞清了问题。这项研究由学生署名写成短文发表在《中国语文》上。他还善于用比较法激发学生兴趣。讲唐代山水诗，选了孟浩然《春晓》与王维《田园乐》这样两首生活内容和景物相近的诗让学生加以比较，分析了孟诗突出听觉感受，王诗则直接具有鲜明的画面效果。通过讨论思考，学生不仅对王维的"诗中有画"有了深入认识，而且激发了研讨山水诗的浓厚兴趣。为了教学的形象直观，清晰明了，余先生还自制了一些挂图。讲授王维《终南山》诗及中国山水诗画集合多层和多个视点时，他就用了自制的挂图，使学生在一览之后，了然于心。余先生的教学不仅传授了知识，而且给将要为人师的学生们做出了"怎样教学"的示范。学生们说："真够我们学一辈子，这是真工夫。"

执著追求　十年一剑

余先生在教学上的突出成就是以他本人对唐宋文学的精深研究为

有力后盾的。他在科研方面，既有坚实的文献基础，又有很高的理论水平，合二者之长，做到了严谨求实而又富有创新精神。早在中师和大学阶段，他就阅读了大量中西文艺理论书籍和文学作品。大学阶段，发表过诗歌、特写和现代文学以及外国文学论文，这使他在理论和辞章方面产生了兴趣，且得到了锻炼。他的文献基础，则主要是在留校任教后逐步建立起来的。1963 年，比他长 6 岁的刘学锴先生从北京大学中文系文献专业调至安徽师大。刘先生对典籍的熟悉令他佩服，遂开始注意加强文献方面的功底。此后，余先生学术研究的路子基本上是文献材料与理论思维并重：他与刘学锴先生合作从事的李商隐系列研究，突出地体现了文献实证之学方面的功力；他自己所进行的"唐诗风貌"及其文化底蕴的系列研究，则发挥了理论分析之长。余先生与刘学锴教授合作的李商隐研究，在学界处于领先地位，出版的著作先后获得四项国家级、省部级奖励。其中五卷本《李商隐诗歌集解》被学界誉为"扛鼎之作"，在海内外有重要影响。余先生在教学和李商隐研究同时，又以历时 15 载的漫长岁月，从事"唐诗风貌及其文化底蕴"的系列研究。他不是有了一个总体框架的构想，就立即依据一些现成概念演绎成书，而是一开始就树立"精品意识"，绝去浮躁，一点一点地潜心钻研，一篇一篇地精心撰写专论。然后在 10 多篇受到学界推重的专论的基础上，拓展、深化、提炼成书，1997 年由安徽大学出版社出版。这部书确立了"唐诗风貌"这一研究领域，建立体系，展开了相应的内容。对唐诗总体风貌及各个时期、各个诗人群体、各种体裁的风貌进行论述。特别注意在诗歌风貌与社会生活之间寻找中介，联系特定的文化背景、诗人生活与创作心态，探讨诗歌风貌形成的原因。不仅对唐诗艺术底蕴作出了成功的文化学与文艺心理学的阐释，同时为深入展开历代诗歌风貌史的研究，提供了科学范式。《唐诗风貌》被认为是唐诗研究中"有突破性进展"的著作，出版后半年内印刷 3 次，发行 21 000 册。

余先生有高品位的专业研究作后盾，自然在教学上取得高屋建瓴的优势，做到厚积薄发，取精用宏。

言传身教　良师风范

人谓余先生"倚案见雄笔，随身唯唐诗"。是的，他对唐诗非常挚爱，进入忘我境界。视读书、教书、研究为人生乐趣，而对于名利看得很淡。生活中的余先生总是那样谦逊平和，从不张扬自己。在公众场合，总是避开显眼的位置，乐居不被人注意的角落。他真是人如其名：既恕且诚，责己严，待人宽，对人诚。

正因人品高尚，才学精深，余先生对学生的影响是集爱岗敬业精神与才学、作风为一体的全方位的熏陶与启示。他对学生满腔热忱，既有理性的开导，又有真情的投入。在教学中，他注意把教材所含的德育因素与传授知识紧密结合，使学生受到思想教育和美感教育。如讲到李白、王维笔下的祖国山河，讲到李白渴望建功立业的自豪感、自信心，讲到杜甫在困难中深沉的忧患情怀和由此上升的崇高政治责任感，都使学生极受感染。他还十分关心学生的思想动态，包括学习中的倾向，予以正确引导。流行歌曲一度泛滥，给青年人在审美趣味、生活情调上带来了一些不健康的影响。他就结合课堂教学，在学生中以"唐宋诗词与流行歌曲、唐五代词"、"流行歌曲与商品经济"等为标题，组织学生讨论，出墙报专刊，使学生从艺术鉴赏力到思想认识均得到提高，增强了免疫力。西方文论的输入也曾带来某些理论混乱，一些学生受其影响在写毕业论文时套用西方文论，杜撰臆造。余先生总是严肃指出其理论偏误，并教育他们在研究中"可以吸收西方文艺学的有益成果，但不能盲目套用，更不能代替马克思主义文艺学的科学体系"。

余先生在学业和思想品德上对学生要求严格，但在生活上，他总是给学生以细致的关怀与帮助，尤其是那些家境贫寒而又好学上进的学生。许多学生都视有师如余先生为人生之幸事，走出校门多年后还念念不忘这位"大学时代的恩师"。"桃李不言，下自成蹊"，余先生就像皓朗夜空中那轮纤尘不染、平和宁静的明月，长年默默运行却无私地向人间奉献着光和爱，走近余先生，总让人从他那朴实平易中感受到高洁隽永，让人从世上的喧嚣浮躁中体会到天地宇宙间的那种沉厚与深远。

（原载《华夏师魂》第 5 辑，中国科学技术出版社 1998 年版）

板凳甘坐十年冷

——著名唐宋文学研究专家余恕诚教授

韦秀芳^{*1}

余恕诚教授是著名的唐宋文学研究专家，是安徽师范大学中国诗学研究中心主任（该中心为教育部审批的人文社会科学重点研究基地）。同时，他还是一位出色的教育工作者，1991 年被评为"全国优秀教育工作者"，获"全国优秀教师"奖章，1997 年被评为"安徽省师德先进个人"，同年还获得全国高等师范院校曾宪梓教育基金会教师奖。

余先生的一生都在和师范打交道，和"师范"有着不解之缘。他 1939 年 1 月出生于安徽肥西县将军乡的一户普通农民家庭。少时家境贫寒，读完小学后，本该像当时大多数农家子弟一样回家种田，但一个极其偶然的机遇改变了他的一生。当时的肥西初等师范学校招生，而且是免费的，余先生就征得父母的许可，参加了考试，结果考中了。此次，拉开了余先生漫长的师范生涯。初师毕业后，因他年龄小、成绩好，余先生被保送到六安师范读中师，后又因成绩优异被保送到安徽师范学院（今安徽师范大学前身）学习，1961 年留校任教至今。

师范教育给余先生提供了成长成材的良好环境，而余学生又以优异的成绩来回报师范教育。在安徽师范大学，他的教学岗位出勤率之高无人可比，由于长期劳作，他的颈椎、腰椎都落下了病根，但他仍坚持上课，始终坚持在教学第一线。作为教师，余先生把教书育人放在首位。为了教好书，他细心设计教学的每一个环节，力求完美，听过余老师课的学生对此印象最深，都说余老师能把古奥的问题阐释得简单明了、津津有味。余先生很注重因材施教，对不同的学生有着不

　　* 韦秀芳（1978—　），安徽临泉人，安徽师范大学文学院 2000 级硕士毕业生，现任芜湖市团市委书记。

同的培养方式，循循善诱，诲人不倦。经常和余先生接触的人，都能觉察到他那人格修养和学术造诣，体味到谦虚、平和、淡泊的涵义。

余先生在学生中的声望甚高，口碑甚好。每年学生离校照毕业相时，总盼望余老师能够出席，希望余老师能够坐下来和他们一起留下对母校的深深眷恋。

作为一位优秀的学者，余先生的成就比较集中体现在两个方面：一是与刘学锴先生合作的李商隐系列研究。新中国成立后的一段时间，李商隐研究比较消沉，后来由于两位先生及其同仁的共同努力，今天的李商隐研究已蔚为大观。而刘学锴先生与余恕诚先生也成为当之无愧的李商隐研究专家。2001年年底，二位先生合著的《李商隐文编年校注》、《李商隐研究资料汇编》，由中华书局编辑出版，这两部著作都得到了国务院古籍整理资金的资助，而同年在全国范围内得到此项资金资助的著作仅有五部。二是唐诗风貌及其文化底蕴的系列研究。余先生于80年代初期开始此项研究，他抱着"板凳甘坐十年冷，文章不写一句空"的信条，十年磨一剑，将多年来先后发表的很有分量和见地的论文，进一步拓展、深化、提炼，最后冠以《唐诗风貌》的书名结集出版。此书一问世，即得到一致肯定和高度赞扬，荣获安徽省第四届社会科学优秀成果一等奖，是近年来唐诗研究领域出版的最具有开拓性的学术著作之一。

在这个喧哗与骚动的年代，余先生能够坚守师者和人文学者的精神操守，在学术上兢兢业业，在人格上言传身教，提升了人们对人文学者的精神认识，这是老一辈学者身上传承着的动人光彩。

（原载《大江晚报》2001年8月16日）

余恕诚老师

白　夜[*1]

　　20 世纪 80 年代，我被保送到安徽师范大学中文系就读，余老师是系里有名的古典文学教授之一，选其"唐诗风貌"课的学生特多。余老师课讲得好，很少有像他那样沉静下来，花大力气，将自己的血和肉、情与爱融入研究对象中。他常常很早就到教室，用楷书工工整整地将教学内容写在黑板上。课间，余老师不休息，待我们走进教室，他已将下节课的内容干干净净地写了一黑板。那时他与刘学锴老师合作的李商隐研究已在全国处于领先地位，其《唐诗风貌》也已达到出版水平，但他不急不躁，仍不断地修改、提炼和深化。像个工匠，一丝不苟地打磨着自己的工艺品，精益求精。

　　唐代是我国诗歌的黄金时代，那是一个光彩夺目的文学星空。千百年来，多少研究者将目光投向这片浩瀚无边的巨大"天体"努力探求其深藏的奥秘。今人要想独出新见、有所创意实在太难。更难的是，余老师不是研究一家一派，而是以宽广的视野和恢弘的气势，从文化背景、诗人生活、时代风貌和创作心态等角度作整体的、全方位的研究，意欲对唐诗风貌的成因作深入探讨。以余老师投入此项研究所耗费的精力来研究某家某派，他可以出几本书，在今天的青年学者看来，这太不上算了。别人一年出炉一两本学术著作，余老师却自甘寂寞，厚积薄发，到《唐诗风貌》正式出版，距其研究之初已十多年过去了。十年磨一剑，正因为有如此高的"含金量"，《唐诗风貌》出版后，赢得了学术界的广泛好评，一版再版。

　　余老师温文儒雅，平和亲切，亦慈亦让，堪称为人师表的楷模。虽近在咫尺，我却很少贸然登门浪费他宝贵的时间。有次我的一篇关

　　* 白夜，原名吴喜华，安徽阜阳人，安徽师范大学中文系 1986 级毕业生，现为中广有线芜湖分公司人力资源部主任。

于《唐诗风貌》的书评，发表在《中华读书报》上，我带着文章去余老师家，他非常关心我的学习，为我因外语基础薄弱不能考研而惋惜。他知道我喜欢读书，就将台湾版的《唐诗风貌及其文化底蕴》、《李商隐诗选》及其参与审读的《豪放词》送我。临走时，他突然想起了什么，叫我等一会，在书架上找来找去，后又到床下翻了半天，遗憾地说："本想把《李商隐诗歌集解》送给你，却不知放哪儿了。"我都把这事忘了。有天晚上，余老师打来电话，让我去取书，告诉我他已搬到了新落成的淮海新村，电话中他非常激动地说，安师大申报全国高校文科重点研究基地取得了重大进展，一些专家考察后，评价很高。我知道，除争取全国高校文科研究基地外，余老师最大的心愿就是与同仁努力争取中国古代文学博士点。从余老师家出来，他将其和刘学锴合作的、中华书局出版的厚厚五本《李商隐诗歌集解》包捆好，执意要送我下楼。

余老师不是那种"两耳不闻窗外事，一心只读圣贤书"的学者，而是关心国事，积极参政议政，辛勤教书育人。他担任全国政协委员期间，以强烈的忧患意识和责任意识，为我国的高等师范教育鼓与呼。余老师淡泊名利，然好人终有好报。由于他和刘学锴老师多年来在李商隐研究上的不凡业绩，2002年4月，全国李商隐学术研究年会在安徽师范大学举行，海内外众多研究家汇集江城，我们望着两位老师与前来参会的王蒙的合影，深为自己有这样的老师自豪。余老师不仅学术成果丰硕，还被评为"全国优秀教育工作者"，并荣获"全国优秀教师"奖章、全国高等师范院校曾宪梓教育基金会教师奖章等。

前不久，读到《新华文摘》转载的余老师发表在《文学评论》并为《新华文摘》转载的长篇论文《李白与长江》，还是那么气势磅礴，新见迭出。时值教师节来临之际，特写出对老师点点滴滴的印象，献上心香一瓣，聊作学生的问候吧。

（原载《大江晚报》2002年9月10日）

"名师" 余恕诚

张大鹏　吴尚华*1

金秋时节，依山傍水的安徽师范大学校园里丹桂飘香，层林尽染，风光无限。

在这样一个收获的季节里，记者踏着幽静的校园小径，轻轻叩开余恕诚先生的家门，采访这位"全国名师"、唐诗研究的著名学者。余先生还是那么谦和、讷言、沉静，清癯的面庞，温和的目光含着坚毅的神采。当记者就他刚被教育部授予全国高校百名"国家级教学名师奖"，向他表示祝贺时，余先生仍像往常一样谦逊地笑笑。他说，这是对他的鼓励和鞭策呵。

硕果累累获殊荣

记者从有关部门得知，此次首届高校教学名师奖评选极为严格，全国各类高校只遴选100人。我省只有三人名列其中，省属院校中唯余恕诚先生一人获此殊荣。

"荣誉对我毕竟是身外之物，只是自己一辈子教书育人、孜孜追求学术，获得大家认可，内心深为慰藉而已。"在校园的林荫道上，余恕诚先生向记者祖露心语。

诚然，早过花甲之年的余恕诚已是硕果累累了。他先后出版独著、合著13部，在《文学评论》、《文学遗产》、《文艺研究》、《国学研究》等重要期刊上发表论文30余篇，其中与刘学锴教授合著的《李商隐诗歌集解》、《李商隐文编年校注》、《李商隐资料汇编》、《李商隐诗选》等学术专著是新时期引领李商隐研究的奠基性著作，先后获得5项国家

---

*　张大鹏，安徽肥西人，《安徽日报》记者。吴尚华（1955—　），安徽六安人，安徽师范大学文学院副教授。

级、部省级奖励；他独著的《唐诗风貌》一书出版后，《文学遗产》、《中华读书报》、《中国图书评论》等报刊，纷纷刊载书评，予以推荐，称之是"诗歌风貌研究的范式之作"，"足以全方位把握唐诗艺术特征及其文化底蕴的充实博大之作"，该书荣获安徽省第四届社会科学优秀成果一等奖。

由于论文和著作被海内外许多书籍、文章引用、推荐，《李商隐诗歌集解》及专著《唐诗风貌及其文化底蕴》分别在大陆、台湾发行。因而余恕诚受到海内外古典文学界推重，被认为是"有多方面重要建树的古典文学专家"，他所在的安徽师范大学被学界誉为"唐诗研究重镇"、"李商隐研究中心"。

目前，余恕诚教授是安徽师范大学中国古代文学博士点负责人，安徽省学位委员会委员，教育部省属高校人文社会科学重点研究基地安徽师范大学诗学研究中心主任。他正主持国家社科基金项目"唐诗与其他文体关系研究"。

余恕诚还先后担任安徽省第六届政协委员、全国第八届政协委员、安徽省八届政协常委，被评为"全国优秀教育工作者"，获"全国优秀教师"奖章，全国高师院校曾宪梓教育基金会教师奖二等奖，并代表我省赴京参加授奖仪式，他现任安徽省政府参事。

执教鞭满足心愿

余恕诚 1939 年 1 月出生于肥西县将军乡一个农民家庭。因家境比较困难，像许多农家的孩子一样，他边上学，边参加农田劳作。许多年之后，余恕诚还清晰地记忆起 1951 年改变他人生命运的那一天。

那是一个初秋的日子，12 岁的少年余恕诚挑着六七拾斤重的稻把子，一趟趟艰难地行走在稻田和打谷场之间。汗水顺着脸颊流淌，当路过街头时，他挥起手背擦一下满脸的汗水，无意中抬眼一瞥，却看到路旁的土墙上新贴了一张油印告示。好奇心驱使着他走近仔细一瞧，原来是肥西初等师范学校的招生广告。余恕诚的心一下子就跳了起来。啊！是免费供应伙食的！强烈的求知欲望在他心中升腾起来。收工后，余恕诚快速回到家中，忐忑不安地把这个消息和想法告诉了父母。没料到父母竟同意了。考试那天，凌晨两点钟余恕诚就起了床。头顶朗朗秋月，脚踏清清露珠，少年壮志的他一路步行30多公里，一大清早就赶到上派镇参加考试。结果考中了。从此，余恕诚便开始了漫长的师范生涯。

1954年，余恕诚初级师范毕业。因为年龄小、成绩好，被保送去六安读中师。这个继续深造的机会并没有给他的家庭带来喜庆和欢乐，经济困难是主要问题，母亲知道儿子要远去读书时，竟难过地哭了。最后通达开明的祖父发了话："人家的孩子想考都考不上，咱家的孩子学习好，保送的，为什么不上！"

余恕诚在六安中等师范学校毕业后，又因为学习成绩优异被保送至安徽师范学院就读。这是1957年的秋天，余恕诚成了方圆几十里乡下唯一的大学生。然而，余恕诚下有3个弟妹，家境依然艰难，母亲一边为儿子自豪，一边照例悄悄地抹泪。通达开明的祖父夜以继日编了十几双草鞋拿到公路上去卖，算是凑齐了到芜湖的路费。很多年之后，余恕诚还忘不了刚来大学时的尴尬。他连一条完整的裤子都没有，直到有一次学生会拍卖被风刮掉、一直无人认领的裤子，他买来一条，才算是衣冠齐整了。大学4年，余恕诚刻苦攻读，成绩优异。1961年毕业时，他被选拔留校，成为一名光荣的大学老师，也从此开始了他一生的执教生涯。

艰难困苦，玉汝于成。余恕诚从一个农家少年成长为大学教师，后又成为知名教授，他说他一方面感谢国家的培养、父母的养育，一方面也的确感谢这困难年月的磨炼。

执着追求，论著煌煌

余恕诚是以唐诗研究而出名的，其成果比较集中在两个方面：一是与刘学锴先生合作的"李商隐研究"，二是"唐诗风貌及其文化底蕴"的系列研究。

他与刘学锴先生合作进行李商隐研究，并出版和完成了以《李商隐诗歌集解》为代表的一批成果。《李商隐诗歌集解》逐篇汇集了前人研究成果，最后以按语的形式申述自己的研究意见。余恕诚先生通过对李商隐代表性诗作的分析，深刻揭示了李商隐独特的"以心象融铸物象"的抒情方式，受到学术界专家的充分肯定。"李氏三书"（指

《李商隐诗歌集解》、《李商隐文编年校注》、《李商隐资料汇编》），被中华书局作为精品列入《中国古典文学基本丛书》。原国务院古籍整理规划领导小组秘书长、中华书局总编傅璇琮评价《李商隐诗歌集解》是"古籍整理研究的扛鼎之作"、"集大成之作"。该书出版较早，曾获全国首届古籍整理图书奖和全国高校人文社科二等奖。

最近，消息传来，出版于 2002 年的《李商隐文编年校注》获全国古籍整理一等奖，参加第六届国家图书奖评选亦已入围。

从 80 年代初期始，余恕诚先生开始着手"唐诗风貌及其文化底蕴"的研究。唐诗作为中国古典诗歌发展的顶峰，它特具的风貌，为历代唐诗研究者所关注，然而传统诗评家多长于直观印象描绘而乏于客观的理论分析。闻一多先生的《唐诗杂论》、林庚先生的《唐诗综论》在一定的意义上可以说是把这一课题的研究提到了现代学术的高度，同时也把唐诗风貌的系统化研究留给了后人。余恕诚教授继前辈学者之后，以前后将近 20 年的努力，铸成了《唐诗风貌》这部高水准之作。

在《唐诗风貌》中，余先生分别就唐诗总体风貌、唐诗各阶段风貌，以及主要群体和主要体裁风貌加以论述，从精神内质到外在表现把握风貌特征，并从根源上加以分析探讨，将时代文化精神的剖析与诗歌艺术的解读融成一片。《唐诗风貌》以开阔的视野，独特的角度，丰富的学术内涵，精警中肯、文采纷披的表述，赢得了众多专家的推许和广大读者的喜爱，有论者指出，《唐诗风貌》"作为涵盖一代诗歌风貌多方面表现的文化纵览和坚实而鲜活的一代诗歌风貌演变史，其独特的学术成就不仅体现为课题意义的重大、研究内容的开拓，而且以其对研究方法的自觉探索和成果运用，为有关学术领域的开拓与建设，树立了科学的学术范式"（袁栀子《建构诗歌风貌研究的学术范式——评余恕诚著〈唐诗风貌〉》，载《社会科学战线》1999 年第 4 期）。

余恕诚先生在唐诗研究方面已是卓然大家。"欲穷千里目，更上一层楼"，他没有停止过思考和探索。他总是不断探索诗学研究的新途径，开拓新领域。现在，他在研究唐诗与其他文体关系、唐诗与地域文化关系。发表于《文学评论》2002 年第 1 期的著名论文《李白与长江》，就是从地域角度研究唐诗的范式之作。文章根据李白长于长江头（四川），卒于长江尾（当涂），一生大部分时间生活于长江流域，论证号称"谪仙人"的李白，并非从天而降，而是植根于一定的时代，一定的社会生活，乃至一定地域环境，代表长江流域的自然与人文之美，向诗坛作了展示，成为诗史上的重大开拓。该文极受好评，获《新华文摘》转载，并获省社科一等奖、《文学论评》1997年—2002年优秀论文奖。

三尺讲台尽显风采

"国家级教学名师奖"的奖杯，是一个像"书"字的人形图案。解读者认为该图案寓人引弓待发，弯弓射大雕的意思，又寓人手执镐头，辛勤耕耘的意思。这两重意思，用在余恕诚身上都非常吻合，他在科研上是射雕手，在教学上则是一名辛勤耕耘的园丁。

从1951年读师范到今天仍在安徽师范大学教书，余恕诚先生50多年的师范生涯和教师职业构成了他似乎是单调而又重彩的人生。余先生也曾戏称自己有浓厚的"师范情结"。多年来，他孜孜不倦，辛勤耕耘，加之对所教的唐宋文学本身有着精深的研究，他在教学中取得了很大的成功。余先生讲课，总能把一些深奥的命题讲得既让学生听得懂又能引人入胜，把错综复杂的问题阐释得清晰明了，把枯燥的话题说得饶有兴趣。所以他授课时，教室里总是济济一堂，除中文系学生外，还有音乐、美术等系的学生。有时候，教室外面的过道上都挤满了听课的学生。当你走进师大，了解余恕诚先生的讲课情形时，许多学生都会向你绘声绘色地描述他们独到的感受。

余先生对所从事的古代文学教学有明确的教改主张。认为关键是要以作品为中心，以基础知识为立足点，讲清文学史发展线索和主要作家风格。通过精读原著，切实提高学生的分析鉴赏能力。

在教学内容、方法以及各个环节的安排上，余先生精心设计、精益求精。尽管他在课堂上善于营造气氛，语言生动，波澜迭起，但从不无节制地讲述，而是穿插问答和讨论，甚至组织大规模的课堂讨论与研究，激发学生兴趣，调动学生主动探究知识的自觉性。为了教学的形象直观，清晰明了，余先生还自制了一些挂图和图表。讲授王维《终南山》诗及中国山水诗画集合多层和多个视点时他就用了自制的挂图，使学生有直观的感受，了然于心。余先生的教学不仅传授了知识，而且给将要为人师表的学生们做出了"怎样教学"的示范。

在向学生传授知识的同时，余先生还非常注重思想修养和人品的熏陶，善于从日常生活、学习过程和论文撰写等具体环节和动态上关心、爱护和引导青年学生健康成长。他的良师风范赢得了年轻教师和历届学生的尊敬和推崇。

桃李不言，下自成蹊

当代大学生是具有独立思考和创新意识的群体，他们各自的成长道路、人生体验、价值观念和道德理想皆有所不同，甚至存在较大的反差。对待这样的一个群体，余恕诚先生从不居高临下地说教，而是注重挖掘教材中的德育因素，让学生在接受知识的过程中受到思想教育和美感教育。他长期讲授唐诗，唐诗中浩瀚博大的爱国精神、感时伤怀的忧患意识、建功立业的政治抱负等传统人文精神被他在课堂上挖掘、剖析得淋漓尽致，深深地打动着年轻学子的心灵。

20个世纪70年代末80年代初，青年学子们思想活跃，敢于怀疑和思考，对大量涌入的西方思潮极感兴趣。针对这个特点，余先生讲到诗人李白的世界观时，没有做简单的价值判断，而是用风趣的说法给学生提供一个独立思考的弹性空间、营造了双向交流的融洽气氛。他说："有人说李白以儒家思想为主，有人说李白以道家思想为主，其实我认为，他的世界观跟一些敏感而热情的大学生倒相似，今天崇拜萨特，明天又去读尼采，再过几天又是罗素，学得快，换得也快。从这个意义上说，李白之所以能始终具备诗的激情，正因为他始终保持了年轻人的一些天性。"余先生此话一出，立即引起满堂的赞许和热烈议论。有位研究生写毕业论文时，生硬地套用西方文论中的精神分析学说，并臆造出一个"眷恋情结"的概念来阐释唐代怀古诗歌的内蕴渊源。余先生找他谈心，及时指出其理论偏误。

余恕诚先生对自己要求很严，待人宽而且诚，处处以身作则，不与别人争名夺利，以《老子》"圣人之道，为而不争"作为座右铭，放弃了许多本来应该属于他的荣誉。比如两年一次的百分之三加工资名额，他力主让给年轻教师；他虽然腰椎有病，但仍坚持常年教学，在相当长一段时间内，他的教学岗位出勤率之高几乎无人能比，至今还坚持给普通大学生上课；他功成名就却从不自傲，外出开会费用极其节省，一次到武汉开会，硬是挤在一位船员的铺位上，而未向学校报销路费。

"余先生对学生的影响是集爱岗敬业与才学、作风为一体的全方位的熏陶和启示。"一位在读的研究生深为感慨地说。

大凡初次和余恕诚先生接触的人，都会觉得他太普通了，与一般人想象中的大家名流相去甚远，更没有知名教授的架子。他见人打招呼，总是先冲你微微点头，满脸都是笑容，和人说话，总是用那带有乡土味的语调娓娓而叙；在公众场合他从不高谈阔论，每次文学院开会，他总是静静地坐在不显眼的角落里。

余恕诚先生曾坦言他的处世态度和人格姿态：一曰怕开会，怕饭局，怕坐班；二曰宁做莨稗不做空瘪的五谷。怕开会、怕饭局、怕坐班，是因为他想把有限的时间和精力花在教学和科研中，以至有人说他"依案见雄笔，随身惟唐诗"；宁做莨稗不做空瘪的五谷，是余先生宁可把自己看作稗子，也不刻意地去追求华美的外表和虚名。

少年时代，对农村淳厚朴实的自然风光和人文习俗的体验，养成了他执着沉静的个性，多年浸淫的唐诗研究颐养了他冲淡的心性，几十年和学子们打成一片的经历也孕育了他坦诚的品性。他在平易朴实和自然亲切的外表下掩蕴着更为深厚悠远、沉静洞彻的胸怀，外表的平实和内蕴的深厚构成了他大智若愚的精神品质。

（原载《安徽日报》2003 年 10 月 8 日）

我的导师余恕诚

陈　宏[*1]

1976 年，我父亲去世。我勉强读完初中，就辍学了。面对高中录取通知书，我只能抹抹眼泪，但读书的愿望却因此而更加强烈，并始终没有放弃。没想到于 23 年后的 1999 年，我竟考上了安徽师范大学文学院的研究生，庆幸自己赶上了一个好时代。当时的情感我真说不清，入校后只想多学一些东西尤其是想学古代文学。这里有著名的唐诗研究专家余恕诚先生，我盼望着能成为他的学生。

我的家庭和经历，使我在同学中间总觉得自己矮一大截。在第一学年即将结束时，我们就要选导师。我担心余老师能否收我这个"绿林"徒弟。恰巧 2000 年 5 月的一天，余先生送一位学兄的论文稿到研究生楼，那位同学不在屋里。我在余先生小坐时，带着忐忑心情把藏在心中的想法告诉先生。当时我很激动，语无伦次地表达了这个愿望。先生不以为唐突，耐心听完我的话。余先生即用特有的平静的语调，殷切地对我说："研究古代文学没有捷径，须坐冷板凳读书。这须从认真读朱东润先生主编的《中国古代文学作品选》开始。那里选的全是名篇，需要认真看注释，至少能背三分之一以上的作品，同时还要看评论著作，阐发自己的见解，动笔多写文章，只要不是抄袭，哪怕是自己的感想也好。搞学问千万不能浮躁，不能朝三暮四。有必要掌握一些历史文化常识，如通过读字帖了解一些名家名帖，最好是下工夫研练一种字体到家。"先生还说："自己的毅力、热情，就是最好的导师，它会引导自己去扎实地学。"我仔细地听，感到无限惊喜，知道这些教导够我受用一生！

2000 年下半年，导师组的老师审议了我们的开题报告。我论题拟得较大，有的老师关切地问能否拿得下来，征询先生的意见时，余先

* 陈宏，安徽岳西人，安徽师范大学文学院 1999 级教育硕士，现为安徽省岳西中学高级教师。

生微笑着对其他教师说："陈宏的开题报告我看过了，是大了一些，但我看他还是勤奋的，就让他放一次野马，看他跑出个什么名堂来！"无人知道我当时激动的心情，也无人知道我这匹驽马在后来撰写这篇论文遇到困难时，先生的这些话给我多大的信心和力量。

当时，余先生非常忙，要带古代文学专业的研究生，又要筹办"中国诗学研究中心"，还有许多学术活动。但先生对我的指导从未放松过，甚至帮我寻找资料。2001 年 11 月中下旬，先生到台湾讲学，得知我想了解中国台湾中学语文教材中古代文学作品的编排情况时，先生便为我复印了十几份中国台湾高中《国文》目录带回来。

我的论文稿交给先生大约一个星期，我打电话给先生，只是想给工作繁忙的先生提个醒，抽空能看一下我的稿子。电话刚接通，便传来先生特有的平静而殷切的声音。先生在鼓励中提醒我说："不要跟人抬杠。你的看法也许很正确，但不能因此就认为别人的看法不正确。坚持自己的意见与容纳别人的意见不是矛盾的。自己认为是很正确的看法，尽量考虑周全，并从正面进行周密论证，而不能靠贬低别人的观点来树立自己的观点。"我知道，这番话已不仅是关于论文写作的技术问题，这是先生在将其渊博的知识传授给我们的同时，培养我们做人、做学问应有的品德。阅读先生的著作、文章，看不到贬损别人的地方，总是那么宽容。

离开母校、离开先生已三个年头了。我很少打搅先生。先生太忙，我不忍心。夜深人静时，我常常遥望南天，默默为先生祝福。而我给学生讲得最多的是先生教导我的"宽容"，我最注意培养学生的也是宽容的品格。

（原载《中国教育报》2005 年 6 月 19 日）

老师的老师余恕诚

彤 丹

采访余恕诚先生之前，记者有些忐忑。唐宋研究专家，安徽师范大学文学院古代文学学科的旗帜，第八届省政协常委，安徽省政府参事，国务院有突出贡献的专家，中国唐代文学学会常务理事，中国李商隐研究会副会长，中国古代文学专业博士生导师、博士点负责人，首届国家级教学名师……刚走上该校院内那栋老式的宿舍楼三楼，余恕诚便在楼梯口等着我们了。一见面，所有的忐忑一下子消失了。这是一位儒雅的长者，没有一点名师名流的架子，和我们打招呼，满脸带着笑容。听他说话是一种享受，语调不急不缓，娓娓道来。据说他讲课也是这样，从不高谈阔论，但总能把一些深奥的命题讲得既让学生听得懂，又能引人入胜，把错综复杂的问题阐释得清晰明了，把枯燥的话题说得饶有兴趣。所以他授课时，教室里总是人很多，除文学院学生外，还有音乐、美术等其他专业的学生。但每次开会，他总是静静地坐在不显眼的角落里。

这就是声名显赫的余恕诚。提及余恕诚，无论是同行、同事，还是那些即将成为老师的师范生，或者是他带过的硕士生、博士生，都对他的教学与为人表示钦佩与尊敬。

余恕诚的魅力在哪里？采访时他的几句话很让人深思。

他说他很"害怕"上课，怕说错话，写错字，所以头天晚上一定要认真备课，住在他附近的同事说，以前余恕诚每次上课前都会在早晨4点多钟起来备课，即使给本科生上课，他也从不马虎。他说，上课最好带有刚毕业博士初登讲台时的"紧张"，应该是"进高考考场的精神状态"。

他说自己有"师范情结"。1939年，余恕诚生于肥西县的一个农家。从读师范到读中师到后来在安师大做培养教师的老师，他一直没有离开过讲台。说起那些社会兼职，他自谦说无论是做政协常委还是政府参事等都"表现得不好",因为他的心思不在那里。"忠诚于党的教育事业"是余恕诚读初师时就受到的教育,这早就深深地在他心里扎了根。他说做老师最主要的就是上好课,而上好课的前提是你必须有扎实的功底,而这,需要安下心来,心无旁骛。爱岗敬业是师范生最需要具备的素质。

他说他从 2001 年开始申报一个国家级课题,"唐诗与其他文体关系研究",2006 年已经结题。但那段时间他还兼了许多别的工作,后两章写得太快,所以他现在一直在改,在磨,"想自己超越自己"。他的嫡传弟子,从本科生到研究生一直师从余恕诚,现任安师大文学院副院长、中国诗学研究中心主任的丁放教授,现在也专心做着自己的研究;余恕诚的一双儿女和他一样,现在也是大学教师。他影响了他身边的许多人。

"余老师的讲课风格是绚烂之极归于平淡"。少年时代,对农村淳厚朴实的自然风光和人文习俗的体验,养成了他执着沉静的个性,多年的唐诗研究,颐养了他平淡的心性,几十年和学子们打成一片的经历孕育了他坦诚的品性。在他平易朴实和自然亲切的外表下掩蕴着更为深厚悠远、沉静洞彻的胸怀,外表的平实和内蕴的深厚构成了他大智若愚的精神品质。余恕诚在他的一篇文章中曾评价孟浩然的诗:"能领着你进入一种诗境,让你看到形象,感受到韵味,但要把它的诗境、形象、韵味归结为某一两个句子写得好,或者说是由于某种单一技巧的表现,是远远不够的。正是因为有真彩内映,所以出语洒落,浑然省净,使全诗从'淡抹'中显示了它的魅力,而不再需要'浓饰盛装'了。"这其实就是名师余恕诚的写照。

(原载《新安晚报》2009 年 5 月 12 日,收入本书时,对个别地方作了删节订正。)

余恕诚：诗词作伴的淡定人生

王　莉[*1]

他与别人合著的李商隐系列学术专著，被视为新时期引领李商隐研究的奠基性著作，先后获得 5 项国家级、部省级奖励；他的著作《唐诗风貌》被业内人士称为"诗歌风貌研究的范式之作"，"足以全方位把握唐诗艺术特征及其文化底蕴的充实博大之作"。

他本人受到海内外古典文学界的推崇，被认为是"有多方面重要建树的古典文学专家"，他所在的大学也被学界誉为"唐诗研究重镇""李商隐研究中心"。

他，就是安徽师范大学古代文学专业博导、博士点负责人余恕诚。

一个夏日清晨，我们见到了仰慕已久的余恕诚。坐在余老师家的客厅里，我们环顾四周，但见四壁满是书柜，仿佛自己也坐拥书城了。就在这样的书香氛围里，头发花白、面容和蔼的余老师娓娓道来他不平凡的人生经历。

（一）从昔日贫苦的农家孩子到今天德高望重的大学教授：梅花香自苦寒来

70 年前，余恕诚出生在肥西县将军乡一个农民家庭。他的人生转折点，应该从一张油印告示说起。12 岁的一天，他正挑着六七十斤重的担子艰难地行走着，突然看到村头的墙上贴着一张告示，原来是肥西县初等师范学校的招生广告。

余恕诚时至今日还清楚地记得这张告示是张 16 开大小的纸，正是这张纸改变了他的一生。考试那天，有着师范情结的余恕诚半夜两点就起床，步行 50 多里路赶到县城参加早上的考试。考场设在一个建筑工地里，余恕诚就趴在木板、土坯上完成了对他人生有着重要影响的

---

* 王莉，《教育文汇》记者。

答卷。

由于在校期间成绩优秀，三年后余恕诚被保送到六安读中师。从家到六安一共72.5公里路，余恕诚记得这三年他只乘过两次车，其余都是步行去学校。今天的我们很难想象，对于一个十五六岁的瘦弱少年来说，在天蒙蒙亮的时候就离开家，一直步行十几个小时才到学校，身上还背着书包和干粮，这段漫长而艰苦的路程需要怎样的勇气和毅力，需要怎样坚定的理想和信念，但是少年余恕诚做到了。

三年毕业后又因成绩突出，他被保送到安徽师范学院。这一年，余恕诚18岁了，是老家方圆15里唯一的大学生。但是由于家里比较困难，父母都不支持他再读下去，而希望他早些出来工作以减轻家庭负担。关键时候，一直支持他读书的祖父表态了："人家的孩子想考大学都考不上，咱家孩子都保送大学了，为什么不上！"不仅如此，爷爷还连夜编了十几双草鞋，第二天顺着公路走了十几里路，从曙光初露吆喝到夕阳西下，总算凑齐了余恕诚的路费。

但进入大学的第一个夏天刚过，余恕诚就开始发愁了：天气将要转冷，自己却没有御寒的衣服。这时候，正好碰到校学生会出售长期无人认领的失物，其中有几件衣服，于是余恕诚花五角钱买了一条"白洋布"染的裤子。在刻苦学习之余，他还勤工俭学：扛芦苇，捡砖头，什么都干。就这样边打工边读书，四年后，余恕诚以优异的成绩留校，从此开始了他的治学之路。

若非一番寒彻骨，哪得梅花扑鼻香。目前已是一位德高望重的大学教授的余恕诚，回忆起少年求学时期的艰难条件，不由感慨"苦难是人生一笔最大的财富"。

（二）数十年孜孜不倦于典籍研究，令他成为国内唐诗研究领域最有成就的学者之一：书山有路勤为径

作为安徽师范大学文学院的领军人物，余恕诚是以研究唐诗知名的。他的成果主要集中在两个方面：一是与刘学锴教授合作，出版和完成了《李商隐诗歌集解》、《李商隐文编年校注》、《古典文学研究资料汇编·李商隐卷》、《李商隐》、《李商隐诗选》。其中《李商隐诗歌集解》获全国首届古籍整理三等奖、全国高校首届人文社科优秀成果二等奖，《李商隐诗选》获安徽省社科二等奖。二是唐诗风貌系列研究，独著有《唐诗风貌》和重要论文 20 余篇。《唐诗风貌》获得安徽省社科一等奖。在李白研究方面有论文及赏析文章 20 余篇，其中，《政治对李杜诗歌创作的正面推动作用》获安徽省社科二等奖。

近几年来，余老师和弟子编写了《诗情画意的安徽》、《中国古代诗歌散文欣赏》。其中，《中国古代诗歌散文欣赏》被列入中学语文选修课本。说起这些，他有些不好意思，连连说："这些不能算纯学术研究。"即使是被余教授称为"不算什么"的《诗情画意的安徽》，对书中大量引用的古人诗句，他和合作者也以极其严谨认真的态度查找书中每一个引文的出处，认真对待每一个标点符号。到目前为止，没有任何人反映书中引文或出处有误。

目前，余恕诚正在编写一本《20 世纪中国诗学研究史》。这个课题比较难，虽然 2006 年就已经结题了，但是余恕诚还不满意，这些天一直在修改，后面两章几乎全部重写了。

余恕诚不仅学问做得好，课备得认真，书教得也很精彩。他今年已经 70 高龄，又是博导，但是一直到前两年仍在坚持给本科生上选修课。他虽是著作等身的专家，但仍然很认真地对待每一节课。以前的老邻居都说，余老师经常早上四五点就起来备课。陪同我们采访的中国诗学研究中心主任丁放，也是余教授的学生，他告诉记者："余老师的课很精彩，听他的课是一种享受。"

一听到赞扬，余老师总是很谦逊地笑着说："教师上课前一定要做好充足的准备，要让学生能学到东西。不仅如此，教师的科研也要跟上，不然在课堂上是讲不出东西来的。"他举了个例子，说自己的讲稿会借给别人用，但他们却没有自己讲得好；也有的老师用同一个讲稿上课给学生赶下台来的。原因就是科研没跟上。

"板凳要坐十年冷，文章不著一字空。"余恕诚不喜应酬，不爱交往，只爱埋头做学问。多年来他有不少社会兼职，如第八届全国政协委员、第八届安徽省政协常委、安徽省政府参事、安徽省学位委员会委员、中国唐代文学学会常务理事、中国李白研究会常务理事、中国李商隐研究会副会长、中国韵文学会常务理事兼诗学分会会长等，但他笑称自己在兼职方面表现都不好。余恕诚感慨地说："现在埋头做学问的少了，但是既然选择了教师这一行，就要静下心来做学问，因为人的精力是有限的。"淡泊名利、甘于寂寞是余恕诚治学、为人的一贯追求，这也是他对青年教师语重心长地告诫吧。

（三）余恕诚的言传身教：桃李不言，下自成蹊

中国自古以来有"文人相轻"之说，但是余恕诚和他的合作者——刘学锴教授在长达数十年的学术合作中一直亲密无间，在圈内传为佳话。这是与两位学者的高尚人格及品德分不开的。

余恕诚一直教导学生做学问要有宽容的思想，"海纳百川，有容乃大"。他自己也非常注意从同行甚至是自己研究生的笔记中汲取营养。

余恕诚的学生陈宏，在一篇文章中满怀深情地回忆了导师对他的谆谆教导。陈宏在写毕业论文时，有的老师认为他的论题太大，担心他拿不下来。余老师微笑着对其他老师说："陈宏的开题报告我看了，是大了一些，但我看他还是勤奋的，就让他放一次野马，看他跑出个什么名堂！"

在做论文过程中，余老师叮嘱陈宏："不要跟人抬杠。你的看法也许很正确，但不能依此就认为别人的看法不正确。要把自己认为是很正确的看法，尽量考虑周全，并从正面进行周密论证，而不能靠贬低别人观点来树立自己的观点。"

余恕诚的这番话，不仅仅是在教学生如何写论文，也是在教学生如何做学问，更是在教学生如何做人。后来当教师的陈宏，给学生讲得最多的正是他从余老师那里学到的宽容，他最注意培养学生的也是宽容的品格。

一位网名为"笑看风云"的作者在博客中同样写到了老师余恕诚对自己的影响："博学慈爱的余老师，作为我的导师，对成年后的我无论做人还是学问，影响都极为深远。"

宽容，仅仅是余恕诚高尚品格之一，此外还有感恩。从一个农家孩子成长为一位大学教授，余恕诚说国家和社会给了他很多。

他说自己有"师范情结"，一直认为"天底下最神圣的事业就是教育事业"。现在，余恕诚家是个地地道道的"教师之家"：他的大哥和妹妹在他影响下成了教师；女儿早年中国社科院博士毕业后，在他的建议下，放弃了待遇优厚的金融单位而选择了大学教师职业；儿子同样也是一名大学教师。

从教 40 多年来，余恕诚的弟子们已数不清有多少了。他们在各地

的三尺讲台，为一代又一代莘莘学子弘扬中国传统文化，继续着这项太阳底下最神圣的事业。

和余教授的一席谈，令记者时时感受到他宽厚质朴的学者情怀，让人受益颇多。采访结束后，我们拿出相机，请余老师拍几张照片，以备杂志和报纸之用。余老师坐在书房的藤椅里，窗外是绿色的植物，明亮的阳光洒在他的身上，照在他手中捧着的唐诗宋词上，他的脸上浮现出自然的淡淡微笑。

淡定，这是在采访过程中，余恕诚给记者最深的一个印象。淡定是一种人生境界，它不是无所作为，不是没有追求，不是看破红尘；淡定是宠辱不惊，是一种历经沧桑后的宁静淡泊，是对信仰的坚定执着，虽历经苦难仍不言悔。淡定的人，不在意自己得到多少名利物质，而是执着于自己脚下的路。

比如余恕诚。

（原载《教育文汇》2009 年第 8 期）

师之范

——记安徽师范大学中文系教授余恕诚

马　梅[*1]

余恕诚，一个从乡野田塍走出来的著名唐代文学研究专家。在他的身上，拥有众多光环：享有国务院颁发的政府特殊津贴的知名专家，令人景仰的"全国优秀教育工作者"，全国高等师范院校曾宪梓教育基金会教师奖二等奖获得者，安徽省学位委员会委员，八届全国政协委员……可是，见过他的人却认为，他其实很平常，平常得就像最素色的菊花，默默地开在路旁草莽中。这只因为他——

"一条道走到黑"

有俗话说"一条道走到黑"，常用来说那些执着一念的人。余恕诚教授似也属于此列。作为著名学者，他有很多机会可以离开师范讲坛，可他都一一拒绝了。他说，我觉得那些事都没意思。在他的心中，只有他的教育事业是最重要的。他宁愿把全部心血投在学生身上，不管他们是大专生、本科生、研究生，还是来自社会的函授生、夜大生、进修生、自考生……

这份浓浓的情源于他长期所受的师范教育。

1939 年元月，余恕诚出生在安徽省肥西县一个偏远的乡村。小时候，他一边务农，一边读书。1951 年小学毕业后，他考入了肥西初级师范读书。农家的孩子深知读书机会来之不易，分外勤奋，因而成绩优异，于 1954 年被保送进六安中等师范学校读书。1957 年他又以年级第一名被保送安徽师范学院（今安徽师范大学前身），1961 年留校任教

＊ 马梅（1976—　），安徽肥西人。本文写于 2000 年，时为新华社中国新闻学院研究生部国内新闻部第二学士学位班学生。2009 年于中国传媒大学获得博士学位，现为安徽师范大学传媒学院教授。

至今。

"初师—中师—高师",他走了一条纯而又纯的师范之路。在各级师范学校享受百分之百的助学金,一次次被保送、选拔,一次次聆听诸位德高望重的师者的教诲,一个纯朴的思想在他心底形成了:"我的知识是祖国和人民赋予的,应该无保留地回报给祖国和人民。"

一念之间,决定了他的终生道路。40年来,他无怨无悔,把人生中最宝贵的年华和精力都献给了教育事业,培养了一届又一届师范生,输送出一批又一批德才兼备的教坛生力军。40年来,他由青年步入老年,满头青丝尽成白发,皱纹潜滋暗长,而那颗赤诚的心始终不变。这样纯净的道路,在全国也是少见的。

在安徽师范大学,说起他的爱岗敬业,人们会马上举出个一二三四。在《安徽师大报》上我看到这样一段文字:从1987年到1990年,仅四年中,"他的基础课在各类本科中教三届,专科教两届,选修课教六届,并且任古代文学方向硕士生导师,除全日制本科,还担负函授班、夜大、联大,以及自学辅导班、助教进修班的教学。许多课题,都属计划外规定承担的,多年来他都这样超负荷地运转着,教学占去了他大部分时间。"学生们说:"在课堂上好像被余先生牵着,换了一个世界。""听师一堂课,胜读十年书。""阳春白雪不再曲高难和。"这自然是得益于他深入浅出的讲解。

常言道:台上一分钟,台下十年功。事实上,为了教好每一堂课,他在备课中倾注了大量心血。就是他长期讲授的"唐宋文学"基础课和"唐诗风貌"选修课,他也从不吃老本,每次上课他都要补充新的研究成果,还针对所教班级学生的特殊情况重新编写讲稿,力求用最易于接受的语言和方法加以表述。照本宣科的老师,"茶壶里煮饺子,有货倒不出"的老师,他是不愿做的。

其实,作为一个著名学者,他完全可以不必这样做了,那样也可把时间用在研究上嘛!他却说,师范院校是培养师资的地方,如果敷衍塞责,就不只是害了一批学生,而且将害及学生的学生,甚至学生的学生的学生……如此,罪莫大焉!

难怪他所教的学生颇受用人单位的好评,难怪有好几名研究生也已成长为知名的青年学者!教学如此,育人又怎样呢?我们看到了——

望月咏怀的学子

安徽大学一位年轻教师曾写过一篇文章《与月对望》，在文中她深情地怀念了余恕诚教授。她把余恕诚教授比作皓朗夜空中的明月，并说每当工作疲惫时她就会想起恩师，就会感到浑身充满了前进的力量。是啊，凡是受到他教诲的人，莫不感受到他如月般的坦荡胸怀，如水般的师情。肝胆皆冰雪，信也！

在学习上他对学生要求极为严格，甚至是严厉，在生活上却又是那样细致入微地关怀，进而显得"幼稚"。

一位研究生入学后比较贪玩，放松了业务学习。余恕诚教授找他谈话多次，进行批评教育，最后一次谈话是在一个傍晚，余恕诚教授把该生叫到生化楼楼顶。此时晚霞满天，落日熔金，长江恬静地泛着金波。多么美好啊！生活在其中的人们没有理由不努力学习，不努力奋斗啊！余教授不由语重心长地说："你这样太不像话了，我怎么向其他教师交代，怎么向你父母交代？你父母对你寄予了很大的期望，可你看看你是怎么学的……我要不要和你家里人谈谈……"听到这儿，该生有点惭愧了，他说："您不要和我家里人说，我一定改！"余教授见有效果，心里喜悦，便接着说："'文革'时你没学上，1977年恢复高考，作为'文革'后第一批大学生考上本科，然后又上了研究生。这个机会来之不易啊，你怎么就不好好珍惜呢？"恨铁不成钢的痛楚浮上了他的脸。这次谈话以后，该生转变很快，学位论文写得厚实而有创见，毕业后成为高校骨干教师。

又有一位研究生入学后对读研和下海，反复掂量盘算，没有心思学习。余恕诚教授多次找他谈心，还动员了和该生比较接近的老师、学生去做工作。最后，这位学生有了很大进步，入了党，还写出了高质量的论文，毕业后在省级报社工作非常出色。回忆往事，余恕诚教授仍感慨地说："当时，我真有些生气了，我对他说：这样吧，你不要上研究生了！"这样的批评可够狠的。停了一会儿，他说："一个人不管干什么事，都要抱定一个目标，随风倒是永远不会有出息的。时代在变化，看卖肉吃香就去卖肉，看参军好就去参军，今天看下海赚钱就去下海，明天看新闻好就去搞新闻，时间和精力就都白白浪费了！

想干事，就不要斤斤计较工资、待遇、吃香不吃香！"

他也有心肠软弱的时候。在安师大，有不少学生来自农村和偏远地区，家庭条件比较艰苦，在这种情况下，他总是在经济上接济他们。93级一位山区贫困县的本科班学生没饭钱了，他两次拿出三百元给这个学生。那时，他每月工资不足一千元。研究生们没有钱用了，只要他知道，他会马上借钱给他们，为了不让研究生们有心理负担，他还会说这是资助他们进行学术研究。

这未免太慷慨了吧，假如学生不还钱呢？

"是有些学生没钱还，我也从来没要他们还过钱。事实上，我借钱给他们，就没想着要他们还钱。"他平静地说，"学生们家里穷，我能帮助一点就帮助一点，又算什么呢？"在他看来，他只是把多年取自于民的俸禄用于人民身上。

是他的生活特别富裕吗？走进他的家，唯整洁而已——一架架一堆堆的书，几件简单的老式家具，没有什么会叫人眼睛一亮，透露出现代气息。古代师德的又一种表现？

在中国，古代就有孔子的"有教无类"。当前，社会上兴起了学习的热潮，因各种原因而与大学失之交臂的中青年渴求学习。师资力量雄厚的安徽师大是自考中文专业的主考学校。在这儿，我们感受到了——

有教无类的延续

作为师者，余恕诚算是做到了极致，即便是只有一面之缘的"自考生"，他也满腔热忱。一位1995年获文学学士学位的自考女生讲述了她论文完成的全过程。

1995年6月，她去安师大参加自考毕业论文选题辅导，并选了唐宋文学方面的论题。"这正是余教授负责指导的，但当时我不知道。我有些茫然，不知如何着手，脑子里一片空白。"在自考辅导班报名处，她得知这个论题由余恕诚教授负责指导。于是一路询问过来，来到了余恕诚教授的住处。站在门外，她紧张异常："当时我觉得心都快蹦出来了，全身直打哆嗦。"就在这时，门开了，一位清瘦的长者出现在她面前。

"他穿一身老蓝色的中式衣裤，好像是涤卡布做的。我当时想：这种料子现在只有我们农村的中老年人穿，怎么也出现在一位著名教授身上？他还穿着一双黑布鞋！这使我一下子轻松了许多。"

余恕诚热情地回答了她由于紧张而不太流利的提问，告诉她那篇论文应该如何构思，如何查阅资料。临走，还嘱咐她早点把提纲寄过去，争取早点把论文完成。

"由于长江涨水，我没有上辅导班的课就回去了。从这以后直到再次去论文答辩，我再也没去安师大，我只是不断地把提纲和稿子寄给余教授，没几天他就把修改后的稿子再寄回来。"如此，往返三个月后，她的论文定稿了，在当年十月的论文答辩会上，她的论文因文笔清新、立论明晰、论据充足，被评委会评为"优"，后来还登在学报上。"可是，余教授连邮票钱都没收啊！"这位如今已在当地小有名气的女教师忍不住流下了热泪。

在她之后的一位男生回忆往事却不好意思地说，他被余教授"剋"了一下，因为他写论文时很不认真，没有细心查阅资料，写作中论据不足、论点牵强。"我原来以为自考很简单，敷衍一下就行了。可余教授打回了我的提纲，责成我重写，反复多次，他才满意。"

是否他只带几个这样的学生，时间特别充足？其实，每年由他负责指导的自考生、函授生有好几十人，每个人的论文他都得改上几遍，改好了寄回去，然后再改再寄，有的甚至要五六遍，整个暑假就在超负荷劳动中过去了。另外，他还得做自己的唐诗研究。

"从选题到答辩，正好是在暑假期间，你一直要冒酷暑和他们书信往来，指导他们写作，不觉繁琐劳累吗？"

"对待自考生，有不少人认为只要拿出很少的精力就行了，甚至说'睁只眼闭只眼让他们过去不就得了'。可我觉得，不管是谁，只要投到我的门下，我就有责任有义务让他们获得一些知识，完成一个飞跃。我常想：也许由于我的认真负责，会在自考路上走出一些大家也未可知，不能因为我工作马虎而让栋梁之材因受不到培养而埋没了。在大学教室里能培养出很多杰出人才，在自考中也会走出些特出人才啊。"

也正是有了像他这样的老师，才会有这可能吧。

在勤于教书育人的同时，余恕诚教授刻苦钻研业务，勇于创新，取得丰硕的科研成果。在唐诗研究方面，专著《唐诗风貌》获得安徽省社科优秀成果一等奖，在学界产生广泛影响，被称为是"具有突破性进展的著作"。和刘学锴先生合作的李商隐系列研究更是已出版著作多部，称誉海内外，并多次获得大奖。

"下一步是否考虑休息一下了？"

可是，作为安徽省重点学科安徽师范大学中国古代文学专业点学科带头人、硕士生指导组负责人，他怎能停下奋进的脚步？他还要引进和帮助青年教师，为师范教育培养后备力量；他还要勤勉教学，辛勤雕琢一块块璞玉；他还要加快整理古籍的步伐，让更多的古典文学精品早日滋养人们的心灵……

落花无言　人淡似菊

——我心目中的余恕诚先生

钱建状[*1]

　　我和余恕诚先生相识已有近二十年了，回忆当年从师问学的日子，许多美好的人生片断，历历在目。

　　安徽师大背靠赭山，面向镜湖，是一个风景宜人的校园。校园内外，同学们可以驻足流连的地方很多。但我的印象中，当时同学无端在外"漫游"（逃课）的现象却极少。这倒不是我们90年代的学生格外好学，而是当时给我们授课的老师，课讲得确实精彩，引人入胜的地方甚多。其中余先生的"唐宋文学"，就是一个特别典型的例子。

　　听余先生的课，感觉是在听一场又一场的学术报告，又好像在读一篇又一篇的散文，美不胜收。他的"唐宋文学"，并不是从上课铃响起的第一分钟开始的。每次上课前十分钟左右，他已在黑板上板书了。一行行端正、清秀的正楷，将诗人的生平、创作的若干重要特点、代表作、历代相关重要评品书写在上面，提纲挈领，一目了然。由于容量大，一节课下来，笔头快的同学，往往是满满的好几页纸。笨拙如我辈，只有课下借抄他人笔记。他的语言，学术味很浓，但特别生动，富有诗性。因此，即使一两句看似闲碎的语言，也舍不得落下。四十五分钟，转眼就过去了。那种兴味十足、深契我心、豁然有所悟的听课感觉，至今回味起来，仍然是一种享受。

　　先生的教学，和他的学术研究融为一体。他的教案与他的论文成对应关系。他的论文，则是多年研究心得的总结，而他的教案，往往就是这些具有创获性的论文的雏形。因此，读余先生的论文，往往有"似曾相识"之感。2003年《文艺研究》刊登他的《"诗家三李"说考

---

　　* 钱建状（1971—　），安徽无为人，1994年毕业于安徽师范大学中文系，后分别于湖北大学、浙江大学获硕士、博士学位，现为厦门大学中文系副教授。

论》，2009 年《文学评论》刊登他的《中晚唐诗歌流派与晚唐五代词风》。这两篇论文中的观点，对于学术界来说，是唐五代文学的最新研究成果。但对于我们这一批 90 年代的老学生来说，却已是"旧观点"！早在 1995 年时，先生讲授"唐宋文学"中，谈李贺，就注重他与李白的联系与区别；谈温、韦之别，则围绕他们与李贺、白居易的渊源关系来讲。"流水不腐，户枢不蠹。"先生的教案，每年一新，既不重复书本，也不重复前人，甚至不重复自己。学术研究中有心得，教案亦随之更新。因此，不同时期听课的学生，感受就同中有异。每一届学生，都有可能是余先生新发现的"第一读者"。我与我的研究生郑玲同学，系出同门，都是安徽师大的学生，都听过先生的课，但她所转述的新见，不少我是闻所未闻了。

但先生的课，并不仅止于课堂。他的教书育人，是全方位的，甚至是终身式教育。在大二上学期（1992 年）的时候，余先生讲完"王维山水诗"一节。随即在课下抽出时间，以"王维山水诗在现代社会的意义"为主题，组织我们 90 级中文系同学开展了一次学术讨论会。余先生的意见是王维山水诗给人的美感，不会因现代化、社会的发展而失去它的魅力，其意义是永恒的。读他的山水诗，有助于理解人和自然的和谐，有助于消除异化，建立一个和谐的人类社会。但由于人数多，同学的想法也杂，实际讨论当中，不少同学偏离了主题。而先生总是微笑着，频频点头，鼓励大家大胆发表自己的意见。我当时为了急于自显，在讲台上发表了一通关于"如何理解盛唐气象"的言论，和议题毫不相干，先生不以为忤，带头鼓掌，表示支持。现在回想起来，先生当时之目的，主要在于开启学生的心智，活跃本科生的学术思维。至于主题究竟是什么，也许不是最重要的。

先生为人谦和，人即之则温，如沐春风。话不多，每发必中，常令人回味。这和他教书、育人的方式有契合之处。他的书室并不宽敞，但却是我们 90 级同学特别向往的地方。拜访他的学生中，学术兴趣也并不局限于唐代文学。我现在的研究方向是宋代文学，而经常一起结伴同行的邱章红，现处北大教席，研究的是美学。王鼐同学，先是研究元明清文学，现在则成为职业书法家了。我们当时去拜访先生，带有一点美学散步的性质，往往事先并不作准备，但回来之后，必定是满载而归，是带着受学术洗礼般的心情愉悦地踏上归途的。有一次，我独自去先生寓所，闲话之中，我婉转地表达了将来要从事古代文学研究的愿望。先生忽然站起身来，从书架上抽一本线装书，打开书卷，指着其中的一首诗，让我自首至尾读一遍，并说出这首诗的时代与作者。我当时一看，懵了。全是繁体字，并且没有断句。题目记得是《赠秘书监江夏李公邕》。经先生提醒，作者算是猜对了，是杜甫，但"鹏"、"袂"两个字却读了别字。若干年后，我才知道，先生原来是用高棅的法子考我："今试以数十百篇之诗，隐其姓名，以示学者，须要识得何者为初唐？何者为盛唐？何者为中唐、为晚唐？又何者为王、杨、卢、骆？……又何为李、杜？……为韩、李、张、王、元、白、郊、岛之制。辨尽诸家，剖析毫芒，方是作者。"（《唐诗品汇总序》）这对唐诗研究者来说，是一个很高的素质要求。但这个觉悟，是现在的。当时真实想法是，生活与学术，在余先生身上区别并不明显。他的生活，即学术，即育人。讲课，不过是先生育人一种途径而已！而类似的事件，在先生是一种学者式的幽默，对我这样的学子而言，却隽永有余味，终生难忘。

1994 夏，临近毕业之际。我曾赋诗一首，以为留别。诗曰：

> 妆未催成楼巳空，乌江亭北悲暮钟。
> 寒风重度袁安舍，再立程门积雪中。

这首诗曾以明信片的形式，寄赠与余先生。今天看来，声律全无，但其内容，却真实地表达了一个年轻学生对自己恩师的眷念之情。兹转录于此，作为本文的结语。

毫发无遗憾　波澜独老成

——浅谈余恕诚教授的中国古代文学教学

鲁华峰

余恕诚教授是首届国家级教学名师，也是我们安徽师范大学中国古代文学国家级教学团队的带头人。在近半个世纪的教师生涯中，他以自己精深的学术研究和精湛的教学方法影响了数不清的莘莘学子，我就是其中的一员。上本科的时候，余老师为我们讲授了专业基础课"唐宋文学"和选修课"唐诗研究"，他的教学风采给我们留下了极为深刻难忘的印象，并激发了我进一步学习古代文学的浓厚兴趣。如今，我自己也走上了讲台，从事中国古代文学课程的教学，在学习和借鉴余老师的教学方法和教学经验的过程中，对他的教学思想渐渐有了更深的认识与体会。这里，我不揣浅陋，谈谈自己对余老师古代文学教学的几点粗浅认识，供广大从事古代文学教学的同仁们参考借鉴。

朴实严谨、一丝不苟的教学态度，是余老师留给学生最深刻的印象。每次上课前，他都会早早来到教室，通常是提前十五分钟左右。一走进教室，他就忙着在黑板上工工整整地抄写讲课提纲和相关材料；课间休息，他也从来不去教师休息室，依然是黑板上不停地抄写下一节课要讲的相关内容。他曾告诉我说，他这样做有两个目的：一是充分利用课前和课间的时间，以便上课时可以节约板书的时间，提高讲课的效率；二是不想到教师休息室参与老师之间聊天，以免影响下节课上课的情绪。对于教学过程中的每一个细节，如讲课时声调的抑扬起伏、轻重缓急的调节，衣服该怎么穿、穿多少等，他都考虑得很细致周到。这种严谨的教学态度、高度的敬业精神，深深感染着每一位同学，起到了很好的言传身教作用。

不以传授具体知识为宗旨，而把激发学生学习中国古代文学的浓厚兴趣作为首要目标，是余老师课堂教学的突出特点。中国古代文学的内容博大精深，如果仅仅着眼于具体知识传授的话，那么在每周只有几个小时的课堂教学时间里，教师能够传授给学生的知识无疑是太有限了。只有通过课堂教学的引导与启发，把学生对这门课的浓厚兴趣激发出来，才能吸引他们课后自觉地花大量时间去读书自学。基于这样的教学理念，余老师在课堂教学中采取了很多别具深意和新意的方法。首先，由于中国古代文学的教学涉及文学史和文学作品两个方面，对本科生来说，文学史的内容较为庞杂枯燥，不如文学作品那样易于接受。因此，余老师在教学中尽可能压缩直接讲授文学史的时间，而将一些文学史上的重要问题巧妙贯穿到作品中去讲解。这样的讲授方法，既让学生接受起来感觉很轻松，同时又很切合文学史和文学作品之间的内在关系。例如，杜甫现实主义创作的特点是文学史的重点内容，如果按照文学史的讲法，无非是罗列出几个要点，然后再举例加以说明，但这样的讲法无疑会让学生觉得枯燥无味，同时也很难对这个问题获得感性的认识。余老师在教学时，并没有专门讲这个问题，而是把它放在具体作品中讲解。他在分析杜甫的《兵车行》和《自京赴奉先县咏怀五百字》这两首作品时，都围绕该作品重点讲了两个方面的问题：一是杜甫现实主义的深刻性，二是杜甫现实主义的广阔性。这样，学生对杜甫现实主义的特征就具体可感，接受起来自然也会轻松得多。又如，词和诗的区别是文学史上的大问题，但这种区别是很微妙的，对本科生来说，领会起来有相当的难度。余老师在讲这个问题时，也是把它放到作品中去讲的。他在讲晏殊的词《浣溪沙》（一曲新词酒一杯）时，拈出其诗作《示张寺臣王校勘》，针对这两首不同体裁的作品中同时出现"无可奈何花落去，似曾相识燕归来"这个名句的现象进行分析讨论，学生就比较轻松地掌握了词和诗的不同体制特征。再如，韩愈诗歌在唐诗史上具有极重要的地位和影响，是讲授的重点，但余老师在讲到韩愈时通常只花极少的时间，甚至连他的作品都不讲，这似乎和韩愈的大家地位极不相衬，这是因为他考虑到韩诗诗风奇崛险怪，又喜"以文为诗"，初学者难于理解且不易产生兴趣；为了不影响学生的学习兴趣，才做出这样大胆的选择。在他看来，只要吸引学生对这门课产生了的兴趣，这些具体问题有没有讲到都不是什么大问题。从中不难看出余老师坚持以激发学生的学习兴趣为旨归的教学理念和敢于创新、灵活变通的教学方法。此外，对于学生的作业，他不仅改得极为仔细，而且通常会用极热情的评语进行鼓励，以激发学生的兴趣。这种把引导学生的学习兴趣放在第一位,不教条、不死板,灵活地调整教学内容和选择教学手段的做法,值得我们好好学习。

追求"易"与"深"的完美统一,是余老师教学的另一突出特点。为了激发学生的学习兴趣,余老师的课堂讲授中力求浅切平易、通俗易懂。但是平易不等于平常,通俗不等于肤浅。他的平易,实际上是建立在精深的学术研究、厚重的学术成果的基础之上的。每一位学生在初听余老师的课时,最惊讶的莫过于他能把一首首耳熟能详的唐诗宋词讲得那样深刻独到,让人耳目一新,无不深深震撼于他那惊人的作品感悟能力和精深独到的见解。他对许多作品的讲解,如孟浩然的《春晓》、《过故人庄》,王维的《山居秋暝》、《鸟鸣涧》、《送元二使安西》,王之涣的《登鹳雀楼》、《凉州词》,李白的《送孟浩然之广陵》、《长干行》,杜甫的《自京赴奉先县咏怀五百字》、《兵车行》,白居易的《长恨歌》等,都堪称经典,给无数学生留下了终生难忘的印象,以至于不少人已经毕业了几十年,还一直精心保留着当年的课堂笔记。余老师为什么能把作品讲解得如此精彩呢?通过研究当年的课堂笔记,我发现他分析作品并不是一般意义上的品评赏析,而是把自己对文学史和文艺理论的许多深刻认识乃至研究成果贯穿于作品的解读和分析之中,这就使他的作品分析具有深邃的学术眼光和深厚的理论功底。如他在讲解初盛唐诗人的作品时,通常都很注意分析这些作品所反映的时代特点和时代氛围,以凸显唐诗之美的本质以及唐代独特的时代精神是成就唐诗的伟大与不朽的关键因素,而这一基本论点就来源于他对唐诗风貌及其成因的深入研究。在讲王维的山水诗时,他结合中西方文论中有关诗画关系的理论成果,把王维如何在诗歌中具体运用中国画的绘画技法从而实现诗画结合的问题,分析得十分清晰透彻,让同学们印象深刻。在分析《鸟鸣涧》中的动与静、《春望》中的乐景与哀情之间的关系时,他引导学生总结和思考美学上"相反相成"的艺术规律,使学生们收获良多;而在讲《山居秋暝》时,他通过对"明月松间照,清泉石上流"两句的分析,让学生领会意境创造的基本要素和方法等理论问题,又让学生们有茅塞顿开之感。总之,余老师是以学生听得懂并且喜欢听的方式,来讲很有理论深度和学术内涵的内容,自然会受到学生的普遍欢迎。清人刘熙载论白居易诗云:"香山用常得奇，此境良非易到。”余老师的教学就是深得白居易这种“用常得奇”之法的精髓。

　　“毫发无遗憾，波澜独老成”，这是诗圣杜甫的创作态度和创作追求，如果用它来概括余老师在近半个世纪的漫长教学生涯中的辛勤耕耘与不懈追求，我想也是毫不为过的。

余　师

鲍鹏山[*1]

我是 1981 年进入安徽师大中文系学习的，但是，直到 1984 年春，我才能坐在课堂里，聆听余师的讲课。

余恕诚老师那时在历届学生的口碑中，已经成为安徽师大中文系的招牌老师。我们的整个中国古代文学史及古代作品课程，一直没有排上余师的课。我们这一届同学们都愤愤不平，觉得学校对我们这一届太不公平。在文学史进行到唐代，我们发现课程表上的任课教师还不是余老师后，班级集体向中文系提出抗议和请求。但是，系里有系里的安排，系里有系里的考虑，再说，我们这样做，对任该门课的老师也不公平。结果是，这件事不了了之。一声叹息，我们仍然没有翘盼到余老师走进我们望眼欲穿的教室门口。

1984 年秋季，我们终于在课程表上看到了余老师的名字，他开了一门选修课"唐诗风貌"。这个学期选修课很多，但我偏偏不选余老师的"唐诗风貌"。原因说起来要绕一些弯子——我很想多学一些东西，那些选修课中，有不少我都很感兴趣。但是，我知道我的意志力不强，如果没有一定的压力，有些课我坚持不下去。事实上，我从大二开始，就已经很少听课了。而那个时候，安徽师大的教室是开放的，任何人都可以进任何教室听课。于是，我把学分所系的选修课全部选了其他老师的课，因为，这是要考试并记学分的，有这样的压力，就可以管住自己。

为什么不选余老师的课呢？因为，我知道，余老师的课，是仅凭余师的魅力就可以拴住我的！

为什么我对余老师的课有这么大的信心呢？因为，此前，我曾经

　　* 鲍鹏山（1963—　），安徽六安人，安徽师范大学中文系 1981 级本科毕业生，2011 年于安徽师范大学获博士学位，现为上海电视大学教授。本文写于 2008 年。

听过余师的一次讲座，题目叫《战士之歌和军幕文士之歌》，我还记得当时听完讲座的感觉，那真叫醍醐灌顶，以前读这样的词，没什么感觉，那天晚上，我是真正知道什么叫醍醐灌顶了。

在此之前，我确实已经读了不少的书。我从大二开始，不大上课，是因为，我觉得，老师花一个学期讲的东西，既然都是知识性的东西，我花一个星期就可以自己读完。于是，我就开始泡图书馆，一两年下来，还是读了不少的书。但是，我一直不知道，什么是真正的学问，什么是真正的学术能力，什么才是拨开迷雾看穿真相的眼光，什么才是照亮黑暗的光芒。余师的一次讲座，我明白了！

我后来常常和朋友们说，余师是第一个给我开窍的人。

读书人，一辈子难得开窍，一辈子难得碰到为自己开窍的人。我真是三生有幸，在大学时代，就碰到了。

我这样说，当然并不是说我有什么成绩。事实上，正因为我没有什么成绩，这么多年了，一直不敢面对余师。

在听完这次讲座不久，我拿着一篇分析张若虚《春江花月夜》的文章，忐忑不安地去请余老师指点，我好不容易问到余老师家，余老师不在家，师母收下了我的文章。第二天下午，我又去余老师家，开门的还是师母，只见师母满面笑容，说："你来了！余老师在，他一口一声夸你文章好呢！"

我进去，第一次如此近距离坐在老师面前，第一次和老师说话，我很紧张。余老师非常和蔼，他开口的第一句话是："你是不是写过诗？"

我很迷惑，不知老师为什么问这样的问题。有一位教授曾经在课堂上批评写诗的学生不务正业，应该好好利用时间做学问，不要搞这些花里胡哨的东西。我也学着写过诗[注]，不过不是很投入，主要的精力还是用在读书上。现在余老师问我这样的问题，我当然很紧张，但是我还是老老实实回答了："是的，学着写过一些，不过，没耽误看书。"

余师微笑着说："我猜是的，你的文笔很好。一定练习过写诗。"

我放松下来，余师通达的胸襟和眼界，我当时就感受到了。

余师的"唐诗风貌"课几乎是轰动的，选课的人本来就多，还加上像我这样的，教室里拥挤不堪，但是，一到余师走上讲台，用他那肥西方言开讲的时候，下面鸦雀无声，只听到记笔记的笔尖划在纸上的声音。余师的课，毫无噱头，语言极其平实，语态语调也非常平缓，但是，征服我们的，是学问，是智慧。为了节省时间，余老师会把要在黑板上板书出来的诗歌，让同学帮忙预先写在黑板上，王世朝因为字写得好，经常上去抄，现在已经做了教授的王世朝每次说到这一点，都非常自豪，他一直猜测是否因为他也是肥西人，所以余老师特别关照作为老乡的他，才给他这样的机会。

可以说，余老师的"唐诗风貌"课，是我在大学期间听的最好的课，也是对我影响最大的课。在很长一段时间里，我在大学讲唐诗课，都是以余师的听课笔记作为蓝本。我会在课堂上满怀崇敬地说到余老师，然后告诉学生，什么才是真学问。

从此以后，我就经常去余老师家里请教，有时，甚至心情不好，也找个借口，去余老师家，在余老师那里，总能找到平静，找到信心。

现在想想，当时耽误了老师那么多时间，很是不安！

余老师那时时间非常紧，他告诉我，他不看电视（家里没有电视机），几乎不看电影，要知道，那个时候，看电影几乎是唯一的娱乐。但是余师告诉我，他几年来，只看过一场电影，就是《马可·波罗》。面对我的惊讶，余师告诉我：还有更加极端的例子呢，著《中国诗史》的冯沅君，多年不上街，连尼龙袜子都不知道！

后来我读尼采的文章《我为什么这样聪明》，看到尼采说自己之所以这么聪明，是因为他从来不在不必要的事情上浪费精力。我马上就想到了余老师。世界上那些有所成就的人，都有共同的特征吧。

临近毕业，我决意去青海，学校不怎么支持，我很郁闷。我和余老师说，余老师给我热情鼓励，甚至说：我现在年龄大了，不然也想去！

终于到了告别的一天。余老师好像漫不经心地对我说："你很有才华。但是，我担心你会永远都是半成品。"

毕竟是余老师啊，一眼就看穿了我。

这么多年来，余老师的话一直在我的耳边回响。让我羞惭，也让我不敢懈怠。

所以，如果我还算有些成绩，全是因为我的心中眼前，总有余师的影子。

而直到今天，虽然不敢懈怠，竟然真是余师多年前警告我的，是个半成品。

学兄学弟，个个学有所成，我愧对老师。

有一次，胡传志教授问我：你什么时候才敢面对余老师？

我也在经常用这个问题问自己。这样的自问，成了我努力的动力，成了我不甘平庸一直追求有所成就的压力。

[注]　当年写的诗大部分都丢了，唯独1985年秋赴青海，呈诗赠别余老师，蒙师珍视，一直保存，今录于后。

赠别余恕诚老师

一

当年秋雨到江南，意气扬扬睨楚天。
心稚怎解人易老，四载寂寞更茫然。

二

一城烟树叹凄迷，红豆水乡发几枝？
独纵诗情年正少，藕花误入悔已迟。

三

草芥也当自恨痴，一朝谬爱还嫌迟。
春江花月几多夜，欲扣程门问画诗。

四

一步一趋求入堂，西窗独读缚斜阳。
耳提面命今难续，怎窥先生数仞墙？

五

恕慈诚挚作人伦，风下玉体应留神。
汽笛一声生去也，玉关托月捎念情。

感知唐诗的体温

朱鸿召*[1]

　　承蒙同学鲍鹏山的雅意，约我写一篇关于余恕诚老师的文章，我欣然答应了。虽然我没有视中国古代文学为专业，大学毕业后无缘继续跟随余老师作唐诗研究，但是大学三年级因为选修余老师的唐诗研究课程，让我感知到唐诗的体温，领悟到文学研究的真谛，促使我在为人治学的道路初途，就朦胧地意识到，作为60年代出生的我们这一代学人，必须努力挣脱宏大历史叙事的霓裳袭装，回归普通人的精神自由与全面发展之人性真善美的学术立场。

　　选学余恕诚老师的唐诗研究课程，是我们经过斗争赢得的学习机会。作为安徽师范大学中文系81级的学生，到三年级的时候，逐渐感觉到古代文学课程教学的乏味和学习的困顿，于是，有消息灵通者提议我们要向学校抗议，调换任课教师。那是1984年前后的日子，记忆中的大学生活丰富多彩，轰轰烈烈。中国女子排球队比赛赢了，我们看罢电视转播就回寝室操起脸盆和雨伞，激动地敲打起来，咚咚咚地跑下楼梯，迅速结集，汇入游行示威的队伍，有旗帜，有标语，呼喊爱国热情的口号，走出校门，沿着大街，去鼓动其他高校里的学生们，一直游到双腿发软才尽兴而归。寝室里的电灯早已熄灭了，我们还要搬出方凳子，就着走廊路灯昏暗的灯光写日记，抒发爱国的情思感想。女子排球，男子足球，他们在国际比赛中，赢了，我们要游行以示威，输了，我们也要游行以明志。印象中，大约有那么一段时间，我们上街游行的频率非常高，自觉不自觉地习惯于用抗议、斗争的方式来表达意见。比如"中国古代文学史"分段教学中，对于心潮久久不能澎湃的不满，一人高呼，即刻引起众声响应。我们写成抗议书，提出条

---

　　* 朱鸿召（1965— ），安徽庐江人，安徽师范大学中文系1981级本科毕业生，后于华东师范大学获博士学位。现为上海闵行区宣传部副部长，《闵行报》主编。

件和要求，集体签名，正式提交校长办公室。很快就有专人悄悄地找到学生干部和学生代表，召开座谈会，听取意见和建议。我们这些学生代表们，大部分年少气盛，本性纯真，你来硬的，不怕，你来软的，我们就服帖了。最后，达成协议，容许这位老师把中国文学史唐代部分课程讲完，作为补偿，下学期另外安排余恕诚老师教学"唐诗风貌"选修课。

阿呜，我们妥协了！乌拉，我们胜利了！

等到余老师正式给我们上课，我是倍加珍惜这来之不易的学习机会。早早地来到教室，选择一个靠近讲台，也靠近女生的座位，准备好洁净体面的笔记本和书写流畅的钢笔，静静地恭候着余老师清雅狷瘦的身影。余老师讲课声音不高，有些温婉，有些柔绵，但说的都是自己的话，谈他自己对于唐诗的理解和感受。这在教与学的关系上，就显示出老师与学生是平等的，我们共同面对唐诗这样一座中国古典文学艺术的高山大河。这种谦和的教学姿态，用今天时髦的话来说，就是很低调。真正的低调，不是作秀，而是知道天高地厚，能够把捏高低轻重。谦和，更是谦谦君子的为人处世风格。课程内容是按照初唐、盛唐、中唐、晚唐的诗歌风格为划分，通过具体的诗歌作品解读，阐释积淀在诗歌篇章字句里的艺术特色、审美意境和社会文化因缘。王勃、骆宾王诗歌里的少年青春气息，张若虚作品里的盛世临近之前夜的氤氲境界；李白、杜甫举手投足之间所彰显的盛唐气象，边塞诗里的人生风骨，田园诗里的生活境界；郊寒岛瘦的时代美学意义……呵，唐诗，中国古代诗歌艺术的巅峰，蕴藏着中国人堂堂正正的泱泱大国气象。余老师以自己对于唐诗的阅读经验感受为基础，寻求读者与作者之间的心灵融通，精神愉悦，审美升华，也启发着我们对于唐诗的心灵感知。因此，他实现了文学批评的个体审美经验对于理论教条的突破，初步完成了审美主体的独立意志和自由精神之建构。这样的唐诗研究见才情见工夫，这样的文学评论见胆识见智慧，这样的课堂教学如坐春风，如饮甘霖。

唐诗，举凡中国孩子哪个不会背诵几首呢。可是，从中学到大学课堂上，此前我们所接受的关于唐诗的分析讲解，我们所看到的文学史教材和评论文章，几乎都是什么时代背景、段落大意、中心思想、写作特点，阶级斗争观点贯穿始终，唐诗美妙的音律和温润的内涵，还有真善美的审美意境，都荡然无存，学习研究竟然蜕变成了索然寡味的案牍劳形。那样的唐诗教学和研究，实际上沦落为某种阶级斗争学说的附庸和图说。三生有幸，在我们大学三年级的80年代初期，能够聆听余恕诚老师的唐诗研究课程，能够让我们挣脱束缚，破茧而出，重新恢复了文学欣赏的审美能力，开始审辨文学研究应该走什么路，文学事业应该朝着哪个方向发展的问题。回归普通人的精神自由，追求全面发展的人性真善美的学术立场，是我在余老师唐诗教学中获得的最大教益和启示。

大学四年级写作学位论文时，我选择的课题是"中国现代化文学中的郭沫若抗战时期历史剧研究"，从剧本里时时闪烁的熊熊燃烧着的"火"的文学意象分析入手，透视中华民族罹临最危险的生死关头，所爆发出来的那么一种为了拯救危亡，破除沉疴，起死回生的民族精神，药治不了用铁，铁治不了用火，凤凰涅槃，民族新生。写作中，我有无数次感动，字里行间灌注了我作为这个民族子孙对抗日战争那个特殊时代的心灵感知。我开始在学术研究中寻求建立自己的主体精神意志，尝试着用自己的声音语调表达自己的态度立场。

大学毕业后，我考取中国现代文学专业硕士研究生，继续留在母校读书。晚饭后的散步时间，我听跟随余恕诚老师攻读唐代文学专业研究生的沈文凡君说，余老师要求他们三年时间内必须跑步进入唐代社会。我耳为之一聪，心为之一亮。研究唐诗必须进入唐代，意味着知人论世，感同身受，将学术研究建立在真实的历史语境之中，磨炼出一颗敏于感受的心，融通古今，联结学术与人生，体察日常生活里的社会人文，让文学研究成为我们参与时代社会生活的一种存在方式。

沿着这样的学术路数，我在中国现代文学专业领域苦苦追寻，并由文学研究转入社会文化研究。很多时候，我非常羡慕胡传志、沈文凡、鲍鹏山们，他们仅仅是因为专业的关系，就可以整日整夜地游卧啸哦在唐诗这样美轮美奂的艺术世界，享受着丰厚富饶的精神世界，尤其是鲍鹏山那厮曾在电话里那么矜持地说，如果可以选择，他情愿生活在唐代，大约7—9世纪的中国。我没有这个福分，学习研究中国现代文学的，命苦。地盘再扩大一点，20世纪中国文学，都没有出现真正世界级的文学大家及其作品。近现代中国社会一百年，有哪个时段、哪个地点可以安顿我的灵魂呢？没有富含美学品质的文学作品，我还能够审什么美？我还做什么审美研究呢？面对战乱饥荒频仍、浮躁欺诈横行、满地苍凉的 20 世纪中国文学世界，如同面对一棵缺乏营养、发育不良的矮树，只有追寻导致如此生长状况的土壤气候环境原因，裨以让后来者知晓此路坎坷，知道此境不佳。于是，我沿着 20 世纪中国现代文化的河流，不断回溯，努力探寻河道变窄、流量变小、局部断流、河床裸露的原因。我时常在内心深处感受着处身干涸的河道，欲哭无泪，欲呼无声的痛楚。

这是历史的宿命，我们别无选择，敢于正视才是可能改观的前提。

离开母校安徽师范大学近二十年后，去年此间，也是承蒙鲍鹏山的盛情，赐知余老师大驾光临沪上，邀约部分同学雅集黄浦江畔之喜多屋。我算第一次这么近距离地坐在余老师的对面，再次聆听那温婉恬静的声音，幸福是加倍的。说着说着，余老师会支其双肘，安然地注视着窗外浦江对岸外滩的灯光夜景。我掏出照相机，抓拍下一组凝聚着我记忆中历久弥新的关于余老师精神气韵的照片，过后将电子版本呈送，得到"这是我最满意的照片"的鼓励，我心为之更加温暖。

终生感念尊敬的余恕诚先生，衷心祝愿尊敬的余恕诚先生健康长寿！

（原载《湘声报》2011 年 9 月 2 日）

如坐春风里　犹存浩气间

——关于成长的一些记忆

方锡球[*][1]

在大学毕业后的二十多年里，我对安徽师大读书时的往事一件也没有忘记。有关余恕诚先生的，更是历久弥新。对学生来说，师恩深似海，永远难忘。

—

1981 年 9 月，我考入安徽师范大学中文系。不久，老生就主动介绍系里师资的情况。重点谈到余老师的为人、教学艺术和科研水平。倾慕之情，洋溢在学生宿舍、校园的各个绿茵场地和一片片小树林。

我们那一届六个班。大家都想早点见到余老师，见到的就自豪，尚未见着的就感到遗憾，大家有一个共同心愿，希望三年级的古代文学由余先生来上。好不容易等到大学三年级下学期，中文系才安排余老师给我们上唐诗研究选修课。不约而同，几乎全年级 261 人都选了这门课，只好分两个大班上。先生那时年富力强，但几节课上下来，却全身湿透。二百多位弟子沉浸唐诗境界、享受审美快感的同时，都感叹先生是在用自己的生命和全副精神阐释唐诗。今天回味起来，正是当时老师们的敬业和一丝不苟，安徽师大校园一直生机弥漫，充盈着一种自信的状态。这种状态所造就的信心，影响着一代代学子怀着人生自豪、英雄情结和理想情怀，走向社会，为国家认真地做好自己做的每一件事情。

---

　*　方锡球（1962—　　），安徽枞阳人，1985 年毕业于安徽师范大学中文系，2010 年于安徽师范大学获博士学位，现为安庆师范学院文学院教授、院长。本文写于 2008 年 10 月。

　　我和先生交往比同年级的同学稍早些。当时同乡前辈张海鹏①先生在安徽师大做副校长，一次与他谈及余老师，说到想请教余老师又不敢的心情。张先生似乎要拿便笺写信了，但不知什么考虑，又放下信纸，认真鼓励我直接去请教余老师。由于出身农村，胆子很小，找到班长赵明②，由他陪同去凤凰山余老师的家。一室一厅，十分狭窄，卫生间和小厨房都在室外。那时刚刚进入二年级，对唐诗的理解不甚了了，紧张得无地自容。当时先生正吃晚餐——青菜泡饭，就一边吃饭一边给我们说古代文学的学习方法，耐心地回答我们来前准备好的几个拙劣问题。对那几个十分幼稚的提问，先生居然认真和我们探讨，这种对学生的严谨、鼓励和宽容，在以后的二十余年里，我时时刻刻都在感受。出了先生家门，我们既紧张兴奋，又愉快自豪。回到宿舍，一个班级的同学都羡慕我和班长。

　　自此以后，我和余老师交往就渐渐多起来。

　　先生十分关心爱护学生。1983 年冬天的一个下午，天气很冷。在校园西大门附近碰到先生，他问我《唐诗选》看多少了，我当时觉得真是感动！全系一千多学生，居然还记着我阅读唐诗的事情，并一再强调读大家的经典文本。临别时，看我穿着单薄，说要是不讲究好看，他还有棉裤、棉鞋，可以拿来穿。先生讲得自然，我却十分不自然起来，随之而来的是一种精神有所皈依的感受。数年后，我的小妹妹上安师大读书，囿于当时的生活境况，我既未在开学报到时送她上学，也没有在妹妹上学期间回母校看看她。由于母亲在我大学四年级时已经离世，妹妹上学期间，余老师不仅自己关心她，甚至动员师母也加入到教育我妹妹的行列中来。这使我小妹有了一个全面的素质，后来走上社会，果然能够经风雨，见世面，能够在社会上立住脚跟而衣食无忧。

　　大学毕业以后，我大约有十年以上的时间没有回过母校，但一直没有间断对母校的思念。常常和同事谈安徽师大，谈余老师。在外地，

---

　　① 张海鹏（1931—2000），安徽枞阳人，著名历史学家。1955 年毕业于安徽师范学院历史系。先后执教于安徽师范学院、合肥师范学院、安徽师范大学。曾任安徽师范大学校长、教授、徽学研究中心主任。

　　② 赵明（1959—　），安徽嘉山人，1985 年毕业于安徽师范大学中文系，现为合肥市煤气总公司监察处处长。

若同学聚会更是谈论他——回忆余老师课堂上充满快乐和智慧的话语是令人幸福的。也许是师生心相通、情相连，他就一直牵挂着我们那一届同学。毕业后大约过了五六年，黄南松①自京华回里，过安庆，住了一晚，就在第二天欲往芜湖，说要拜见余先生，我让他带了两瓶安庆胡玉美的蚕豆酱去，不想几天就收到先生来信，说托南松带去的蚕豆酱收到，已吃，味道很好。那时他已经很忙，在我们看来，为着蚕豆酱写信已经没有必要，何况是同学带去，不会弄丢。1987 年，张宝明②来安庆查陈独秀资料，提起余老师，他就兴奋起来。学习中国现代文学的他，突然与我回忆余老师讲初唐诗歌与盛唐诗歌风貌的区别，一边背着唐诗，一边就回味起来，他居然全部记得唐诗研究课程的内容。直到二十年后，当我们在母校重逢，得知我跟着余老师读博士时，他真诚地说："真厉害！"并送两条河南香烟到我宿舍，以示我跟着余老师读书，他的钦佩和向往之意。

毕业后，我虽然分配在偏远的安庆教书，但先生没有放弃我。大学毕业后不久，先生就将他和刘学楷先生的扛鼎之作《李商隐诗选》和《李商隐诗歌集解》寄赠，我知道是鼓励我不断学习提高的意思。后来，又托周建国③教授将他的专著《唐诗风貌》带给我学习。《唐诗风貌》成为对我影响最大的较少几部著作之一。这使我想到，先生的学术贡献有口皆碑，但至今为什么少有文字评述呢？也许是先生低调不愿张扬，也许是余门弟子口讷，或忙于自己的事情，没有时间回味总结老师的成就。以我的阅读范围，恰恰是先生的同行有些评价。诸如董乃斌④先生和尚永亮⑤先生

---

① 黄南松（1964— ），安徽太湖人。1985 年毕业于安徽师范大学中文系，先后在中国人民大学、美国哈佛大学攻读硕士、博士学位，曾任职中国人民大学和外交部，现在哈佛大学。

② 张宝明（1963— ），安徽蒙城人。1985 年毕业于安徽师范大学中文系，先后就读于河南大学、南京大学、武汉大学，获硕士、博士学位，现为洛阳师范学院副院长、教授。

③ 周建国（1944— ），上海人。1982 年毕业于复旦大学中文系，获硕士学位。曾任安庆师范学院中文系主任、教授，现在上海杨浦教育学院工作。

④ 董乃斌（1942— ），上海人，著名学者。1963 年毕业于复旦大学中文系，1978 年入中国社会科学院研究生院攻读硕士学位。曾任职于中国科学院文学研究所、西北大学（陕西西安）中文系。国家级"有突出贡献的中青年专家"称号。1994—1998 年，任中国社会科学院文学所副所长，兼任《文学评论》、《文学遗产》编委，中国社会科学院研究生院教授、博士生导师。现为上海大学教授。

⑤ 尚永亮（1956— ），河南人，著名学者。1982 年始，就读陕西师范大学中文系，获学士、硕士、博士学位。1995 年被评为教授，翌年担任博士生导师。现为武汉大学珞珈学者特聘教授，教育部高等学校中文学科教学指导委员会副主任委员，享受国务院政府津贴，为湖北省有突出贡献中青年专家。

的文字，再有就是刘学锴①先生《唐诗风貌》的序言和曲冠杰先生在《光明日报》发表的文章了。有诸大家的赞慕，加上先生的学说都是藏之名山的"扛鼎之作"，也就早已"桃李不言，下自成蹊"了。

1996年秋，我毕业已整整11年。因安徽省大规模自学考试的需要，省教委组织全省高校教师集体备课，虽然我的专业是文艺学，备的却是"唐诗风貌"——是我自己争取的。在这之前，《唐诗风貌》已由安徽大学出版社出版，作为自学考试教材已经使用好多年。备课地点是安徽师大文学院，就终于又见到了余老师，十分亲切。当时丁放老师②还在省教育学院，所以也在备课现场。中午吃饭前，余老师征求我的意见，问要不要陪我吃饭，若不需要他就回家吃饭。我满心欢喜地大声说要，一起走到专家楼餐厅，文学院安排余老师在包间，我们在大厅。余老师说我们没有安排在一起，我还是回家吃饭吧，以后有难处就联系。当时还是普通老师的胡传志③教授解释：其实余老师不喜欢在饭店吃饭，你来了他才愿意来，如果你们不在一起，他在这里吃饭就没什么意思，让他回去吧。吃饭时又听说《唐诗风貌》已印刷好几次，发行量之大，使安徽大学出版社海赚了一大笔，而余老师居然从未要过稿费，每次仅得赠书2本。备课前后不到两天，余老师给全省高校中文系的教师树立了严谨治学和仁爱做人的风范。

二

跟随先生读书治学一直是我的人生梦想。大学毕业那年，我就报考过先生硕士，由于母亲年底去世，准备不充分，加上天资迟钝，录取名额又极少，没有考取。后来这一念头从未间断过。大约是1993年，

---

① 刘学锴（1933— ），浙江人，著名学者。1956年毕业于北京大学中文系汉语言文学专业。1956年至1959年，为北京大学中文系中国古代文学研究生，师从林庚教授研治魏晋南北朝隋唐五代文学。曾任安徽省政协常委，现为安徽师大文学院教授。

② 丁放（1957— ），安徽淮北人，著名学者。1982年和1985年先后毕业于安徽师范大学中文系，获学士、硕士学位。后入河北大学，获博士学位。曾师从袁行霈教授，治魏晋南北朝隋唐文学和中国古代诗学。现为皖江学者特聘教授，教育部安徽师范大学中国诗学研究中心主任。

③ 胡传志（1964— ），安徽庐江人，著名学者。1985年毕业于安徽师范大学中文系，1988年毕业于四川大学中文系，分别获学士、硕士学位；1990年考入南京大学中文系，随周勋初、莫砺锋教授攻读博士学位。现为皖江学者特聘教授。

先生来信说，像我这种情况，可以报考单独考试的研究生。我终于有机会跟余老师读书了，立即行动起来，奔到安庆市招生办，填好报名表，立即去安庆市第二人民医院体检，等到准考证发下来，和学生的一样，我打电话问当时在安徽师大科研处工作的马三保①同学，他说报错了，指标不一样。我那时离开岗位读书很困难，加上外语较差，考不过年轻人，于是作罢。时间长了，这件事成了心病，一直萦绕脑际，才下眉头，又上心头。世纪之交，硕士、博士身份的教师多起来，特别是在我跟随童庆炳②先生访学一年后，觉得人家硕士、博士很不一般，自己底子这么薄，读书的愿望就越来越强烈。到了 2004 年，余老师开始招收博士研究生，我当即报考，因外语 8 分之差未能考取。得到消息，先生十分怅惘。我回安庆后，痛下决心，请来外语系一位副教授单独辅导，一周三次，风雨兼程，外语水平迅速提高。2005 年重新报考。这回考取了。梦想成真，当然十分愉悦。不久，省内学术界、知识界和教育界的同行大都知道我能够跟着先生读书了，大家也都很高兴。这么多人为我的梦想实现而高兴时，我已经整整 43 岁，离开母校也已经 20 年出头了。

我一堂不落地上课，认真地做个好学生。先生就在别人跟前委婉而十分低调地赞赏并感慨：想不到锡球还真的去听课，我当初怀疑他做不到，现在居然做到了。原来先生是希望我做个好学生的。开学第一天，他就到学生宿舍，告诫我：回到母校，做个学生。这话的本意当另有所指，不仅指学业方面。我尊重他的意见，所以文学院谢昭新院长和李守鹏书记请吃饭，我都谢绝。有一次李书记在中国诗学研究中心楼前带着请示的口气问先生：余老师，我们和锡球一起聚一下不行吗？先生答曰：他是学生，算了吧。

博士论文开题前，他请来国内最有成就的权威学者指导，大约由于我不肯去请教专家，他一再电话催促。并在一次学术报告会前，花了半个小时叙述新时期的学术史，委婉而坚持原则地启发我重建谦虚

---

① 马三保（1962— ），安徽泾县人。1985 年毕业于安徽师范大学中文系，现为安徽师范大学党委办公室、校长办公室主任。

② 童庆炳（1935— ），福建连城人，著名文艺理论家、美学家。1957 年毕业于北京师范大学中文系，先后任教越南、韩国、新加坡等国大学。现为国家重点学科负责人，教育部北京师范大学文艺学研究中心主任，文学院教授，博士生导师，中央马克思主义理论研究与建设工程文学组首席专家。

精神。而在博士论文答辩会上，因我的论文长，有些拉杂，他担心专家按照惯例提出一些批评意见，怕我不好意思，就在我答辩前，自己先给答辩委员会的学者道歉，弄得专家们感动，此一件事，现在已成为我内心的永恒忆念。

三

先生最令人感动和值得我们学习的，是他对学校和教育事业发展倾注着无限深情。

1999年秋天，我意外地与先生在北京相逢。那时，他已经60周岁。一见面，他就问我在北师大访学的收获，虽然不在一座城市工作和生活，却对我的情况了如指掌。接着，拿出安徽师大申报教育部重点人文社科基地的材料，要我看看可有什么不足的地方。当时在座的有马三保、胡传志、张智华、徐尚定、孔佑杰①。我们都觉得先生责任感太强，心理负担太重，一致要求他休息。我们那时根本还没有研究基地的概念，对基地的重要性更是毫无认识。60周岁的他，给人的深刻印象是谦和低调，是温厚的长者，居然前瞻性极好，料事如神——直到差不多七八年之后，我们才感觉到一个国家基地对安徽的意义，也才理解了当时他为什么寝食不安。我们为什么当时乃至今天就不能够寝食不安呢？交了材料，做了该做的事情，次日就打算返芜。我和孔佑杰等人对他说，休息一天再走吧！他坚持要走，说回去准备专家进校评估。火车票买不到，他要求三保想办法，三保叫来韩可胜②，找铁道部干部买的火车票。他走后我们议论，以先生的学术成就、高风亮节、拼搏精神和大公无私，这基地要是不批，中国就有问题了。后来在竞争激烈的情况下获得批准了，我们又开玩笑说：中国还是大有希望的！

---

① 张智华（1963—　），安徽肥东人，1985年毕业于安徽师范大学中文系，后师从南京大学周勋初、莫砺锋教授，获硕士、博士学位。现为北京师范大学艺术与传媒学院教授，博士生导师。徐尚定（1962—　），安徽庐江人，1985年毕业于安徽师范大学中文系，1985年入杭州大学，获硕士学位，1988年，考入北京大学跟随袁行霈先生攻读博士学位。现为九州出版社社长。孔佑杰（1963—　），安徽旌德人，1985年毕业于安徽师范大学中文系，后入中国人民大学中文系和金融学院，分别获文学硕士和经济学博士学位。现为华泰集团副总经理、华泰集团北京公司总经理。

② 韩可胜（1964—　），安徽潜山人，1985年毕业于安徽师范大学中文系，后入南开大学获硕士学位，分配到中共中央办公厅工作，现为中国人民保险公司组织人事部部长。

其实，批了这个基地，又何尝不证明安徽师大和我们安徽的人文社会科学研究是大有希望的呢！它终究证明了一个东西，这就是我们安徽在某个领域还处在国内领先水平。

跟随先生读博士以后，遇到他大公无私的事情就更多些。

2006年，江南江北的山花还未全部绽放的季节，先生年届67岁。一天中午，接到丁放老师从芜湖打来的电话，说余老师晚上从合肥出发，要去北京咨询建立博士后流动站的情况。我就和丁老师说，文件规定的底线是需要至少一个二级学科博士点，师大文学院真的只有一个博士点怎么建站？丁老师避而不答，问："你去不去？若去的话，买些安庆茶叶带着。"我说我去。就匆匆一边派人到岳西买茶叶送往合肥，一边派人往合肥买车票，自己则立即从三十里之外的新校区回到市里，收拾行装，赶往合肥，陪同先生进京。在火车上，我就想，我算是比较敢想敢干的了，可能思想还不及老先生解放呢！联系到他学术上常常出现的新鲜见解和扎实的论证所建构的令人深信不疑的结论，我想先生在学科建设方面肯定也和做学问一样，有自己的把握。我居然第一次在火车上睡着了，丁老师大约也睡着了，不知道先生睡了没有？

到北京后，先生马不停蹄地带着丁老师和我去咨询建站事宜，夙兴夜寐，殚精竭虑。我记得在北京办完事以后，先生和我去中央教科所，拜访朱小蔓①女士。其时她正在主持召开党委会。先生见状要走，这时朱女士已经看到余老师，立即就宣布暂时休会，回到办公室接待先生，畅叙师友情谊和对生命的看法，讨论安徽师大及其文学院的发展。一晃过了半个多小时，其间我们几次要走，怕影响她讨论国家的事情，但都被她留住。走时，朱女士坚决要下楼送到大门口，临别时还给余老师鞠躬。事后我觉得，作为教育家的朱小蔓真是不同凡响，自己是名流权威了，又肩负重任，如此繁忙，做人还这般到位，真正不容易。要是传扬开去，该感染多少人啊！从此以后，本来做教师的我，觉得尊敬自己的老师是那么富有诗意的境界和人生的高度！

这些都大大开了我的眼界，让我终生难忘。这些年在安徽师大读

---

① 朱小蔓，原籍安徽安庆市，长于南京，著名教育家。曾任南京师范大学副校长，中央教科所所长兼党委书记，全国教育科学规划领导小组办公室主任，教授，博士生导师。

书，有许多意外收获，其中突出的两点，一是从余老师那里学会了做人，二是学到了师大发展的经验。这不仅对任职单位的进步有很大的意义，而且感到自己的人生境界与先前比，也有很大的提升。

过了不久，再次陪同先生到上海咨询博士后流动站的建设方式和途径。这次先生感到很疲劳。我十分着急，但却无法阻止他的工作节奏。先生工作高调而做人低调，在这回沪上之行中，得到充分的体现。我们乘长途汽车到南京，然后坐火车到上海，到了上海，才坐出租车。我都感到生活质量下降了。后来逐渐了解到，先生出差，或作为省政府参事去开会，都坐公交车，几经辗转，才能到达目的地。而且为了节约学科经费，不论是去较近的合肥、南京，还是较远的东北，他的行囊里总带方便面和干粮。我一次和他出差，在车上饿了，下得车来，吃了四碗米饭。先生误以为我饭量大，以后一起吃饭，总让我多吃，我那里吃得下呢！

我难以忘怀的还有一件事，就是先生在市场经济时代能够做到无私。他做公事常常不花学校的钱，招待客人、差旅费也很少公费报销，而且还都不是小数目。我就想，诗学中心和重点学科以及学位点有那么多经费，怎么不花一点呢？一次我和安庆地方上的一位领导聊起此事，他惊讶得半天说不出话，最后说出的一句话是：现在怎么还有这样的人！

先生的无私还体现在，他一直希望安徽师大能够保持和谐而具有生机的发展传统。在我们看来，是他的政治意识很强，在他自己，却不一定认同我们的意见。但他的为人处世却与今天党的路线、方针、政策以及师大党委、行政班子的要求那样一致。他非常讲大局，识大体。作为国家教学名师和我国重要学者，他的贡献是不言而喻的，但他的收入早已不如自己的学生辈多了。对评奖、评项目及其他名利之类也是出于公心，以学校发展大局为重。在他看来，只要师大需要，牺牲自己的一点利益是有价值的。有一段时间，师大校内有些杂音，不和谐。他忧心忡忡，几次和我说，现在高等教育发展这么快，师大不能自己折腾自己了！并尽可能以自己的言行去影响其他教师把主要精力放在教学科研上，把思考定位在谋划未来的发展上，把时间放在学生身上。

　　记得良仁书记①出任安徽师大党委主要负责人不久，我去他办公室拜访。自然就谈到余老师，他充满着敬意。大意说了以下的话：真是令人尊敬！对他，全校有共识，这就是德高望重、学识渊博，他是师大教师的杰出代表。我来师大不久，就知道有这么一位令人可敬的老师，以后一定要经常去看看他，问计于他。吴书记虽然很忙，但后来果然做到了，这对师大教师和全省高等教育界，都是一个鼓舞。

　　面对先生，我只有感动；跟随这样的老师学习道德文章，是我三生有幸；得到这样的老师关爱，唯有与他一样，好好做人、做事、做学问！我坚定了信心，从今后，做好人、做好事、做出真学问。

---

　　① 吴良仁（1956— ），安徽枞阳人。1982 年毕业于安徽农业大学。先后任枞阳县委常委、组织部部长，枞阳县委副书记；岳西县县长、县委书记；淮北市委常委、组织部部长兼淮北市经济技术开发区党工委书记；安徽师范大学党委书记。现为安徽行政学院党委书记兼常务副院长。

欲撷秋色报春风

吴怀东[*1]

又是秋天！多彩的秋天是收获的季节，也是回忆与感恩的时节。

1983 年夏天，我高中毕业参加高考，报考安徽师范大学、报考中文系主要出自父亲的决定，而此后，我选择在高校从事唐代诗歌的研究与教学作为终生的职业，则是受到余恕诚老师影响的结果，这种影响是在 1985 年秋天初次接触余恕诚老师就已经开始。

那年秋天，我们三年级，中国古代文学课程进入第三学期，开始唐宋文学部分，余恕诚老师出场，陪同李白、杜甫、李商隐等走进我们的生活，走入我们的心灵世界。那时，余老师还没有到沧桑的年龄，只有四十多岁，初见他的印象至今仍然十分清晰：他的身材并不魁梧，衣着也很朴素，讲话的声调似乎也不洪亮，非常沉静；讲课时偶尔有些即兴发挥，但更多的时候总是捧着事先准备好的讲稿，站在讲台的右边平静地细说着；课间他也不和同学们多话，只是将讲课涉及的参考资料抄写在黑板上。那时我们年少轻狂，刚好又是理想主义旗帜高扬的 20 世纪 80 年代中期，我们对于初唐四杰的昂扬奋发、陈子昂的孤独与忧患、李白的自信与飘逸、杜甫的忧国忧民等更感兴趣，王维山水小诗的清新差强人意，自然，按照上述兴趣的逻辑，生活化的、平淡的孟浩然不会引起我和我的同学们的兴趣。但是，在一个平淡的秋日，余老师对于孟浩然《过故人庄》的讲解却深深震撼了我，他非常细腻、准确而且生动地揭示了孟诗平淡外表下深沉、感人的人情味："诗人之来，是出于故人的邀请，去时却不顾虑主人将还要赔上鸡黍宴

* 吴怀东（1966— ），安徽广德人，先后毕业于安徽师范大学中文系（1987 年）、北京大学中文系（1993 年）、山东大学中文系（2000 年），分别获得学士、硕士、博士学位。曾于 2005 年 9 月至 2007 年 6 月在安徽师范大学从事博士后研究。现为安徽大学中文系教授、博导、《安徽大学学报（社会科学版）》主编。本文写于 2008 年 10 月。

而主动预约重来。前后对照，这个天地对他的吸引，故人相待的热情，做客的愉快，主客之间的亲切融洽，都跃然纸上。要说感谢和赞美，还有比这更真诚、更热烈的吗？但文字仍很淡，只有细细体会，才能让人感到它所包含的丰富情味。"① 其实不止这首诗，后来不久通过同宿舍的一位同学，读到余老师送给那位同学的论文《唐诗所表现的生活理想和精神风貌》②，才知道唐诗还有如此亲切的一面，而余老师对此有着总体的新颖阐释。总之，余老师当时讲解孟浩然《过故人庄》，孟浩然诗歌那种亲切的人情味感动着我，那种不张扬却热烈、真诚的表达方式感动着我，余老师的讲课从此吸引了我，唐诗从此吸引了我。1990 年夏天，我平静地端坐在北京大学中文系考研复试的座位上，孙静老师和袁行霈先生对我进行复试，问我为什么会选择中古文学作为研究方向，我当时如实地陈述说就是听到余老师讲孟浩然的《过故人庄》，袁行霈先生紧接着就问我余老师是怎么讲解的，可惜我笨口拙舌，无法道出老师讲课精彩之万一！多少年之后，当我将老师的学问和为人综合起来，我才明白，那其实就是余老师的风格，是饱经人生历练和学术成熟之后的一种境界——深沉、热烈但出之以平和、平淡、平静，唐诗是激情洋溢的艺术，而余老师将生活的热情、诗歌的激情沉淀为一种淡定、宽容、亲切，孟浩然的风格不就是如此吗？或者说，孟浩然也影响了余老师吧？

大学毕业工作三年之后我报考硕士研究生，毫不犹豫选择的方向就是中古文学。毕业之后我选择了在大学教书，开始却没有机会从事唐诗研究，我至今仍然记得那是 1995 年秋天，我到芜湖看望老师，老师指出我应该回到我所学的专业——古代文学。我当时只是按照老师的嘱咐做努力，重新回到古代文学专业并进一步深造，考到山东大学张忠纲老师门下攻读了古代文学博士学位，后来才逐渐明白，那是余老师对我的性格相当了解、对我的未来相当关心才给出的明示——随着我的社会接触面扩展，我自觉自己乃一书生，太过理想，太过单纯，太过直率，独坐书斋、单纯的古代文学研究、教学的世界确实更适合我：如今，当我站在讲台上，讲着曹植《白马篇》的年少轻狂，讲着

---

① 中央人民广播电台：《阅读与欣赏》，中国广播电视出版社 1983 年版，第 5 期。
② 余恕诚：《唐诗所表现的生活理想和精神风貌》，《文学遗产》1982 年第 2 期。

王羲之《兰亭集序》的感物伤怀,讲着陶渊明《归园田居》的淡泊深沉,讲着李白的潇洒飘逸,讲着杜甫的悲天悯人,讲着苏东坡的旷达豪迈,我自己常常感动着,也感动着我的学生们。

三年前的秋天,经过有关部门批准,余老师可以依托他手头的国家社科基金项目招收博士后,老师首先想到了我,我得以近距离感受老师的勤勉、严谨和博学。余老师和刘学锴老师长期合作潜心研究李商隐,先后出版了系列著作《李商隐诗选》、《李商隐》、《李商隐诗歌集解》、《李商隐文编年校注》和《李商隐资料汇编》以及大量专题论文,同时,余老师还走出作家研究,放眼全唐诗歌,师承前辈学者林庚等先生注重唐诗精神气度研究的路数,出版了力作《唐诗风貌》;近年来,余老师更在深谙唐代文献的基础上,视野由诗歌扩展到唐代的赋、词、文、小说等其他文体,并由文学扩展到文化,他的《李白与长江》(《文学评论》2002 年第 1 期)浩瀚大气更广受学界赞誉。在过去的两三年里,我得以集中时间经常研读老师的论著,仔细体会着老师对我研究思路或文章的评改,只是自己天资欠佳,写出的东西还不能体现出我应得的优秀师承。

余恕诚老师的言传身教影响了我一生的选择,老师精神的魅力深深地熏陶着我,不仅是职业甚至还有性格和志趣,从初识余老师至今二十多年过去了,已跨入不惑之年的我在学业上和老师的要求还有距离,还没有拿出丰硕的成果回报老师培养的心血、关心的殷殷,但我会继续努力。沐浴着多彩的秋光,我更加感念老师的春风化雨之恩——祝老师学术之树长青,祝老师生活之树长青!

我的梦寐追求

郭自虎

　　做梦往往是很幸福的，尤其是当美梦成真的时候，会带来一种难以言说的大愉悦。我是在贫困乡村长大的，从小就深深体验到劳动的艰辛与生活的不易，不知有多少次梦想着能考上大学，走出贫苦的乡村，为父母争得荣誉；这样的念头如同乡下的孩子羞于见陌生人一样，往往只是在大脑中一闪而过，因为在那样的年头和环境中太不切实际了。后来竟然梦圆了，怀着激动的心情到了城市，上了大学；再后来，拥有了工作、家庭、孩子，都是自己美好心愿的一一实现。

　　当我已步入不惑之年的时候，一度梦做得格外频繁，而且大多属回忆性质的，这时距大学毕业近二十年了。常常梦见大学的生活，校园、老师、宿舍、同学，言说与欢笑。可是随着梦的惊醒，又产生淡淡的惆怅。为此，我数次走入昔日熟悉而又新鲜的校园，默默地感受着往日的温存。有时我不禁问自己，这难道仅仅是为了同学的友谊与欢乐？直到现在，当我再次来到余师门下，聆听教诲的时候，我才明白这频繁的梦境又是一次对心愿的补偿。大学生活中的一些亮色埋藏在我的记忆深处，驱使着我努力将美梦化为现实。

　　现在还清楚地记得，二十多年前，大三的时候余师为我们开设选修课"唐诗研究"，听了一次之后，内心是多么激动！温和的语调，精辟的见解，透彻的分析，优美而恰到好处的语言，使我们如饥似渴的心灵充满着美的享受，体验到春雨润物的滋味。那时我常常早早地来到教室占着好座位，盼着余师的到来，余师也总是提前至少十分钟到教室，面带微笑地提前在黑板上清晰而工整地板书课堂内容提纲。课堂上，我们耳听眼看手不停地记着笔记，感到美不胜收，生怕遗漏了一个字，甚至不希望休息的铃声响起。有多少次余师为了内容完整性不顾课间休息而继续讲解，同学们也静静地记着、听着，大家都心甘情愿又心满意足。直到走上工作岗位后，我也成为一名高校教师的时候，时常还抚摸着用细绳将活页纸扎起来的厚厚的"唐诗研究"笔记，翻看其中的内容还是那样愉悦，甚至舍不得一次将它读完，留着慢慢品尝，还郑重地推荐给关系较好的同行老师阅读。作为年轻教师当我在实际教学中感到困惑时，也总想翻翻笔记看余师是如何说的。但是，"唐诗研究"毕竟是提高课，只能提纲挈领，我为余师未能给我们开设专业基础课而感到遗憾，多么渴望了解余师如何分析唐诗宋词。重新当学生再去系统听基础课已不现实，该如何实现自己的愿望？大概是工作已三年后，我打听到比我晚两年毕业的一位青年老师对余师开设的基础课"唐宋文学"笔记记得很详细，借来后，我又一次感到莫名的愉悦，一连数天原原本本抄了两大本，然后对照作品悉心体会；也记得抄笔记时的兴奋与激动，感叹对作品还有如此精细美妙的把握。这使我终生受益，懂得了分析作品所需的知识积累、所取的角度和方法，对于实际教学产生巨大的帮助。因此，我的课堂教学也得到了同样渴求知识的青年学子们热情认可，当同学们投以钦羡的眼光送来溢美之词时，内心自然美滋滋的；记得在一个班级讲授了白居易《长恨歌》，有位同学即兴将诗中人物用画笔勾勒出来题上感激的话语，在放学的路上追着赠送给我。我感到课堂教学及对作品的把握找对了方向，每每我的教学得到同学们一点肯定的时候，我总是想到这是如何取得的。于是，我年复一年地对余师心存感激，并萌生出一个念头，不知是否有机会重新当一回学生再次亲聆余师的教诲。这意识沉潜在心灵深处一待就是好多年，并常在梦境中闪现出来。

实际上，当学生时，余师就认识我，工作后，我也和余师同处一个城市，余师待人和蔼亲切，使人如沐春风，我完全可以登门拜访。上大学时，出自对余师的敬佩和对专业的爱好，就在辅导员杨树森老师的鼓励下曾鼓足勇气走近余师，最早一次是在校园放学的路上大胆地问了余师几个专业学习的问题后，还问余师课堂讲义如此系统深刻为何不加以出版，对此余师只是淡淡地笑笑。还有一次晚上到余师家拜访，当时心里很胆怯，余师微笑着让我入座，师母还捧上热乎乎的茶水，使我一下子轻松了许多，作为大学生所提的问题尽管很幼稚，而余师都加以热情解答。后来走上工作岗位后，也有过几次拜访，余师仍然给以多方面的关心，记得有一次听说我在社会上利用业余时间兼做一份文字校对工作，余师平静地问了一句，"那不是在打工？"我知道这是余师对我的选择作委婉批评，后来短暂的兼职实践证明，余师的批评是完全正确的，是对我真正的爱护。平心而论，我拜访余师并不多，不仅出自个人的内向性格，更考虑到余师处处为别人着想，时间很宝贵，不愿打搅他，直到现在我依然认为对余师不打搅也是敬爱他的一种表现。正因为不常见面，在我的内心深处就孕育着一种隐约的期待，直到余师招收博士，为我创造了亲近的机会。

在几位兄长的关心鼓励之下，我在早就不是读书年龄选择重当一回余师的学生，使我惊喜的是又一次圆了梦！余师没有嫌弃我天资愚钝才疏学浅，给我制定三年规划，从论文选题、参考资料、研究方法，他都给以悉心关照，每次提交的论文他总是逐字逐句地认真看，提出修改意见，有时即使几句话也使我茅塞顿开。往往同一篇文章修改后再次提交，余师总是不厌其烦地反复看。余师对学生要求严格，文品与人品并重，同时也极为注重教育的方式方法，细心地照顾到不同人的心理感受。比如考虑到年龄特征，很少对我直接批评，而是用心良苦地用其他含蓄的方式使我感悟到该如何去做。这样一旦悟出之后可能终生难忘，并使我受到潜移默化的影响，在实际教学当中可能也用同样的方式对待学生。余师著述丰富，平日话语却不多，可这不正如孔子所说："天何言哉？四时行焉，百物生焉。"有多少学子从余师那里得到了为人和作文之道，并且传播到祖国各地。而我时隔二十多年再一次接受余师教诲，重新提升自己，算是非常幸运了。

师恩似海

徐礼节[*1]

　　我是跟随先生时间最长，耗费先生心血最多的学生之一。读大学期间，仰慕先生的名望，却始终未能成为先生的真正弟子。1999年春重返母校进入"研究生课程进修班"学习，先生讲授"唐诗风貌"，终于聆听到先生的教诲，此后遂经常打扰，接受指教。2001年我在先生的指导下写作硕士论文，开始跟从先生从事学术研究。2004年非常幸运地被先生收为弟子，成为"余门"的开门博士生。前前后后算来，跟随先生长达6年之久。6年中，先生为我付出的太多太多。这里，我真诚地感谢先生引我步入学术的殿堂！感谢先生教我怎样做人，怎样做学问！感谢先生在学业上、生活上给我无微不至的关怀！

　　作为学者，先生一贯强调做学问首先是做人。先生的人品，在广大弟子中，在学界，在了解先生的所有人中，有口皆碑，譬如先生与刘学锴老师几十年的深厚友谊，是学界广为传颂的佳话。在我看来，先生所以有那样崇高的学术境界和渊博精深的学问，与高尚的人品是分不开的。先生招收学生，非常注重人品；教育学生，更是把品德放在首位。2005年3月，我写了一篇考证方面的论文，先生修改后，建议投《中华文史论丛》试试，我想那是一家知名刊物，命中的可能性很小，故而想再投一家，可是想法一流露，即被先生严肃制止。其实，对于硕士、博士研究生来说，"海投"（一稿多投）是常见的现象，但先生的制止告诉我，这样做不是学人的品格，更不是余门弟子的品格。这件事给我震动极大，我永远铭记在心。平时与先生谈心，每当谈到学界或社会上某些人的不良行为时，先生总是间接地教导我：那样做最终是不会成功的，是不会有好结果的。在文学院的首届博士生中，

　　* 徐礼节（1965— ），安徽潜山人，安徽师范大学中文系1982级本科毕业生，2007年于安徽师范大学获博士学位，现为巢湖学院文学与传播系教授。本文写于2008年。

我的年龄较大，先生曾多次告诫我要做学弟、学妹的表率，多关心学弟、学妹。从许许多多的点滴话语中，我深深地感受到先生对我的关怀和严格要求，也感受到先生的殷切期望。沐浴着先生的教诲，我时刻叮嘱自己：要像先生那样，做一个高尚的人。

先生非常珍惜时间。我每次到先生家，先生都是从书房里走出来；每次上交作业或文章，先生总是在很短的时间内批改，然后利用出门办事的间隙或散步时间给予我指导；除了出差，先生几乎不出校门，更不谈外出旅游，我曾多次邀请先生来巢湖（距芜只有60公里）走走，都被谢绝；即使是生病，先生仍然坚持工作。有时看到先生实在太劳累，忍不住劝先生休息，可先生总是笑笑了之。先生同样要求学生珍惜时间，常常教导"要下苦工夫"、"要有时间投入"。2004年夏我被录取为先生的博士生后，先生在电话中用了近半个小时的时间嘱咐我要放弃单位的一切事务，要解决好家庭的困难，一心一意地、认认真真地、踏踏实实地读三年书，努力做一本像样的"东西"出来。入学后，先生又跟我说到当年周啸天、邓小军的读书情况：冬天不回家过年；周啸天一学期的读书笔记，成文的三大本，近20万字；邓小军去食堂打饭都端着饭碗、夹着书跑。开学典礼上，先生作为导师代表发言，郑重嘱咐我们的仍然是珍惜时间、勤奋刻苦。可见先生多么希望我们能够把分分秒秒都用在学习上。2005年元旦放假，我没有回家，先生知道后竟表扬了我。我是个步入中年的学生，本不在意表扬，可这次心里不能平静，因为我明白我做得还不够，这是先生在鼓励我更加勤奋。从此，我越加珍惜时间，克服多方面困难，安心学习、勤奋学习。

先生治学极为严谨。记得2000年寒假，先生讲授"唐诗风貌"，在分析王维《终南山》的"诗中有画"时，我冒昧地提出不同看法并求教先生，先生当时并没有作答，不想几个月后，非常郑重地在电话中给我作了二十多分钟的解答，而且告知曾就此问题组织本科生进行过讨论。先生是著名学者，在有关王维"诗中有画"的问题上有着深入的研究，对于一个浅陋学生的不同意见尚且如此的重视，可见治学是何等谨严。教育学生，先生也是把"严谨"作为基本要求。在一篇论文中，我依据陈延杰先生的解释，将张籍"学诗为众体，久乃溢笈囊"（《祭退之》）中的"众体"理解为"五七言古近体"，先生却要求我检索唐代典籍，看看"众体"是否还有其他的意义，结果证实，唐人还指"不同风格的诗歌"，张籍这里未必就是"五七言古近体"之意。诸如此类，从对文学现象、作家的论析，到作品词语的诠释，先生处处引导我做周密、细致、科学的分析、求证，绝不放过一个疑点。现在我提起笔，总会想起先生的批语："要用材料说话，言之有据。""没有把握的地方不要说，一定不要强作解人。"

作为导师，先生心中时刻装着学生，为了我们的成长、进步，不辞辛劳，呕心沥血。先生非常注重基本功和学术规范。我每次交作业或文章，先生均仔细批改，连一个标点错误都不放过。一次我将清人席启寓的"寓"错写成"寓"字，先生纠正后还加批语："二字不同。"另一次我统称几种张籍诗集古本为"善本"，先生旁批："不能都叫善本。"在语言上，先生除逐字逐句修改以示范例外，还要求我多琢磨王蒙、袁行霈等大家的文章，体味、学习他们的表达技巧和语言艺术，"一段话，多推敲几遍，看看怎样说简洁明快些，更提神些"。在论文写作上，无论观点、材料、论证、结构方面的错误或不足，先生皆一一指出，并悉心指教如何纠正或弥补。先生尤其强调诗歌鉴赏，为提高艺术感受力，教导我多"看看闻一多、林庚、刘老师（按：刘学锴老师）、霍松林、袁行霈等先生甚至周啸天的鉴赏，也许会有启发"。先生还时常教导我，从事文学研究，必须加强文学理论的修养，特别是古代文论的修养，要求我深入研读诸如《文心雕龙》、《沧浪诗话》等经典著作。先生长期地耳提面命和悉心指教，使我获益匪浅。

先生非常重视学术交流对于学生成长和从事学术研究的作用。为了我们开阔视野、了解学术动态，多方面汲取营养，先生和导师组的导师们总是千方百计地邀请海内外知名专家学者来校讲学，与我们座谈。我读博三年中，就有王蒙、傅璇琮、罗宗强、陈铁民、周勋初、莫砺锋、陶敏、钟振振、张晶、邓乔彬、邓小军、黄启方等二十多位知名学者给我们做过学术报告，进行过学术指导，其中陈铁民先生还驻校讲授"唐诗文献学"。他们带来丰富的学术思想、学术观点和治学方法，不仅开阔了我们的眼界，为我们输入了新的血液，也为安徽师大文学院营造了更为浓烈的学术氛围，这对于我们的成长和进步，有着非常重要的作用和意义。我常想，这样好的学习环境，一些名牌大学的古代文学博士点也未必能有。而这主要归功于先生的努力。先生为此付出了大量的精力和宝贵的时间。记得入学之初，每次听完学术报告，先生都要询问我有什么收获，可见先生非常重视学术交流对于我们成长的作用，把它看成培养硕士、博士的有效方式和手段之一。2004年我入学时，恩师刘学锴先生已经退休，刘老师是著名的学者，为了我们能接受他的指导，先生多次邀请他与我们座谈，给我们解答难题，指点路径。2006年9月，刘老师在北京阅完莫山洪同学的《中国骈文史》初稿后，写来一封信，其中许多意见高屋建瓴，是治学的至理名言，先生要求我们传看，我清晰地记得刘老师写道："搜罗（材料）要力求全备，这是写好'史'的基础。""有几分材料说几分话，这是一个基本原则；对材料所能说明的问题，不夸大，不拔高。"先生是尽一切可能为我们提供与名家、大家的交流机会，让我们获得更多的滋养。

在生活上，先生对学生体贴入微。2007年4月，我患了肾结石，疼痛不堪，先生是问长问短，我回家治疗，还打电话询问病情，嘱咐我安心休养。2005年4月初，第二届中国韵文学国际学术研讨会在安徽师大召开，我和鲁华峰同学去南京机场迎接陈铁民研究员，先生估计我们回到芜湖比较迟，不能吃上晚饭，在会务繁忙之际，不忘委托师母给我们打电话，嘱咐我们上街买饭吃。先生就是这样如慈父一般关爱着我们！每念此，我就感动不已。在处事方面，先生也是关怀备至。2005年第二学期开学，学校决定将硕士、博士研究生宿舍迁至新校区，遭到不少硕士研究生的抗议和抵制，先生知道后，特意打来电话，叮嘱我不可有过激行为，要通过正当途径向学校反映意见。有一次我去南京机场迎接罗宗强教授，先生担心我礼仪不周，特别嘱咐要安排罗教授坐第二排（三排位车），不能坐副驾驶位。如此等等，足见先生心细如发，处处为学生着想。

先生严格要求学生，可从不严厉批评学生，即使犯了错误，也只是点到即止，他总是以宽容、关爱、厚望去感化学生，激励学生。先生工作繁忙，视时间如金，却时常抽空到宿舍与我们促膝谈心，虽然不过问我们在干什么，却给我们以无形的压力，让我们感受到先生的关注和关爱，从而更加努力。先生对学生真诚相待，在先生面前可以无话不说，甚至可以轻松地玩笑。在我的心中，先生是严师，是慈父，也是挚友。

转眼间，博士毕业一年多了，我非常留恋三年的读书生活：不仅可以静心地读书，做学问，遇到问题随时向先生求教，还可以与先生散步，谈心，如坐春风；在先生身边，我时刻都有压力，也感到踏实、有依靠。在毕业座谈会上，先生嘱咐我们一如既往，勤奋努力，早日成材，期望我们首届毕业生中能够出大家，出名家。我自知不能实现先生的愿望，但一定牢记先生的教导，在先生指引的道路上踏踏实实地走下去。

卓越的学科带头人

胡传志

    大学时代，我像许多同学一样，特别喜爱听余恕诚老师讲唐诗，那种娓娓道来、渐入佳境的感觉，令同学们痴迷。有的同学记笔记，竟然一字不落地记下来，连余老师的咳嗽声都记了下来。那时，我是那种最普通、最本分、最不惹人注意的学生，余老师虽然特别和蔼可亲，儒雅谦和，但我仍然非常敬畏他，不敢轻易向他请教，怕露出自己浅薄的底子，怕被他笑话（他当然不会），所以更不敢没话找话地与他搭讪。毕业前，我最羡慕我的同班好同学鲍鹏山了。他才情充沛，思维敏捷，毕业论文由余老师指导，颇得余老师的青睐，那时余老师就鼓励他将来一定要考博士生。本科期间，我在余老师心目中估计没有留下多少印象。倒是我毕业当年（1985年）考取四川大学古代文学研究生，或许引起了余老师的一些关注。读研期间，我偶尔怯生生地给余老师写信，汇报学习情况，有时问问为什么要研究古典文学这样稚拙的问题，余老师总是每信必回，字里行间总是洋溢着鼓励爱护之情。

    硕士研究生毕业后，我回到了安徽师范大学，与余老师同一个教研室，讲授同一门课，有条件也有必要随时向余老师请益。1989年，我第一次给本科生讲授唐宋文学，而在我前面讲先秦汉魏六朝文学的是风华正茂、才气纵横的潘啸龙教授，落差太大了，我上了几节课后，感觉很不好，学生们也有意见，自己觉得压力很大，就向余老师请教。余老师就拿出他的一叠教案给我看，至今想起来，最让我震撼的还不是内容的精当，而是改了又改、加了批注、贴了纸条的页面，有的一节课的内容甚至有两三个不同版本。这一下子让我体会到，余老师在备课时倾注了多少心血、多少精力！1990年7月，我考上南京大学博士生，期间也不时向余老师请教一些专业问题。1993年毕业后，再次回到安徽师范大学，更是时刻追随余老师，常常侍伴在他左右，开会时，我常常依余老师身旁而坐，走路时，也经常与余老师结伴而行，边走边谈，以至很多同事都以为我是余老师的研究生。在与余老师的交往中，我感受到的是亲切、默契的情怀，接受到的是和风细雨般的熏染。与余老师交谈的主要内容除了个人的教学、科研之外，就是古代文学学科建设了。可以说，我随余老师一起走过的是学科建设之路，我本人以及古代文学学科都在随余老师一起成长。

我校中国古代文学是全国第一批硕士学位点，余老师是第一批硕士生导师。1995年，中国古代文学成为安徽省首批重点学科，余老师是重点学科的负责人，我任古代文学教研室副主任，随后又进入了硕士生指导组，与余老师一起参与学科建设工作。当时，各高校的学科建设还在初始阶段，还没有形成风起云涌、你追我赶的巨大声势，更没有"跑点""跑项目"之说。一切都是默默地进行，静静地积累。古代文学重点学科建设的内容主要有两个，一是图书资料等硬件建设，二是师资队伍建设。抓住人与物这两个要件，教学、科研也就有了保障。余老师再三强调，要将有限的经费用在刀刃上，用在关键处，要最大限度地发挥经费的效益。当时，电脑刚刚兴起，有教师多次提出购买电脑的建议，余老师稍作权衡后，未予采纳，除了给资料室配备少量电脑之外，将其他经费主要用来购买图书。事实很快证明，余老师的决定正确。几年下来，古代文学学科有了颇具规模的资料室，甚至买下了《续修四库全书》这样的大型图书，有了具有永久价值的固定资产，弥补了校图书馆的不足，很好地满足了教师的教学和科研、研究生培养等方面的需求。第一批重点学科建设验收时，余老师和潘啸龙老师主编本学科点论文选《古典文学与文献论集》（安徽人民出版社2000年11月版），以重点学科的经费资助出版（作者无稿酬）。我参与了该书编辑、出版联络方面的工作，该论文集展示了我们的实力，受到了同行们的普遍好评，认为即使是一些重点大学的古代文学学科也未必都能达到这一水平。2001年，古代文学学科以优秀的等次通过验收，并且自动进入第二批省级重点学科。重点学科的建设成绩，为将来的学科发展奠定了厚实的基础。后来，余老师再三要求辞去重点学科负责人的职务，并推荐我接任，这是他对我的信任、对年轻人的器重和培养。我接任之后，自然不时地向余老师汇报、请教学科建设事宜。大到学科规划、中期检查、验收检查，小到新编学科点论文选

《九华集》（上海古籍出版社2008年5月版）的名称、目录、后记，余老师从来都是不厌其烦地予以指导，就像是他的分内事一样，而且每次总是作出一些很好的补充和建议。2008年，我校古代文学学科再次以优秀的等次通过验收，顺利地进入了安徽第三批省级重点学科，算是没有辜负余老师的期望和信任。

20世纪末，安徽省大量人才流失到江、浙、沪、穗一带，"孔雀东南飞"成了流行词汇，成了普遍现象。安徽师范大学每年都有一些教师调出，文学院某一个学科就先后调走了4位骨干教授。有人意味深长地感叹：有本事的都走了。而我作为全校最早回校工作的博士，不由得也动起心来。我住在教工餐厅6楼（筒子楼顶层），一间不足20平方米的房子，每月几百元的工资，联想到我那些在南京、上海的同学们同行们，更显得生活艰难，不免辛酸起来。所以我先后联系了合肥、上海、北京等地的高校，并向学校递交了请调报告，下定决心离开安徽师大。当时正值暑假，余老师听说这一消息后，冒着高温，在午饭前，特意登上6楼（教工餐厅的6楼比一般住宅7层楼还要高），安慰我，挽留我。大意是说，物质条件会好转起来，在安徽师范大学也会成长为一流学者。倒不是余老师的那番话说服了我，而是他的恳切言词、充满期待的真挚感情深深打动了我，让我渐渐动摇了出走的念头。在古代文学学科，余老师相当于精神领袖，起着维系人心的重要作用。曾有一所211大学出于学科建设需要，以优越条件聘请余老师兼任其学科带头人，余老师果断地谢绝了对方，以实际行动稳定了人心，为大家作出了表率。如果那时余老师调走，那么可能会导致安徽师范大学的古代文学学科溃不成军。这么多年来，古代文学学科不但没有流失一名骨干，反而引进了丁放、刘运好等好几位优秀的人才，之所以如此，应归功于余老师过人的凝聚力。

1999年，教育部启动人文社科重点研究基地评审工作。严格说来，安徽师范大学不是教育部直属高校，也不是"211工程"学校，是否具有申报资格，当时都有争议。学校领导经过研究，决定发挥我们古典文学研究的优势，以中国古代文学学科为核心，整合文艺学、中国现当代文学等学科的力量，成立"中国诗学研究中心"，以申报文科重点研究基地。余老师出任中国诗学研究中心主任，我任常务副主任。对于这一新生事物，我们当时都没有多少把握，但余老师高瞻远瞩，没有轻言放弃。我们开始认真准备材料，精心论证，填写申报表格。表格改了一遍又一遍，附件添了又添，材料极其浩繁，我与余老师经常一天通几个电话，或者见几次面，后来干脆在行政楼吃盒饭。材料弄好后，我和余老师、还有科研处的马三保副处长、甘为民科长一行四人进京报送材料。记得一下火车，没顾上吃早饭，就直奔北京师大。按规定，只能一个人进入教育部设在北师大的材料组。我年轻一些，又是专业教师，便只身递送材料。材料组设在一间大房子里，桌子排成一个回字形，每个台面由三五位工作人员组成，每人审查表格中一项内容，审核特别严格、细致，连一个标点符号的差错都要指出来，都用笔重重标出来，再用力折叠起来，要求整改。令人不快的是，有的工作人员一见到安徽师范大学几个字，就露出不以为然的鄙夷表情，说起来话也毫不客气，弄得我忐忑不安，汗流浃背，怀疑自己是不是也低人几等。材料审核，漫长而紧张。我是八点多穿着夹衣抱着材料进去的，直到傍晚才穿着衬衫抱着材料出来的。这期间，余老师他们一直在外面焦急地等候。看着许多地方需要修改，需要补充材料，余老师亲自打电话搜集资料，请求外援。很多学校都要修改材料，但数我们的条件最差，连一台笔记本电脑都没有，只好租了台台式电脑进行加工。好在甘科长精通电脑技术，制表、打字、排版都特别利索，我们终于在夜里 12 点左右完成了修改任务。余老师也一直没有休息，指导我们加工材料。他那年已年逾花甲，应该比我们累多了。在报送材料过程中，我没有发现像他这样年龄的其他学者了。回到安徽师大后，有关领导表示，给我与余老师每人 600 元劳务酬金。应该说，我们付出了许多时间，许多辛苦，得一点报酬，无可厚非。可余老师告诉我，不要领取酬金，只是奉献。在中国诗学中心迎接教育部专家组实地考察前后，余老师更是做了大量巨细无遗的工作，在各级领导、相关部门的亲切关心、大力支持和共同努力下，中国诗学研究中心终于通过了评审，2001 年 3 月正式成为教育部省属高校文科重点研究基地。基地申报，竞争特别激烈，以类似"中国诗学"名目申报的就有 6 家，包括一些名牌大学。在 100 所重点研究基地之外，像我们这样的"省属高校文科重点研究基地"仅批准了 13 家。这不仅标志着该学科登上了一个新的台阶，进入全国高校的前列，获得了一个很好的平台，为将来的良性发展又积累了资本，还为学校、为安徽省高等教育争了光。

中国诗学研究中心获批准后，余老师本着务实、简省、高效的原则，开展一系列建设工作，取得了显著成效。2006 年，校领导同意他的一再请求，辞去了中心主任的职务，由丁放教授接任。

中国诗学研究中心的成功建立，是我们面向全国的一场胜仗，从此，我校古代文学学科建设进入快车道。2001 年，我们正式启动了申报博士点工作，这是我们学科建设中的头等大事。在安徽省属重点高校中，其他三所学校都已经有了博士点，周边同类高校也大多有了博士点，像南京师大更是远远地将我校抛在后面，而我校还没有获得博士点授权单位，没有一个博士点，形势逼人，没有退路，全校上下认识高度一致，同心同德，确保在第九批学位点申报中有所突破。我校中国古代文学有着优良的传统，深厚的积累，有刘学锴、余恕诚、潘啸龙等教授为代表的一批很有成就、很有影响的学者，是学校希望所在。校领导分析，中国古代文学学科实力最强，最有可能率先获得突破，所以将古代文学作为申博的排头兵。的确，放眼全国，我们的总体实力不亚于已有的部分高校古代文学博士点，这一点早已为学术界知情者所公认。但成功与否，有很多因素，不完全取决于实力，所以突破博士点，既是越来越难得的机遇，又是任务艰巨的挑战。我校处于欠发达省份，非省会城市，我们的观念相对保守，信息相对封闭，财力相对不足，宣传公关相对滞后。在"跑点"风盛行之际，我们的弱点也暴露无遗。余老师作为学科带头人，精心设计，实行内外兼修。一方面带领团队，练好内功，狠抓科研，多出精品，另一方面举办高层学术研讨会，走出去，请进来。我作为紧随其后的参加者，几乎参加了所有与申博有关的活动。我与他一起填写申报表，严密组织，反复论证，再三润色，数易其稿。他还以年逾花甲之龄，亲自与谢昭新院长等人一起去江苏、福建、广东等地拜访有关专家，所到之处，都受到了相关专家们的尊敬和热情接待。2003 年 9 月，我们如愿以偿，中国古代文学获得了博士学位授权，成了安徽师范大学首批 4 个博士点之一，实现了我们追求多年的理想。在博士生的培养过程中，鉴于导师组年龄参差，余老师倡导个人指导与集体指导相结合的模式，我最年轻，故而受益也最多。我已经毕业的三位博士生（袁晓薇、鲁华峰、胡启文），选择的都是唐诗方面的论题，大到框架、观点，小到具体文献和文字表达，都得到了余老师很多亲切的指点，余老师把他们当成自己的博士生一样予以指导。余老师在指导博士生的同时，何尝不是在继续培养像我这样还很薄学的"博导"！

在博士点建设初期，余老师没有满足于申博成功的喜悦，而是胸怀远见，很快就有了下一个目标——博士后科研流动站。2005 年，按照文件，我们可以依托国家级科研项目，招收"项目博士后"，但项目负责人需要从个人项目中支付一定数额的经费。都知道，基金项目经费有限，社科基金项目经费更少，项目主持人通常都没有招收项目博士后的积极性。但余老师没有犹豫，而是乐于奉献，招收了我校迄今为止唯一的博士后——安徽大学中文系的吴怀东博士。这为后来申报博士后科研流动站增加了一个砝码。果然，2007 年年初，学校就组织申报博士后科学流动站。对照文件，尽管我们有弱项，我们只有一个博士点，首届博士生还没有毕业，但余老师没有保守，作为带头人，与丁放教授一同论证，如何扬长避短。材料弄好之后，他还亲自去北京、吉林、长春等地拜访相关专家，听取他们的意见，争取他们的支持。他甚至动用他的亲人资源，让其亲人自掏腰包做沟通工作。校党委书记吴良仁同志也不失时机，亲自过问，人事处、文学院各方共同努力，最后我们以一个中国古代文学博士点，拿下了中国语言文学博士后科研流动站。这一圆满结局再次证明解放思想是多么重要！

2007 年，余老师以首届国家级教学名师的身份，挂帅申报中国古代文学国家级教学团队。当时正值我校如火如荼迎接教学评估之际，我与余老师一起准备材料，比较匆忙，材料提炼得不够理想。材料交上后，我们也没有精力去跟踪，结果冲刺失败。2008 年，余老师继续领衔申报，他进一步思考，站得高，想得远，亲自修改、补充材料，我与叶帮义教授参与、配合，申报材料更加完善、精美，教务处、文学院也有效开展工作，10 月 10 日，中国古代文学国家级教学团队获得教育部的批准。这是我们学科建设的又一标志性成果。

概括起来，这些年来，余老师为我校学科建设作出了如下标志性的贡献：

申报安徽省首批重点学科——安徽师范大学中国古代文学学科；

创建教育部省部共建人文社会科学重点研究基地——安徽师范大学中国诗学研究中心；

创建安徽师范大学中国古代文学博士点；

申报安徽师范大学汉语言文学一级学科硕士点；

申报安徽师范大学中国语言文学博士后科研流动站；

申报安徽师范大学中国古代文学国家级教学团队。

以上每一项都具有里程碑意义，其背后都有着丰富的内涵，都浸透着余老师的心血和感情。余老师是真正的学科带头人，在他的带领下，我校中国古代文学学科实现了跨越式发展，并且带动了其他学科的发展。